杨峰　张小倩　张月琴　著

西南民族村落信息贫困研究

——小世界生活情境的视角

中国财经出版传媒集团

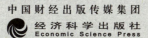

经济科学出版社
Economic Science Press

图书在版编目（CIP）数据

西南民族村落信息贫困研究：小世界生活情境的视角/杨峰，张小倩，张月琴著 . —北京：经济科学出版社，2021.7

ISBN 978 - 7 - 5218 - 2730 - 9

Ⅰ.①西… Ⅱ.①杨…②张…③张… Ⅲ.①彝族 - 信息化 - 研究 - 凉山彝族自治州 Ⅳ.①D633.317

中国版本图书馆 CIP 数据核字（2021）第 152749 号

责任编辑：胡成洁
责任校对：李　建
责任印制：范　艳

西南民族村落信息贫困研究

——小世界生活情境的视角

杨　峰　张小倩　张月琴　著

经济科学出版社出版、发行　新华书店经销

社址：北京市海淀区阜成路甲 28 号　邮编：100142

经管中心电话：010 - 88191335　发行部电话：010 - 88191522

网址：www. esp. com. cn

电子邮箱：expcxy@126. com

天猫网店：经济科学出版社旗舰店

网址：http://jjkxcbs. tmall. com

北京季蜂印刷有限公司印装

710×1000　16 开　14 印张　240000 字

2021 年 11 月第 1 版　2021 年 11 月第 1 次印刷

ISBN 978 - 7 - 5218 - 2730 - 9　定价：65.00 元

前言

精准扶贫、精准脱贫战略是全面建成小康社会、实现中华民族伟大复兴中国梦的关键一环，在我国全面建成小康社会取得历史性成就之后，摆脱信息贫困成为保障和改善民生、巩固脱贫攻坚成果的重要举措。党的十九大报告提出"我国社会主要矛盾已经转化为人民日益增长的美好生活需要和不平衡不充分的发展之间的矛盾"，信息贫困是发展不平衡与不充分在信息社会的一种体现。西南边陲民族地区长期以来由于地势复杂险峻，环境较为封闭，社会经济发展缓慢，历来是我国扶贫攻坚主战场。西南民族村落地理位置较为偏僻，经济与教育科技文化发展相对落后，信息化成本高，村民信息技能普遍欠缺，导致其成为我国信息化水平相对落后的区域，同时，当地村民亦是社会信息化的弱势群体，信息贫困由此产生。西南民族村落的信息贫困问题的研究显得尤为迫切和必要，也正因此，笔者于2017年成功申报了国家社科基金一般项目"小世界生活情境下的西南民族村落信息贫困研究"，研究团队根据课题研究计划，开展了文献调研、实践调查和理论研究等工作，形成了一系列成果。

信息贫困是处于信息鸿沟中劣势一端的状态，已有研究通过信息基础设施、信息资源获取、信息技术采纳或信息利用技能等对信息贫困问题进行考察，难以完整揭示相对落后地区或人群信息贫困的真实面貌，尤其是信息主体所处的小世界生活情境所带来的一系列深度影响。因此，西南民族村落群体不能被视为一个简单的被动接受者，而应充分考量其生活情境下的主体建构性。

本书在检视宏观层面西南民族地区信息化发展水平的基础上，综合应用人种志、扎根理论、案例分析、结构方程模型、调查问卷等多种研究方法，一方面通过云南、贵州、四川、重庆、西藏三省一市一自治区民族村落的面上调查数据定量分析小世界生活情境下西南民族村落信息贫困的影响因素，另一方面选取四川省凉山彝族自治州民族村落作为典型的"小世界"作为考察对象，以质性方法识别凉山彝族村落信息贫困的小世界生活情境影响要素。研究表明，小世界生活情境对信息贫困是存在影响的，是导致西南民族村落信息贫困产生和发展的要素。本书将信息贫困置于小世界生活情境下，在西南民族村落的族群生活情境下探讨信息贫困问题，拓展了信息社会问题的研究新视野，将有助于丰富与完善现有信息社会理论，也将为缩小信息不平等、提升公共文化服务能力提供原始真实的族群生活样本和材料支撑，还将为公共文化机构在消除信息不平等中承担社会责任、促进信息公平提供更可靠的应对策略。

本书是课题组集体智慧的结晶，感谢四川大学公共管理学院研究生张永辰、李思敏、朱美霖、胡秋涵、陈思齐等人在数据收集和整理方面的帮助，还要感谢经济科学出版社崔新艳、胡成洁老师一直以来耐心细致的工作付出。本书在撰写过程中参考了大量国内外学者的研究成果，在此一并表示感谢。由于研究水平和时间精力的局限，研究成果难免存在不足并有待进一步完善，恳请各位读者批评指正。

目 录
CONTENTS

第一章　绪论 ……………………………………………… 1
第一节　研究背景 ………………………………………… 1
第二节　研究意义 ………………………………………… 4
第三节　研究内容 ………………………………………… 5
第四节　研究方法 ………………………………………… 6
第五节　本书创新之处 …………………………………… 7

第二章　文献综述 ………………………………………… 8
第一节　国外研究综述 …………………………………… 8
第二节　国内研究综述 …………………………………… 14
第三节　国内外研究现状评述 …………………………… 26

第三章　西南民族村落信息贫困的研究基础 …………… 28
第一节　信息贫困的缘起与界定 ………………………… 28
第二节　小世界生活情境的理论基础 …………………… 34
第三节　研究构想 ………………………………………… 39

第四章　西南民族地区信息化发展水平研究 …………… 42
第一节　研究对象发展概况 ……………………………… 42
第二节　西南民族地区信息化发展水平评价系统 ……… 54
第三节　西南民族地区信息化发展水平评价的个案分析 …… 61

第五章 **西南民族村落信息贫困的定量研究** …… **84**
  第一节 研究思路与方法 …… **84**
  第二节 研究模型构建 …… **86**
  第三节 研究设计与数据收集 …… **95**
  第四节 研究实证分析 …… **107**
  第五节 研究结果讨论 …… **128**

第六章 **基于彝族村落的信息贫困质性研究** …… **135**
  第一节 调研对象 …… **135**
  第二节 研究设计 …… **138**
  第三节 扎根理论分析 …… **146**
  第四节 研究结论 …… **165**

第七章 **政策建议** …… **173**
  第一节 宏观政策层面 …… **173**
  第二节 公共文化机构层面 …… **180**
  第三节 社会第三部门层面 …… **185**
  第四节 贫困村落内部层面 …… **188**

第八章 **总结与展望** …… **192**
  第一节 研究总结 …… **192**
  第二节 研究展望 …… **193**

参考文献 …… **195**

第一章

绪　论

第一节　研究背景

相比于此前几轮技术革新，以智能信息技术为代表的新一轮科技革命正将普通人的生活纳入其中，这场革命浪潮为信息化发展营造了强大驱动势能，但我国信息化的发展并非一帆风顺，新的矛盾也逐渐出现。《数字中国建设发展报告（2018）》提出，目前我国数字动力释放尚不充分，创新能力还不够强，产业生态尚不完善，区域发展不平衡，数字鸿沟依然较大，发展环境仍需进一步完善。[①] 不少研究也发现了信息化发展所带来的问题，强调社会经济地位高的人群会比社会经济地位低的人群能更快地接受与利用信息，因此这两个群体间将呈现更大的数字鸿沟或信息鸿沟。[②]在这一鸿沟中，处于优势地位的一方被称为信息富人，而处于劣势地位的则为信息穷人（information poor）。信息穷人是那些信息需求无法得到满足的人，[③] 包括经济贫困人口、基础设施缺乏者、文化知识水平受限者等（Childers，1975；Kagan，2000；曲慧，2019），这些人是信息社会的短板

[①]　国家网信办. 数字中国建设发展报告（2018 年）［EB/OL］. https：//baijiahao. baidu. com/s？id = 1632777952713958335&wfr = spider&for = pc.

[②]　史安斌，胡宇. 消除"信息贫困"：挑战与应对［J］. 青年记者，2018（31）：75 - 77. 于良芝，周文杰. 信息穷人与信息富人：个人层次的信息不平等测度述评［J］. 图书与情报，2015（1）：53 - 60，76.

[③]　Parker E. Cited in Swartz, Roderick G. The need for cooperation among libraries in the United States ［J］. Library Trends, 1975, 24（2）：215 - 228.

所在，是最应被关注但却失声的存在。① 因此，有必要关注这些"失语"人群在信息社会中面临的信息困境，即信息贫困问题。信息贫困是处于信息鸿沟劣势一端的状态，它是伴随着信息革命和信息化出现的一种新型贫困类型，是当前全世界共同面临的问题，在不同区域、不同种族、不同性别、不同民族、不同社群之间都可以看到信息贫困的存在。

我国的西南地区尤其是西南民族地区是信息贫困的典型代表地区之一。《2017 全球、中国信息社会发展报告》指出四川、云南、贵州、重庆、西藏五个西南省区市的信息社会指数均低于全国信息社会指数均值，信息社会指数最高的是重庆（0.4734），其次是四川（0.4312），贵州、云南、西藏则分别是 0.3994、0.3923、0.3299。② 一般来说，信息社会指数在 0.9 及其以上代表进入信息社会高级阶段，0.8 ~ 0.9 为中级阶段，0.6 ~ 0.8 是初级阶段，0.3 ~ 0.6 则表示尚未进入信息社会，0.3 以下表示与信息社会无缘，③ 从以上衡量标准可以看出西南地区的信息化发展亟待提高。

我国西南边陲长期以来由于地势复杂险峻，环境较为封闭，社会经济发展缓慢，已有研究发现原来的全国 189 个深度贫困县人都分布在西南地区。④ 西南村落地理位置较为偏僻，经济与教育科技文化发展相对落后，信息化成本高，村民信息技能普遍欠缺，导致其成为国家信息化边缘区域，当地村民亦是社会信息化的弱势群体。在此，可以将西南民族村落村民面临的信息贫困概括为：信息资源未能开发利用，信息需求难以得到满足，信息实践与社会参与受阻，创造和分享以信息为基础的社会文明成果之机会和能力有限甚至欠缺⑤。以上概念再次凸显了西南少数民族村落的信息贫困问题研究的迫切和必要。

① 李菲，夏南强. 艾尔弗瑞达·查特曼的情报学研究 [J]. 情报资料工作，2014，35（6）：35 – 38.

② 国家信息中心. 2017 全球、中国信息社会发展报告 [R]. http：//www.sic.gov.cn/archiver/SIC/UpFile/Files/Default/20171226154905961079.pdf.

③ 郑素侠，宋杨. 空间视野下我国信息贫困的分布特征与政策启示 [J]. 现代传播（中国传媒大学学报），2019，41（7）：21 – 27.

④ 李春，曾桢，朱梦娴. 精准扶贫下的国内农村信息贫困研究综述 [J]. 农业图书情报，2019，31（2）：4 – 10.

⑤ 杨峰，赵珊. 西南民族村落信息贫困：一个小世界生活情境的分析框架 [J]. 图书馆论坛，2018，38（8）：17 – 23.

我国历来重视农村信息化建设，近年来推出的国家大数据战略、"互联网＋"行动、国家信息化发展战略等更是把农村信息化建设置于突出的位置，这为解决西南民族村落的信息贫困问题提供了强力政策保障，营造了强大驱动势能。但仍需充分意识到，在信息保障条件不断改善的情况下，被保障者的信息贫困却常常保持不变，① 即意味着，以信息基础设施、信息资源获取、信息技术采纳或信息利用技能等侧面对于信息贫困问题的考察，难以完整揭示相对落后地区或人群信息贫困的真实面貌，尤其是信息主体所处的小世界生活情境所带来的一系列深度影响问题。例如，外部有用的信息资源未被使用并非因其不能被获取或相对落后群体不会用，而是处于小世界中的他们认为这些信息不能帮助他们，因此缺乏寻求信息自助与自我发展的动力。因此，相对落后群体不能被视为一个简单的被动接受者，而应充分考量其生活情境下的主体建构性。

小世界生活情境可以被理解为共同居住在清晰界定的地理空间中的社会群体所拥有的共同观念、规范、语言、风俗等生活要素形成的场景和生态。西南民族地区是集革命老区、偏远山区、民族聚居区、生态脆弱区、相对贫困连片发生区为一体的特殊区域，民族村落内部拥有共同的宗族传衍、俚语方言、乡约乡规、生产方式等，这些是小世界生活情境的具体形态和构件，它表征着其社会规范形式和社会交往模式，也是导致西南民族村落信息贫困产生和发展的因素。小世界生活情境不仅是内部信息交流和生态循环的载体，还是村民与外部世界互通互联的重要枢纽和信息场域。它与信息基础设施、信息技术应用等保障条件息息相关，也在与外部世界的沟通中生成自身的信息生态，其间伴生的信息隔阂、交流障碍等现象是信息化在城乡差异和社群交往失衡中的信息贫困新常态。本书将基于小世界生活情境，考察具有典型代表性的西南民族村落的信息贫困问题，将为有效解决当前信息不平等现象、助力公共机构保障信息公平和村民个人发展提供相关依据。

---

① 于良芝."个人信息世界"——一个信息不平等概念的发现及阐释 [J]. 中国图书馆报，2013（1）：4–12.

第二节　研究意义

一、理论意义

信息贫困是我国全面建成小康社会取得历史性成就之后不可回避的一个社会问题，对信息化过程中面临贫困的西南民族村落群体所处的生活情境进行剖析有助于解决此问题。小世界生活情境既是信息贫困在全球化格局下的微观研究背景，也是信息不平等和新型信息贫困的重要变量，必须在时空变迁中加以考察。将信息贫困置于小世界生活情境下，在西南民族村落的族群生活情境下探讨信息贫困问题，属管理学、传播学、社会学等相关学科的交叉问题，拓展了信息社会问题的研究新视野，将有助于丰富与完善现有信息社会理论，也在理论上促进了多学科融合。此外，公共文化机构作为社会的公共接入点，对于解决信息鸿沟问题具有重要作用，因此本书研究将为缩小信息不平等、提供公共文化服务方面提供第一手的族群生活样本和材料支撑，为未来的相关研究提供理论支持。

二、现实意义

社会信息贫困问题的解决，尤其需要对信息化过程中面临各种贫困状况的社会群体（西部地区、农村地区、少数民族等）所处的生活情境进行批判性剖析。因此，小世界生活情境考量下的西南民族村落信息贫困研究，将信息贫困的研究落脚于当地特有的自然地理、生产方式、语言文字、社会规范等，研究小世界生活情境如何影响村落群体的信息贫困，为相关部门出台针对西南民族地区信息贫困的政策制定及优化提供智力支持，也能为公共文化机构在消除信息不平等中承担社会责任、促进信息公平提供更可靠的应对策略，强化了在应对信息不平等时公共文化服务的必要性和重要性。

第三节　研究内容

（1）信息贫困文献综述。主要对国内外信息贫困相关文献进行调研分析，国外研究信息贫困的关注点虽不尽相同，却依然具有内在相似性，相关文献主要讨论信息贫困中的信息基础设施、信息服务、群体信息行为等问题，国内研究主要从信息贫困群体性、测度、影响因素三个方面展开论述，已有研究为从小世界生活情境的视角出发考察西南民族村落信息贫困提供了借鉴思路。

（2）西南民族村落信息贫困的研究基础。从讨论数字鸿沟开始，追寻信息贫困的缘起，信息贫困是用来描述信息鸿沟中弱势一端所处的信息被剥夺的困境，往往从经济贫困、供给需求和生活情境三个方面来加以理解。本书在小世界理论、信息世界理论和个人信息世界理论的指导下，构建小世界生活情境概念，并以此构想出小世界生活情境下西南民族村落信息贫困研究的应用思路和路径。

（3）西南民族地区信息化发展水平研究。主要在描述西南民族地区概况、村落发展概况和信息化发展概况基础上，建立西南民族地区信息化发展水平评价系统，并选取西南民族地区中少数民族人口众多且居住较为集中的四川藏族地区为例，通过分析、评估四川藏区信息化发展水平，以典型个案来映射西南民族地区信息化发展水平。

（4）西南民族村落信息贫困的定量研究。首先根据已有相关研究和理论，假设小世界生活情境各要素与信息贫困的关系，构建小世界生活情境对西南民族村落信息贫困影响的研究模型。在研究模型建立完成后，利用问卷调查法对云南、贵州、四川、重庆、西藏三省一市一自治区民族村落中的少数民族群体进行考察，收集数据资料。利用偏最小二乘法结构方程模型对数据进行分析，得出自然条件和地理位置、社会信息资产、个体知识水平、个体社会心理与信息贫困间存在着显著的正向相关关系，个体社会交往模式在个体知识水平对信息贫困的影响中起着部分中介作用。

（5）基于彝族村落的信息贫困质性研究。本书选取四川省凉山彝族自治州的民族村落为个案，通过人种志和深度访谈等研究方法获得当地村民社会活动中的信息实践相关资料，然后运用扎根理论研究方法，按照开放性编码、主轴性编码和选择性编码的步骤，构建了彝族村落信息贫困影响要素理论模型，指出自然物质环境、社会文化环境、个体心理情境三个核心范畴是小世界生活情境下西南民族村落主要的影响要素。

（6）西南民族村落摆脱信息贫困的政策建议。无论是对西南地区三省一市一自治区的面上调查，还是基于四川省凉山彝族自治州村落的个案分析，都表明一些具体的生活情境要素对信息贫困是存在影响的。因此，可以从政府、公共文化机构、第三部门、村落内部四个层面对改善西南民族村落信息贫困状况提出建议，旨在尽可能减少自然条件带来的不利影响，消除当地居民信息接收、理解、表达的障碍，多管齐下改善西南民族村落信息贫困现状。

（7）总结和展望。本书认为小世界生活情境是导致西南民族村落信息贫困产生和发展的要素。未来研究可在小世界生活情境下单个少数民族信息贫困、小世界生活情境对不同区域信息贫困的影响差异等方面展开，并进一步在理论认知和方法上弥补当前研究的不足。

第四节　研究方法

（1）人种志方法。在西南民族村落自然的生活情境中，观察者平等地参与其中，"让存在者如其所是"，获得村落群体的生活方式及信息行为模式等第一现场手资料。

（2）扎根理论。扎根理论的开放性编码、主轴性编码和选择性编码可以有效地将现象概念化，将概念条理化。应用扎根理论寻找反映小世界生活情境下的信息贫困现象的本质核心概念，然后通过这些概念之间的联系建构相关的理论模型。

（3）案例分析法。以我国四川藏族地区和彝族地区为分析对象，分别讨论宏观层面上的信息化发展水平和小世界生活情境下的信息贫困影响要素，力图以点代面，为面向信息贫困的精准脱贫对策提供基础素材。

（4）调查问卷法。结合了研究人员前期对西南民族村落的田野调查收集得到的资料以及现有理论，构建出小世界生活情境对西南民族村落信息贫困影响的调查问卷，基于西南三省一市一区（四川省、云南省、贵州省、重庆市、西藏自治区）民族村落展开调查，收集研究所需的样本数据。

（5）结构方程模型。采用偏最小二乘法结构方程模型对收集得到的数据进行分析，检验研究假设及其模型，探究信息贫困现象的现实环境和影响因素。

第五节　本书创新之处

（1）有别于以往技术导向与经济性归因色彩浓重的大多数经验性研究，本书以小世界生活情境为视角，考察兼具西部地区、少数民族、传统村落典型特征的西南民族村落信息贫困问题，实现了研究视角和研究对象的创新。

（2）小世界生活情境既是信息贫困在全球化格局下的微观研究背景，也是信息不平等加剧化和信息贫困的重要变量，尤其对于面临各种贫困状况的社会群体（西部地区、农村地区、少数民族等）而言，信息贫困呈现了时空变迁中常态下的异态演变。

（3）按照跨学科研究思路，本书综合运用人种志、扎根理论、案例分析、结构方程模型、调查问卷等多种研究方法，力图构建信息贫困的小世界生活情境理论模型，努力推动信息贫困研究方法体系的丰富化和科学化。

第二章

文献综述

第一节 国外研究综述

社会信息化发展过程中所带来的不平等是信息社会的主要矛盾之一，深刻影响着每一个国家和地区政治、经济、文化、社会的发展与稳定。迄今为止，国外对信息贫困已有了较多的成熟研究，这些研究关注点虽不尽相同，但都具有内在相似性。本节将通过信息基础设施、信息服务、群体信息行为三个部分讨论此问题的国外研究现状。

一、信息贫困与信息基础设施

一些研究提出信息贫困与信息通信技术（information and communications technology，ICT）的匮乏和落后的信息基础设施有关，[①] 当基础设施薄弱时，信息就无法覆盖适当的受众，信息贫困也会因此形成。[②] 例如，有学者在讨论技术决定论与信息贫困概念构建的关系时，认为信息贫困与ICT 的不可获取有关（Haider，2007）。还有学者认为撒哈拉以南非洲国家信息贫困的根源在于信息通信技术没有完全开发，城市和农村间信息获取

① Ronald S. The emerging network environment and the information poor [J]. Aplis, 1995, 8 (1): 26. Haider J, Bawden D. Conceptions of "information poverty" in LIS: A discourse analysis [J]. Journal of Documentation, 2007, 63 (4): 534 – 557.

② Estrada E, Ramirez A S, Gamboa S et al. Development of a participatory health communication intervention: An ecological approach to reducing rural information inequality and health disparities [J]. Journal of Health Communication, 2018, 23 (8): 773 – 782.

和 ICT 发展存在差异，国家信息基础设施建设不完善等（Gebremichael et al.，2006）。在此启发下，以 ICT 为代表的信息基础设施建设水平常被视作信息贫困的衡量指标，例如卡瑟里亚（Kathuria，2018）使用移动电话、互联网和每百人的宽带使用量这三个指标来研究数字鸿沟的变化情况；埃斯皮诺萨（Espinoza，2018）指出秘鲁安第斯山脉和亚马孙地区的国家在弥合数字鸿沟所必需的宽带服务上存在严重不足。诺里斯（Norris，2001）将数字鸿沟划分为三种：国家之间的信息技术不平等、不同地区之间接入信息技术的差异、利用信息资源参与公众生活的差异。也因此在很长一段时间内，增加家庭和社区中的 ICT 是政府和非营利组织缩小数字鸿沟并解决信息贫困的目标。[①] 人们认为在政府和组织缩小数字鸿沟的努力中，理解并回应 ICT 的采纳情况十分重要，[②] ICT 可以解决距离和信息资源数量这两个阻碍信息访问的因素，[③] 更快、更可靠的互联网访问是偏远地区利用互联网其他潜在优势的先决条件，[④] 通过向信息贫困人群传播 ICT 能够有效减少信息不平等现象。[⑤]

尽管将数字鸿沟指标与其他社会不平等指标（预期寿命、婴儿死亡率等）进行比较后可以看出 ICT 的投入会减少一些不平等现象并缩小数字鸿沟（Sicherl，2019；Andersen，2019），但学术界开始对 ICT 接入的作用提出异议。例如，有研究者指出弱势群体之间存在着广泛的数字鸿沟，仅靠提供 ICT 设施是无法解决问题的（Ma et al.，2018）。赫斯伯格（Hersberger，2001）对互联网可以为无家可归者带来有价值的信息这一观点表示了质疑，在他看来，这些无家可归者对专业人士和身边人传播的信息已经感到不知所措了，遑论互联网所带来的信息。在 ICT 接入的争议中，学者们逐渐意识到 ICT 使用的重要性。例如，有学者在对新加坡弱势失业者的调

---

① Manlove J, Whitacre B. An evaluation of the connected nation broadband adoption program [J]. Telecommunications Policy, 2019, 43 (7): 101.

② Manlove J, Whitacre B. Understanding the trend to mobile-only internet connections: A decomposition analysis [J]. Telecommunications Policy, 2019, 43 (1): 76 – 87.

③ Lawrence G W. Information poor, information rich: Rural America and the internet [J]. Journal of Agricultural & Food Information, 1994, 2 (3): 71 – 81.

④ Horn C, Rennie E. Digital access, choice and agency in remote Sarawak [J]. Telematics and Informatics, 2018, 35 (7): 1935 – 1948.

⑤ Himma K, Bottis M. The digital divide: Information technologies and the obligation to alleviate poverty [M]. London: Palgrave Macmillan, 2014: 333 – 346.

查中发现 ICT 访问对这些人没有影响，政策制定者应将重点放在 ICT 的应用培养上（Loh，2019）。相应地，ICT 使用也被纳入信息贫困的概念之中。比如戴克（Dijk，2005）在构建数字接入概念时考虑到了动机、物质、技能和利用；杜尔迈尔（Duermaier，2009）在衡量拉丁美洲对信息和通信贫困时反思了 ICT 的使用情况和面临的障碍；梅（May，2012）意识到信息贫困的测量维度应该包括 ICT 的接入和使用；巴尼奇（Barnidge，2019）指出哥伦比亚在 ICT 接入、ICT 使用方面存在持续的数字鸿沟。ICT 的使用既受到人们自身数字技能、动机、人口统计学特征的影响，[①]又受到 ICT 性能和开放性的影响。[②] 例如，尽管在公共图书馆中使用 ICT 非常重要，但南非地区的公共图书馆提供的 ICT 仍然十分有限（Lediga，2018）。因此，尽管存在诸多争论，实际上 ICT 的接入和使用同样重要，二者缺一不可。

对 ICT 使用的讨论将信息素养引入了信息贫困领域。信息素养贫困是信息基础设施利用层面更深层次的发展，将信息贫困置于能否认识到信息的重要作用、能否正确选择和利用信息工具及信息资源的技术和能力上来研究，并在广义上包含了对信息的意识与表达、获取与甄别、理解与吸收、利用与创造。信息素养在缩小数字鸿沟中具有重要作用，[③] 已有研究发现信息素养能够帮助难民群体融入新的信息环境之中（Lloyd et al.，2013）。学者们纷纷从信息素养的角度出发来定义信息贫困：信息贫困被认为是在决策制定中缺乏对有价值的信息的识别，[④] 或缺乏参与信息社会的基础能力，[⑤] 或包含了信息以及信息检索技巧的缺乏、信息过载和渠道

---

① Ojo A O, Arasanmi C N, Raman M et al. Ability, motivation, opportunity and sociodemographic determinants of internet usage in Malaysia [J]. Information Development, 2019, 35 (5): 819 – 830.

② Chipeva P, Cruz-Jesus F, Oliveira T et al. Digital divide at individual level: Evidence for Eastern and Western European countries [J]. Government Information Quarterly 2018, 35 (3): 460 – 479.

③ Ferro E, Helbig N C, Gil-Garcia J R. The role of IT literacy in defining digital divide policy needs [J]. Government Information Quarterly, 2011, 28 (1): 3 – 10.

④ Akhtar S, Melesse M. Africa, information and development: IDRC's experience [J]. Journal of Information Science, 1994, 20 (5): 314 – 22.

⑤ Barja C, Gigler B. The concept of informaion poverty and how to measure it in the Latin American context. International Development Research Centre (IDRC). Digital poverty: Latin American and Caribbean perspectives. Rugby: Practical Action Publishing, 2007, 11 – 28. Ferro E, Helbig N C, Gil-Garcia J R. The role of IT literacy in defining digital divide policy needs [J]. Government Information Quarterly, 2011, 28 (1): 3 – 10.

偏见等。[①] 这一类定义在如今也有了新的发展：传统意义上的信息穷人是由于没有电脑、网络连接或计算机技能较差而无法获取数字信息的群体，新的信息穷人则是那些拥有电脑、网络可获取且拥有较好的甚至非常好的电脑技术但却由于费用和许可限制不能获取学术信息的群体（Bradley，2011）。信息素养的高低与人们自身所受到的教育密切相关，不同教育程度的人在应对互联网带来的负面结果时会有截然不同的反应，受过良好教育的人会直接采取补救措施，而教育程度低的人往往只会承受负面结果（Scheerder et al.，2019）。信息素养的提升离不开教育的支撑。[②] 塞莱什等（Szeles et al.，2018）发现，提高高等教育比例、增加研发支出以及阻止早期退学等措施成功地缩小了欧盟的数字鸿沟；李（Lee，2019）的研究证实了信息技术培训项目提高了韩国老年人、残疾人对电子政务使用，具有缩小数字鸿沟的潜力；福伦巴赫（Forenbacher，2019）强调政策制定者针对年轻人提供的数字素养培训可以有效弥合数字鸿沟。

二、信息贫困与信息服务

信息服务是政府以及社会各类机构向个体提供信息资源、设备、技能培训等来保障个人信息权利，满足其信息需求的过程。信息资源是信息社会的重要组成部分，个体所拥有的信息资源数量衡量着其信息贫困程度，预测着他们是否会成为信息贫困者。布里兹（Britz，2004）在论述信息贫困定义、特征、原因及解决措施时均提到了信息资源获取的问题。默多克和高丁（Murdock and Golding，1989）指出信息贫困整体而言是由国家和企业部门掌握的信息不断增长所产生的，伴随着物质匮乏而直接导致的低收入群体的信息贫困。信息资源缺乏涉及经济发展、资源配置、信息权利

---

① Bowden R. The information rich and IFLA's information poor ［J］. Ifla Journal，2000（26）. Sweetland J H. Information poverty：Let me count the ways ［J］. Database，1993，16（4）：8 – 10.

② Clark C，Gorski P. Multicultural education and the digital divide：Focus on race，language，socioeconomic class，sex，and disability ［J］. Multicultural Perspectives，2001（3）：39 – 44. Yu L，Zhou W，Yu B et al. Towards a comprehensive measurement of the information rich and poor：Based on the conceptualization of individuals as information agents ［J］. Journal of Documentation，2016，72（4）：614 – 635.

等各个因素，如收入影响了人们对医疗服务和信息的获取，① 发展水平的不均衡影响了信息资源的获取和利用。② 而解决信息贫困需要保障人们的信息权利，保证重要信息的可获取，以及建立社会最少信息标准。③

不少研究在论述信息服务与信息贫困时还会或多或少提及公共文化服务机构的作用。例如，有学者从文化和结构角度对信息贫困和减少城市边缘群体信息贫困的策略进行论述时，评估了城市图书馆所提供的图书馆服务、多样化教育计划和公民参与活动（Shen，2013）。有学者基于 1995～2005 年在图书馆和信息科学期刊上发表的 35 篇英语文章，利用话语分析调查构成信息贫困内涵的概念、兴趣和策略，发现图书馆界的道德义务和责任与信息贫困这一概念有关（Haider et al.，2007）。此外，还有研究指出资金短缺、信息贫困、数字鸿沟、信息基础设施不健全、图书馆管理、技术知识和用户培训缺乏影响了虚拟资源服务的发展（Zheng，2006）。

信息贫困问题的解决自然离不开信息服务的提升，学者们在调查贵州农村信息贫困时指出，自然条件、经济发展、教育水平和信息资源造成贵州农村信息贫困独特性，而要解决这一问题，需要改变观念，以合作博弈的理论指导信息扶贫，需要加强政府管理和资金投入有效性，也需要提高农村信息服务水平（He et al.，2015）。在信息服务水平提升中，最重要的还是以图书馆为代表的公共文化服务机构角色的发挥。威尔逊（Wilson，1987）从"图书馆员和信息工作者的职业道德支持了自由平等地获取知识"这一前提出发讨论了信息富人和信息穷人。亨德利（Hendry，2000）在逐渐形成的信息社会和知识经济背景下探讨了信息剥夺的含义和影响，进而指出图书馆和信息工作者在消除信息剥夺中的作用。赛德曼（Seidman，1991）研究了信息社会的挑战，指出在信息社会有的人由于没有那么多时间阅读、吸收而成为信息穷人，要解决这个问题就需要图书馆的努力。麦基文（Mckeown，2016）提出了信息贫困指标的宏观、中观和微观模型以说明公共图书馆在战略、社区和个人层面的影响。

---

① Zimmerman M S. Information poverty and reproductive healthcare: Assessing the reasons for inequity between income groups [J]. Social Work in Public Health, 2017, 32 (3): 210 –221.

② Lingel J, Boyd D. "Keep it secret, keep it safe": Information poverty, information norms, and stigma [J]. Journal of the American Society for Information Science & Technology, 2013, 64 (5): 981 –991.

③ Britz J J. To Know or not to know: A moral reflection on information poverty [J]. Journal of Information Science, 2004, 30 (3): 192 –204.

三、信息贫困中的群体行为

从 ICT、信息基础设施、信息素养、信息资源和服务等角度出发的信息贫困研究更多地认为经济贫困与信息贫困紧密相连，从经济视角出发思考信息贫困。除此之外，还有部分学者们将研究视角拓展到社会文化方面，关注信息贫困群体所处的社会文化背景及其衍生的相应行为模式，认为信息不平等与人们的日常和定期信息实践有关。[①] 例如汤普森（Thompson，2007）提出学习信息贫困的一个方法是集中在社会生活情景下的感知文化和行为问题；林格尔等（Lingel et al.，2013）指出当信息实践被理解为由社会背景所塑造时，特权和边缘化影响了信息资源的获取和利用；海特（Haight，2014）等从人口学特征着手，探究了收入、教育、城乡、移民身份和年龄等人口因素如何影响信息的接受问题；耶格尔等（Jaeger et al.，2004）意识到信息行为中的信息贫困和规范行为两种现象有助于解释为什么某些群体不使用电子政务信息。从以上论述中可以进一步发现此视角下的信息贫困研究强调的是群体在特定社会情境、文化氛围、社会规范影响下产生的信息行为。

群体信息行为的产生还与其生活态度和心理因素有关，特别是群体的自我封闭行为通常可归因于这一群体对外部世界的不信任甚至排斥心理。奇尔德斯等（Childers et al.，1975）提出信息获取技能、亚文化行为和个人态度决定一个人信息富有或贫穷。斯平克等（Spink et al.，2001）调查了非裔美国人的信息环境，发现除健康和就业信息问题外，这些居民寻求信息的范围主要集中在家人和邻居，较少使用外部渠道。哈斯勒等（Hasler et al.，2014）利用内容分析法研究了处于信息贫困状态下的人们使用网络社群的话题和信息需求，发现网络环境为人们表达关键和潜在的信息需求提供了表达渠道，因为这些人不愿冒险在其他地方暴露自己的健康、福祉、社交、身份等信息。此方面最具有代表性的学者当属查特曼（Chatman），她先后调查了低技能工人（1987）和退休妇女（1992）的信

---

① Yu L. How poor informationally are the information poor? Evidence from an empirical study of daily and regular information practices of individuals [J]. Journal of Documentation, 2010, 66 (6): 906 – 933.

息世界，并尝试用小世界理论（1991）、局内人局外人（1996）和圆周理论（1999）等来解释这些群体信息贫困的形成原因。其理论核心内涵可归纳为：虽然信息贫困状况会受到一些外部因素的影响，但最终，小世界阻碍了这些人与他人之间的信息交换，[①] 信息贫困是信息穷人不信任周围环境，不愿意分享信息或者向他人寻求信息，从而感知到生活孤立无援的状态。查特曼的理论深刻影响着随后诸多学者们的研究，例如，布朗斯坦（Bronstein，2014）为检验查特曼的六个理论框架在网络环境下是否成立，利用内容分析法对网络社群发布的帖子进行分析，发现这些人将信息贫困状况描述为缺乏信息、自我隔绝、缺乏支持，这一群体由于经济原因、自我保护行为、引用团体经验信息和局内人知识而拒绝寻求信息。再例如，赫斯伯格（2013）在信息局内外人的分析框架和查特曼信息贫困理论的指导下调查了无家可归者的信息需求、信息资源和信息获取行为，并探索了内因和外因驱动下的信息获取行为差异。伯内特等（Burnett et al.，2008）将哈贝马斯（Habermas）的"生活世界"概念和查特曼的"小世界信息行为"的概念联系起来以解释社会中政治和社会信息的获取与交流行为，强调不论在何种社会背景下，信息行为的概念表征对于理解信息在社会中的角色以及政策如何影响信息的角色都很重要。信息贫困既然与群体间社会文化差异有关，那么鼓励独立群体间的交流融合便是解决信息贫困的一个方法。[②] 但解决信息贫困并不能以丧失群体特色为代价，比如有研究强调"提高撒哈拉以南国家信息交流技术的基础设施建设并不意味着这些群体非得要放弃他们的本族艺术、文化和歌曲才能换得技术进步"（Gebremichael and Jackson，2006）。

第二节　国内研究综述

随着信息技术在中国的普及，国内学者们的研究覆盖了信息贫困的诸

---

① Chatman E A. The impoverished lifeworld of outsiders [J]. Journal of the Association for Information Science & Technology, 1996, 47 (3): 193–206.

② Thompson K M. Furthering understanding of information literacy through the social study of information poverty [J]. The Canadian Journal of Information & Library Science, 2007, 31 (1): 87–115.

多方面，研究面向各个群体，从多个维度具体化信息贫困，致力于找出信息贫困的起因。本节主要从信息贫困群体、测度、影响因素三个方面入手，梳理当前国内信息贫困的相关研究。

一、信息贫困群体性

数字鸿沟研究具有区域性特征，[①] 很多研究关注国家间的数字鸿沟[②]以及城乡间的数字鸿沟。[③] 相比之下，信息贫困研究则呈现出明显的群体性特征。通过聚焦于特定群体，学者们探寻群体特征，进而把握研究对象特质，提升研究深度和针对性。赖茂生（2011）将"社群"称为社会中拥有共同利益、经历、道德价值观、认同、期望等的个体，通过地缘、血缘、社会关系、社会网络或特定社会组织而形成的集合体。在这一定义的启发下，本节可将群体理解为具有相同特性的社会集合体。对信息贫困研究进行群体划分和统计（见表 2－1），可以发现当前绝大部分研究关注的是农民这一传统认知中的弱势群体，例如，方志等（2019）在对陕西农民进行调研的基础上提出了内外因共同影响下的西部农村农民数字化贫困形成机理。近些年来，信息贫困的研究对象得到了一定程度的拓展，青少年与学生等具有一定文化水平且常常不被认为是信息贫困者的群体得到学者们越来越多的关注。例如，吕惠云（2006）通过对师范院校图书馆读者阅读情况的调查与分析，将现有信息贫困研究对象拓展到学生群体，指出在学生当中普遍存在着信息贫困的现象。

---

① 金春枝，李伦. 我国互联网数字鸿沟空间分异格局研究 [J]. 经济地理，2016，36（8）：106 - 112.

② 杨剑. 新兴大国与国际数字鸿沟的消弭——以中非信息技术合作为例 [J]. 世界经济研究，2013（4）：24 - 29，87 - 88. 胡鞍钢，周绍杰. 中国的信息化战略：缩小信息差距 [J]. 中国工业经济，2001（1）：25 - 29.

③ 邹晓鸥，李健，韩毅，代洪波. 我国城乡数字鸿沟测度指标的构建 [J]. 图书情报工作，2014，58（19）：53 - 60. 陈思祁. 数字鸿沟形成机制研究 [D]. 北京邮电大学，2012. 罗裕梅，凌鸿. 我国网络信息消费中信息鸿沟的数字化解读 [J]. 社会科学，2014（1）：53 - 63. 兰晓霞. 基于 SWOT 定量分析方法的城乡数字鸿沟弥合战略研究 [J]. 情报科学，2016，34（2）：148 - 153.

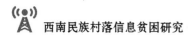

表 2 - 1　　　　　　　　　　信息贫困的研究对象

研究群体	文献
农民	闵阳，2006；刘斌，2006；王建，2007；孙贵珍，2011；陈响坤，2010；卢燕艳，2013；桂秀梅，2013；李红林，2013；罗阳富，2013；胡军，2014；吴丹，2014；刘雁，2014；丁建军，2014；吴炯丽，2015；李玉华，2015；何隽，2015；赵奇钊，2016；张孟嘉，2016；王营盈，2016；刘博，2017；刘婧娇，2018；方志，2019；斯丽娟，2019；李春，2019
少数民族	林海英，2015；朱明，2017；杨峰，2018；张月琴，2018
青少年	刘亚，2012；王洁瑾，2015；牛婧，2018
残疾人	庄稼茵，2018
农村留守儿童	刘灿，2011
新市民	孙红蕾，2016
学生	吕惠云，2006

资料来源：本书作者根据相关文献整理。

　　群体内部共享的语言、习俗、价值观等使得群体趋向于形成具有鲜明内部特色的人际关系网络、群体心理和群体意识等，这些群体特色又影响着内部成员信息贫困的程度。例如朱明（2017）在述评国外少数族裔信息贫困时，从信息政治经济学、社会排斥理论、创新扩散理论、个人信息世界理论等角度论述了其信息贫困成因。其中，社会排斥理论认为个人在受到政治、经济、社会、文化等排斥的情况下，由于缺乏获取信息的机会和能力而成为信息贫困者；创新扩散理论认为信息技术扩散过程中的滞后者即贫困者；小世界信息贫困理论和个人信息世界理论认为小世界和小世界情境下的个人信息行为都导致了信息贫困。同样，于良芝（2013）在采用整体性思路考察当代社会信息贫困现象的过程中，提出个人信息世界理论，认为信息贫困的发生是因为信息主体受资源、机会、社会流动、教育模式等因素的限制，只能构建狭小的个人信息世界边界，从而限制了信息资源的获取和利用。类似研究还有赖茂生等（2011）强调形成关注信息贫困社群生存状态的社会习惯，王素芳（2015）论述了创新扩散理论、意见领袖理论、疏离理论、满意理论和社会网络理论等对查特曼信息贫困研究的影响等。

　　在信息贫困研究群体中，对少数民族的研究至关重要。一方面，民族村落大多地理位置偏远，经济相对欠发达，文化相对隔绝，相应的信息贫困问题也比较突出。另一方面，研究这一群体对相对落后地区农业经济和社会发展具有重要意义，[1] 也对我国社会主义现代化建设至关重要。张翠华（2005）和吕惠云（2006）早在十几年前就已分别关注了西部民族地区数字鸿沟和民族地区的信息差距。后续学者们在研究民族地区的贫困问题时也将信息贫困纳入考虑范畴。例如，耿新（2017）指出人口较少民族的贫困是集空间贫困、资本贫困、能力贫困、信息贫困于一体的一种特殊类型的深度贫困。余吉玲（2017）意识到甘肃藏区绝对贫困与返贫率高、多维贫困与自我能力发展缺失、信息贫困等的贫困现状。为测量民族地区的信息贫困，学者们也做出了不懈努力，包括构建集经济资本贫困、人力资本贫困、社会关系资本贫困、信息贫困及生态贫困为一体的贫困评估指标体系，[2] 或运用多维贫困测量方法对民族地区的多维贫困进行测量。[3] 类似研究还有闫慧等（2014）利用田野调查方法对湖南湘西土家族苗族自治州居民数字化脱贫情况进行调研后发现农村小群体的存在，指出内部社会资本在数字化脱贫过程中的作用。冯剑侠等（2017）利用有关全国调查数据分析了少数民族妇女与汉族妇女在互联网接入和使用层面的差异，发现少数民族妇女在互联网的使用率和使用时长上都显著低于汉族妇女，但二者有着共同的互联网使用偏好。在民族地区信息贫困解决措施上，比较有代表性的观点均强调政府、媒体、受众三方合力以及在西部民族地区构建图书馆 2.0（高娟，2010；赵青，2008）。

二、信息贫困测度

信息贫困测度要首先把握信息贫困的特点。信息贫困不是一成不变的，在不同时间段和对于不同个体而言都应该具体问题具体分析，把握其差异性。刘博（2017）指出信息贫困是伴随着社会信息化而产生并跟随这一进程而变化的。在经济不发达的时代，人们更多的是从基础设施、通信

---

① 文晓国，李忠斌. 抹平数字鸿沟：民族地区农业未来发展之路［J］. 农村经济与科技，2010（7）：26－28. 臧为. 消除数字鸿沟，加快民族地区新农村建设［J］. 科技创业月刊，2007（3）：28－29.

② 林海英. 少数民族地区贫困评价指标体系的构建［J］. 物流科技，2015（11）：17－19.

③ 徐秋艳，西力艾里·要勒巴司，谭斌. 边疆少数民族连片特困地区多维贫困测度及空间分异——以新疆和田地区为例［J］. 湖北民族学院学报（哲学社会科学版），2017（3）：91－97.

技术的角度来理解信息贫困并提出解决措施。随着经济发展和时代进步，人们意识到信息贫困不仅是由于缺乏这些设施设备，还由于缺乏信息需求与内心因素等综合因素。此外，信息贫困还具有持久性或暂时性特征（持久性贫困与暂时性贫困），解决信息贫困过程中要区分这两个概念（王营盈等，2016）。

信息贫困测度与信息贫困表现密不可分，测量信息贫困需要明晰信息贫困的表现维度。总的来说，某一地区或群体的信息贫困主要表现为自身贫困与环境贫困两个方面（见表2-2）。自身贫困是从信息贫困者角度论述的，其中的信息意识贫困指的是个体对信息价值的认知不到位，缺乏主动获取、接收、利用、发布信息的意识；信息能力贫困包括无法意识到自身信息需求，无法正确充分表达信息需求，无法进行信息的获取接收、筛选甄别、理解与吸收、利用与创造。信息交流贫困也可以称为信息传递贫困，表现为缺乏信息交流渠道或已有渠道单一。信息消费贫困指的是信息消费水平低，且会因外部因素产生较大波动。信息权利贫困是信息贫困在贫困者政治权利上的表现，体现为贫困者无法公平地享有利用信息的机会和自由。环境贫困是信息贫困在个体所处信息环境上的表现，包括信息资源、信息基础设施、信息服务。其中，信息资源贫困包括信息资源存量不足、供给错位、时效性差、准确性低、发展潜力不足。信息基础设施贫困是电话与互联网普及率、广播电视覆盖率、人均邮电业务量等不足而导致的信息获取成本高。信息服务贫困包括服务水平低、获取方式单一和战略模式不恰当等。①

表2-2 信息贫困表现汇总

一级维度	二级维度	文献
自身贫困	教育水平贫困	李玉华，2015
	信息意识贫困	刘雁，2014
	信息能力贫困	王营盈，2016；丁建军，2014；王桂敏，2006；王冬放，2015；刘雁，2014

① 张小倩，张月琴，杨峰. 国内外信息贫困研究进展：内涵阐释、研究设计及内容综述[J]. 图书馆论坛，2018，38（8）：24-32，39.

一级维度	二级维度	文献
自身贫困	信息交流贫困	赵奇钊，2009；王建，2007；吴炯丽，2015；王冬放，2015；李红林，2013
	信息消费贫困	王营盈，2016；刘博，2017；赵奇钊，2009；李玉华，2015
	信息权利贫困	李红林，2013
环境贫困	信息资源贫困	丁建军，2014；赵奇钊，2009；王建，2007；王桂敏，2006；罗阳富，2013；吴炯丽，2015；王冬放，2015；李玉华，2015；赵奇钊，2016
	信息基础设施贫困	王建，2007；丁建军，2014；赵奇钊，2009；王冬放，2015；李玉华，2015；吴丹，2014；赵奇钊，2016
	信息服务贫困	吴丹，2014；李红林，2013

资料来源：本书作者根据相关文献整理。

　　为了测量信息贫困，学者们构建了相应的指标体系。李钢等（2017）参照国家（农业）信息化建设要求、国家信息化指标体系和农村地区信息化建设自身特点等因素，采用灰色关联分析法构建信息贫困测评指标体系。孙贵珍等（2010）在自己的研究中先后采用德尔菲法构建了评价河北省农村信息贫困的指标体系和农民信息购买力的扩展线性支出系统 ELES 模型。这些学者对于信息贫困的测量均包含信息环境、信息基础设施和信息服务与应用三个方面。赵奇钊等（2016）则是从电话普及率、互联网普及率、广播覆盖率、电视覆盖率和人均邮电业务量五个维度构建模型来综合评价武陵山片区信息化发展水平。在研究信息贫困过程中，当前国内研究大多采用定性研究与定量研究相结合的研究方法，且由访谈法、问卷调查等组成的田野调查是收集数据的主要方法，而数据分析则是在扎根理论、层次分析法、内容分析法等的指导下进行。

三、信息贫困影响因素讨论

（一）信息环境

　　信息环境是个体周围所接触并对其产生影响的所有信息内容因素和信

息媒介因素的总和，包含了社会文化、政治、科技、军事、教育、家庭等信息内容以及连接信息内容和信息用户的媒介与技术。[①] 贫困锁定假说认为一个地方的信息贫困与当地基层治理、基础设施建设、产业发展、公共服务等互相依赖和影响，进而陷入贫困锁定状态。[②] 这说明信息贫困与信息环境之间紧密联系又相互影响。地理偏远、环境恶劣、经济发展水平低、发展不稳定、政策扶持力度不够、信息基础设施不健全、信息技术缺失等都会造成一个地区的信息贫困。例如，邢昭（2002）指出发展中国家由于受经济环境、政治环境以及国际环境的制约而处在信息贫困当中；刘博（2017）对农民信息贫困"脆弱性"进行研究，提出信息贫困是随社会信息化产生且随之变化的；孙红蕾（2016）等基于信息生态的视角分析了新市民信息贫困问题，认为缺乏足够的信息环境是当前新市民信息贫困的主要原因之一；陈响坤等（2010）和隋冬（2018）在谈及信息贫困时均关注到当地信息环境建设滞后的问题，认为信息环境建设落后刺激了信息贫困的产生；张孟嘉（2016）则从更微观的角度理解信息环境，将其划分为信息基础设施、信息素质、信息资源三个方面以探究农村信息贫困在信息环境方面的成因。除了传统意义上的信息环境，网络环境也是学者们研究信息贫困的一个出发点。[③]

在谈及信息环境与信息贫困关系问题时，绝大部分学者的观点或多或少地体现了贫困恶性循环理论的思想，例如王桂敏（2006）强调信息贫困既是发展中国家经济落后的表现，也是发展中国家经济落后的重要原因。卢燕艳（2013）提出了狭义和广义的信息贫困观念，将信息内容的贫乏和短缺视为狭义的信息贫困，而同时包含了信息贫乏和由此间接引起的经济贫困则为广义的信息贫困。她同样认为信息贫困和经济贫困是信息化过程中互为因果、互相转化的两种贫困状态，信息贫困既是经济落后的表现，又是经济落后的重要原因。除了贫困恶性循环理论外，马太效应也是信息贫困研究中的一个重要方面。例如，有研究指出由于恶劣的地理环境、封闭的社会环境和滞后的经济发展等原因，集中连片特困区的信息贫困现象更为严重（赵奇钊等，2016），还有研究发现在市场机制作用下，信息生

① 杜元清. 信息环境与信息传递样式 [J]. 情报理论与实践，2009，32（8）：16-20.
② 王胜，丁忠兵，吕指臣. 我国集中连片特困地区信息贫困的机理与路径 [J]. 开发研究，2017（6）：73-78.
③ 邢昭. 发展中国家在网络环境下的信息贫困 [J]. 图书与情报，2002（4）：26-28.

产商为追求利润最大化，对信息用户配以不同的信息资源，从而导致经济水平低的群体信息水平更加低下（相丽玲等，2015）。以上研究均体现了各种自然或人文因素而导致的原本已经处于贫困状态的群体信息贫困现象更为突出。

随着时代的发展，我们需要开始重新思考经济因素对信息贫困的影响程度。毫无疑问，经济贫困地区的人们很难不是信息贫困者，但经济水平提高后，这二者之间的相关性是否会发生改变呢？王营盈等人（2016）通过对黑龙江省农村地区的实地调研与访谈发现，经济因素不能成为农民信息贫困的排他性因素，经济因素对信息消费水平影响较弱。

（二）信息基础设施

信息基础设施是一个地区信息化发展的物质基础，相应地，信息基础设施薄弱也是信息贫困的重要原因。丁建军等人（2014）认为武陵山片区信息贫困原因主要有信息产品供给不足、信息基础设施薄弱、信息利用能力低下和信息市场发展滞后。隋冬（2018）指出贫困地区政府资金受限，信息化建设无力投入，导致信息基础设施严重不足，最终造成当地的信息贫困。祁晨露（2019）和谢新栋（2019）均强调信息基础设施不完善导致信息资源的传播和使用受到限制，进而造成信息贫困。信息基础设施薄弱不仅是信息贫困的原因，也是形成城乡之间、中西部地区与东部地区之间信息鸿沟的重要原因（赵奇钊等，2009；孙贵珍等，2010）。中西部地区在信息基础设施、信息资源传递与获取能力、信息资源利用与发展潜力、信息产业发展等方面与东部地区存在较大差距（王冬放，2015）。正如前文提及的信息基础设施是信息贫困的形成中不可忽视的一个重要原因，但鲜有学者去深究这些信息基础设施薄弱的背后原因。有研究以农民信息贫困为背景，提到劣势的地域环境和缺失的资金是导致农村信息基础建设出现窘境的原因（吴丹，2014）。

ICT 的发展情况常被用来衡量信息基础设施建设情况，也是衡量地区信息化程度的重要指标。ICT 没有完全开发、不可获取以及地区差异是影响信息贫困的重要因素。闫慧等人（2012）在梳理国内外有关数字鸿沟的研究成果时，将数字化鸿沟划分为四代，分别是：（1）ICT 接入鸿沟；（2）ICT 素养、培训、利用水平鸿沟；（3）信息资源和知识鸿沟；（4）数字鸿沟新发展。这一划分是对 2012 年以前数字鸿沟研究的系统整理，反映了国内外研究过程和特点。相比国外，国内信息贫困研究大多未明确将ICT 的接入与利用分开。闫慧（2011）在对数字不平等研究进行综述时提到数字不平等包含了 ICT 接入与利用及其背后动机、利用效果等的不平等，将数字贫困分为一是与 ICT 使用直接相关的表现类型，二是与 ICT 接受态度或意识相关的表现类型。在此基础上，通过田野调查创新性提出ICT 接受行为形成过程的三层传导模型，即由客观特征与情境到主观感知再到 ICT 接受行为①。之后，闫慧（2017）通过进一步的田野研究数据并结合已有经验理论，在研究农民数字化贫困的结构性成因时界定了数字化贫困的范畴和八个核心要素，即数字化物质实体、数字化服务、数字化心理、数字化能力、数字化努力、数字化社会规范、数字化社会支持、数字化影响。其中，数字化物质实体可以理解为 ICT 设备接入和拥有，数字化服务则描述的是 ICT 接入网络的服务等。于良芝（2005）和刘博（2017）在对信息贫困及相关问题进行研究时均将已有研究分成信息的占有、获取、利用和信息技术的接入、利用两个方面。类似的还有赖茂生等人（2011）在公益信息制度的基本理论体系构建过程中将数字不平等解释为不同国家和地区、组织、社群和个人在 ICT 接入和使用以及信息资源的开发和利用实践活动中形成的多样化的信息差距。在具体论述信息贫困的文献中，诸多学者也都谈及了 ICT 的接入与利用。②

解决信息贫困不能一味单纯地接入信息基础设施，信息素养的培养同样不可忽视。其原因在于，虽然信息基础设施建设是实现信息化的前提，但是只有信息主体具有捕捉、接收信息的能力，才能使信息基础设施发挥作用。③ 技术差距是"标"，人文基础、人才结构、科技投入等是"本"，要从根本上消除"数字鸿沟"，必须普及信息技术基础教育（李章程，

---

① 闫慧，刘济群. 农村数字化贫困群体的 ICT 接受行为研究——中国六省市田野调查报告[J]. 中国图书馆学报，2016，42（3）：74 - 90.

② 吴炯丽，张磊磊，王新哲. 基于农村信息贫困的反贫困难点与对策研究［J］. 农业网络信息，2015（5）：9 - 11. 刘雁，张春玲. 对农村信息贫困若干问题的思考［J］. 河北大学学报，2014（2）：148 - 151. 吴丹. 农村居民跨越信息贫困的方式方法探讨［J］. 世纪桥，2014（7）：80 - 83. 刘亚. 将青少年纳入信息贫困研究视野：来自青少年信息行为研究的证据［J］. 中国图书馆学报，2012，38（4）：12 - 20. 刘斌. 论我国农村信息贫困的原因及其对策［J］. 井冈山大学学报（社会科学版），2006，27（5）：76 - 79.

③ 王东菊，赵凯威. 关于提高我国信息化水平，消除信息贫困的思考［J］. 河北科技图苑，2006，19（4）：42 - 44.

2008）。信息素养是人们能够判断何时需要信息，懂得如何获取、评价以及有效地利用信息，[1] 包含信息意识和信息能力两个方面。信息意识指的是对于信息的敏感度、能否认识自我的信息需求与动机。信息技能是信息者利用信息的能力，包括语言技巧、信息获取能力、检索能力、信息判断能力、知识构建与创新等。信息素养与信息贫困的形成密切相关：信息意识和信息能力强，则拥有或掌握的信息丰富，反之则信息相对匮乏。[2] 相关研究如相丽玲（2015）等提出信息贫困形成机制之一就是个人信息素养低下导致人们对信息资源缺乏驾驭能力，桂秀梅（2013）提出农民信息意识和信息能力都处在一个较低水平导致了自身的信息贫困，不少学者持有相同观点。[3] 具体而言，识字能力的缺乏使得人们无法进行阅读以及书面表达，无法操作电子设备使得人们高度依赖人际网络获取信息。[4] 即使具备识字能力和使用电子设备的能力，人们还是可能因为无法理解和表达自己的信息需求、信息检索能力低、信息判断能力低下、信息吸收能力弱等而处于信息贫困之中。[5] 例如有研究发现一些拥有高等学历的人群可能因为数字信息获取与应用能力缺失而陷入数字贫困（周向红，2016）。总之，在如今的信息时代，普及和提高信息素养是信息穷人获得发展机会、改善信息贫困的关键路径。

（三）信息资源

信息资源是信息社会的基本元素之一，其供给数量、配置情况和质量影响着一个地区或群体信息的富裕与贫困。信息资源经常被用来定义和衡

---

① American Library Association. Information literacy ［EB/OL］. https：//literacy. ala. org/information-literacy/.

② 熊敏，孙艳玲，谢宇，陈翔宇，姚明青. 农村信息贫困现状及对策研究——基于达州市通川区安云乡的调查 ［J］. 农业图书情报学刊，2018，30（12）：87 – 91.

③ 李红林，赵东宏，刘守义. 关于农村信息贫困问题的对策研究 ［J］. 河北北方学院学报（自然科学版），2013，29（1）：48 – 49. 王晓芳. 苏北信息贫困地区高校图书馆信息扶贫工程建设 ［J］. 图书馆学研究，2008（2）：9 – 11. 郑素侠. 反贫困语境下农村地区的信息贫困：致贫机理与信息援助对策 ［J］. 郑州大学学报（哲学社会科学版），2018，51（2）：154 – 157.

④ 郑素侠，张天娇. "小世界"中的信息贫困与信息扶贫策略——基于国家级贫困县民权县的田野调查 ［J］. 当代传播，2019（4）：49 – 53.

⑤ 王洁瑾. 基于信息贫困视野的青少年信息行为研究 ［D］. 长春：东北师范大学，2015. 牛婧. 基于小世界行为理论的青少年数字化贫困成因分析 ［J］. 农业图书情报学刊，2018，30（4）：132 – 135. 庄稼茵. 听障群体信息贫困的成因与减贫对策 ［J］. 科技创新与生产力，2018（3）：30 – 32.

量信息贫困，如认为个体拥有的信息存量与水平是信息资本多寡的体现，信息贫困即是个体对信息资源的不足（郑素侠，2018）；抑或认为信息贫困的产生是社会成员受到资源、机会限制而引发的新型贫困现象（斯丽娟，2019）。从信息资源角度探究信息贫困，学者们首先关注到了信息资源数量匮乏①、信息传播不畅②与信息贫困有关，认为信息贫困的产生是由于信息资源少、媒介单一、信息渠道单一、信息获取成本高。③ 例如，王红（2018）指出乡村学生在信息的"量"和"质"两个方面都处于贫困之中。信息资源的发展潜力与利用能力也逐渐引起重视。例如，王桂敏（2006）关注到发展中国家信息贫困表现为发展中国家信息资源存量和发展潜力方面的匮乏，也体现为信息资源的利用和信息处理能力的不足；胡军（2014）等认为化解农民信息贫困问题主要在于信息有效性的改善。最后，信息资源的供给需求也是信息资源讨论中的一个重点，学者们从信息供给需求角度来探究信息贫困问题。④ 曹玉平等（2018）指出武陵山片区信息贫困是由于当地信息产品供给不足，交流不畅，且与当地农民需求脱节。

信息资源的多寡与个体信息权利和信息服务有关。信息权利是人们对信息的自由获取、自由生产和自由传播的权利，⑤ 立足于这一角度的研究

① 赵奇钊，董坚峰，周彤. 信息贫困视野下的偏远山区农业信息平台搭建研究 [J]. 图书情报工作，2009，53（23）：81 – 85. 李玉华. 吉林省农村信息贫困因素分析 [J]. 现代商贸工业，2015，36（18）：35 – 36. 刘婧娇. 脱贫、发展、关联——中国农村贫困治理的反思与展望 [J]. 云南社会科学，2018（4）：25 – 31，186 – 187.

② 熊敏，孙艳玲，谢宇，陈翔宇，姚明青. 农村信息贫困现状及对策研究——基于达州市通川区安云乡的调查 [J]. 农业图书情报学刊，2018，30（12）：87 – 91. 赵本平. 基于信息贫困视角的县市级公共图书馆精准扶贫研究 [J]. 图书馆学刊，2018，40（5）：42 – 44. 庄稼茵. 听障群体信息贫困的成因与减贫对策 [J]. 科技创新与生产力，2018（3）：30 – 32.

③ 王胜，丁忠兵，吕指臣. 我国集中连片特困地区信息贫困的机理与路径 [J]. 开发研究，2017（6）：73 – 78. 曹玉平，黄萍莉，刘淑琼. 信息贫困视野下的武陵山片区信息减贫对策研究 [J]. 农业图书情报学刊，2018，30（3）：32 – 37. 隋冬. 信息精准扶贫视域下图书馆情报服务保障机制创新研究 [J]. 图书馆学刊，2018，40（3）：80 – 83.

④ 丁建军，赵奇钊. 农村信息贫困的成因与减贫对策——以武陵山片区为例 [J]. 图书情报工作，2014，58（2）：75 – 78. 刘雁，张春玲. 对农村信息贫困若干问题的思考 [J]. 河北大学学报，2014（2）：148 – 151. 胡军，王继新. 有效需求视角下的农民"信息贫困"问题 [J]. 甘肃社会科学，2014（5）：19 – 22. 孙贵珍，王栓军，李亚青. 基于农村信息贫困的农民信息购买力研究 [J]. 中国农学通报，2010，26（6）：364 – 366.

⑤ 王建，赵静，王玉平. 西部农村的信息贫困及农民信息权利维护 [J]. 图书情报工作，2007，51（10）：84 – 87.

认为信息贫困是弱势群体信息权利的剥夺与不平等。例如，孙贵珍（2010）指出农村信息贫困是对农民获得知识和信息权力的剥夺；刘灿（2011）强调留守儿童所面临的信息贫困问题源于留守儿童信息权利的剥夺；相丽玲（2015）等发现信息贫困状态的形成在于信息富人的信息交换权利高于信息穷人的信息交换权利进而导致信息资源配置不平等。已有研究还将信息权利与信息贫困的研究进一步深化，认为信息贫困与信息权利相互影响。以西部农村地区为例，当地的信息贫困客观上影响了农民的信息权利，但农民信息权利薄弱又加深了农村的信息贫困现象。[①] 信息服务是政府以及社会各类机构向个体提供信息资源、设备、技能培训等来保障个人信息权利，满足其信息需求的过程。信息服务欠缺会引起信息资源利用的相对不足，进而导致信息贫困，[②] 但遗憾的是目前我国不少贫困地区信息服务水平低下，缺乏有效性和前瞻性。[③] 罗阳富（2013）、吴炯丽（2015）等人提出农村地区信息贫困主要表现在媒介资源少、接触媒介种类和信息内容单一、适于农民的信息偏少等方面，并存在识别困难、投入困难、信息人才匮乏等诸多难点。部分学者发现当前媒体对一些弱势群体的排斥，而这种排斥造成了弱势群体的信息贫困。例如，闵阳（2006）研究陕南地区信息贫困问题时强调我国信息化进程中存在着媒介传播公共服务机会的严重不平等。要解决信息贫困，需要加强信息传播的载体、媒介等信息基础设施建设[④]、保证受众与媒介的接触率[⑤]、促进信息的高效传播[⑥]以及完善信息服务体系。

---

① 王建，赵静，王玉平. 西部农村的信息贫困及农民信息权利维护［J］. 图书情报工作，2007，51（10）：84-87.

② 贺茂斌，刘小童. 信息贫困与区域全要素生产率［J］. 商业研究，2019（5）：18-26.

③ 隋冬. 信息精准扶贫视域下图书馆情报服务保障机制创新研究［J］. 图书馆学刊，2018，40（3）：80-83.

④ 丁建军，赵奇钊. 农村信息贫困的成因与减贫对策——以武陵山片区为例［J］. 图书情报工作，2014，58（2）：75-78.

⑤ 刘灿. 农村留守儿童信息贫困问题研究［J］. 农业图书情报学刊，2011，23（12）：169-171.

⑥ 孙贵珍. 河北省农村信息贫困问题研究［D］. 河北农业大学，2010.

第三节　国内外研究现状评述

信息贫困在国外已有半个多世纪的研究历史。从互联网普及开始，学者们便注意到信息贫困与互联网等信息基础设施有关，并深入研究信息基础设施建设面临的挑战。此方面的研究首先集中在信息基础设施接入角度，之后学者们逐渐意识到这些设施使用能力的欠缺也是信息贫困的重要原因，开始将研究从接入拓展到使用上。信息基础设施使用的讨论催生了近些年来对信息素养的关注，在学者们看来，信息贫困的产生与较低的信息素养有关，要解决信息贫困需先通过教育提升人们的信息素养。从信息服务角度对信息贫困的研究大多将信息贫困界定为人们对信息资源难以获取，但此方面的国外研究更多注重的是思考解决措施，侧重考虑提升信息服务对解决信息贫困的影响，尤其强调公共文化机构在这一过程中的职责和使命。还有一些国外学者从社会文化情境与群体行为出发，关注特定群体在其特定生活情境中的心理状态，进而产生特殊群体性行为。相比国外，国内信息贫困研究开始较晚，学者们对于其概念内涵、表现形式、影响因素、解决措施等都进行了探讨，研究基本覆盖了信息贫困的各个方面，特别是对于农民这一信息贫困群体的研究比较成熟和深入。当前国内在信息环境、信息基础设施对信息贫困的影响这一方面取得了可观的进展，尤其是对于ICT的讨论从一开始便没有单纯从接入等外部条件考虑，而是综合考虑接入与利用两方面。此外，不少国内学者对信息资源质和量、信息权利和信息传播与信息贫困的关系也已开展了研究。

但总体来说，目前国内信息贫困研究相对缺乏，未形成一个完整、系统的研究体系，尚存在一些值得进一步拓展的空间。一方面，信息贫困研究对象以农民群体居多，缺乏对其他弱势群体的讨论；另一方面，研究的细致性欠缺，细致的研究意味着研究应该更加深入，例如学者们赞同信息基础设施的薄弱会导致信息贫困的产生，但却没有对信息基础设施薄弱背后原因进行探讨，再比如贫困者在ICT接入和使用中的心理因素等研究有待加强。此外，当前研究应该进一步提升实用性，要创新研究方法，使得研究方法更能反映所调查地区的情况。在解决措施上要注重理论与实际结合，目前信息贫困解决中对一些具体机构的认知不到位，意见建议相对笼统，落实困难。为使当前研究更加完善，在综合考虑国内外已有研究的基础上，本书将从小世界生活情境的视角出发对信息贫困进行研究，借鉴国内外信息贫困中有关社群的研究，以查特曼小世界信息行为理论为指导，深入研究小世界生活情境下的信息贫困形成机理。在研究对象选择上，目前国外研究将少数民族视为信息贫困群体，[①] 但国内对民族地区信息贫困相关研究较少，缺乏整体观察理论认知与创新。而村落内部具有相同的历史文化、社会规范、语言习惯等，分析特定情境对当地信息贫困的影响具有代表性和可行性。因此，本书将以西南民族村落为调查对象，分析小世界生活情境下的西南民族村落信息贫困。本书将借鉴国内外研究，结合与融入质性研究，以访问、观察、参与经验等方式理解处于自然情境中的群体观点和行为，在地化（localization）、深描式地开展相关研究。理论研究的目的在于指导实践，本书将切实考虑具体机构在解决信息贫困中的作用，保证解决措施的可实施性，以期为国家扶贫西南民族地区的信息化发展提供启发。

---

① Chakraborty J, Martin B. Measuring the digital divide in the United States: Race, income, and personal computer ownership [J]. The Professional Geographer, 2005, 57 (3): 395–410. Katz J, Aspden P. Motivations for and barriers to internet usage: Results of a national public opinion survey [J]. Internet Research, 1997, 7 (3): 170–188. Prieger J E. The broadband digital divide and the benefits of mobile broadband for minorities [J]. Journal of Economic Inequality, 2015, 13 (3): 373–400.

第三章

西南民族村落信息贫困的研究基础

第一节 信息贫困的缘起与界定

一、信息贫困的缘起——数字鸿沟

ICT 的发展使得人们可以快捷地创造、获取、使用、分享有关各种经济、社会、政治等话题信息，进而促进社会的快速发展，[1] 但这一发展同时也衍生了是否会带来社会不公的讨论。[2] 研究发现 ICT 的发展并未能如期望一般缩小群体间差距，反而一定程度上带来了数字鸿沟。[3] 从本质上讲，数字鸿沟是互联网时代中新型的机会不平等[4]，是全球新的贫富差距[5]。从概念上看，数字鸿沟的外延与内涵呈现明显的阶段性特征——目前绝大多数研究认为数字鸿沟至少经历了两代的讨论，即从关注 ICT 的接入到强调 ICT 的使用。

第一代数字鸿沟的产生源于社会群体的经济发展不平衡，是经济发展

---

① Aker J C, Isaac M M. Mobile phones and economic development in Africa [J]. Journal of Economic Perspectives, 2010, 24 (3): 207 - 32.

② 纪秋发. 中国数字鸿沟——基于互联网接入、普及与使用的分析 [M]. 北京: 社会科学文献出版社, 2010.

③ 罗廷锦, 茶洪旺. "数字鸿沟"与反贫困研究——基于全国31个省市面板数据的实证分析 [J]. 经济问题探索, 2018 (2): 11 - 18, 74.

④ 胡鞍钢, 王蔚, 周绍杰, 鲁钰锋. 中国开创"新经济"——从缩小"数字鸿沟"到收获"数字红利" [J]. 国家行政学院学报, 2016 (3): 2, 4 - 13.

⑤ 胡鞍钢, 周绍杰. 新的全球贫富差距: 日益扩大的"数字鸿沟" [J]. 中国社会科学, 2002 (3): 34 - 48, 205.

不平衡在信息社会的体现，[①] 主要描述技术的有无（technology's haves and have-nots）。[②] 美国国家远程通信和信息管理局将数字鸿沟定义为可以接触到新技术的人与无法接触到新技术的人之间的差距。[③] 此阶段的代表性研究包括格布雷迈克尔（Gebremichael，2006）将信息技术缺失视为数字贫困的成因，希玛（Himma，2014）等提出需向贫困人群传播信息技术。尽管第一代数字鸿沟的研究者们坚定认为 ICT 接入可以使人们有效地接触到各种信息，但现实中诸多 ICT 的实施项目却以失败而告终。[④] 这是因为 ICT 作用的发挥遭遇各种条件的制约，需要基础设施的保证，需要相关人员帮助，[⑤] 需要立足于当地社会情境理解 ICT 的影响并将 ICT 项目与当地的发展计划挂钩。[⑥]

在对 ICT 的单纯物理接入作用的反思下，学者们意识到表象层面上与信息技术的机械连接无法真正缩小数字鸿沟，[⑦] 互联网技能与使用的差距反而使得数字鸿沟日渐加深。[⑧] 例如，纳薇（Nawe，1998）在讨论向信息穷人提供信息技术的前景时便意识到只引入信息技术是远远不够的，必须考虑信息穷人技术需求以及总体技能不足这一现实。随后，哈吉泰（Hargittai，2002）和萨沃莱宁（Savolainen，2002）也开始强调"仅考虑人们是否为互联网用户是具有很大缺陷的，应着眼于人们在网上查找信息方面的技能水平的差异"。学者们认为信息技术应用差距可以更好地

① 石映辉，韦怡彤，杨浩. 教师数字鸿沟的发展与弥合——基于从信息鸿沟到素养鸿沟的视角［J］. 现代教育技术，2018，28（3）：59－65.

② Richtel M. Wasting time is new divide in digital era［EB/OL］. https：//www.cnbc.com/id/47614990.

③ Falling through the net：Defining the digital divide［EB/OL］. https：//www.ntia.doc.gov/report/1999/falling-through-net-defining-digital-divide.

④ Ashraf M，Malik B. Gonokendra model：A response to "information poverty" in rural areas of Bangladesh［J］. Information Technology for Development，2011，17（2）：153－161.

⑤ Cecchini S，Scott C. Can information and communications technology applications contribute to poverty reduction? Lessons from rural India［J］. Information Technology for Development，2003，10（2）：73－84.

⑥ Ashraf M M，Malik B T. Gonokendra Model：A response to "information poverty" in rural areas of Bangladesh［J］. Information Technology for Development，2011，17（2）：153－161.

⑦ 刘济群. 数字鸿沟与社会不平等的再生产——读《渐深的鸿沟：信息社会中的不平等》［J］. 图书馆论坛，2016，36（1）：127－133.

⑧ Van Dijk J A G M. The evolution of the digital divide：The digital divide turns to inequality of skills and usage［M］//Bus J，Crompton M，Hildebrandt M et al. Digital enlightenment yearbook. Amsterdam：IOS press，2012：57－75.

呈现数字鸿沟状态。① 于是，数字鸿沟研究便从"动机和物理接入不平等"（unequal motivation and physical access）转向了"技能和使用不平等"（inequalities of skills and usage），② 进入"第二层次的数字鸿沟"（second Level divide）或"渐深的鸿沟"（deepening divide）讨论之中。③ 这一层次的数字鸿沟概念不仅聚焦于物理层面上的传统数字鸿沟，还包含了技能鸿沟和使用鸿沟，将数字鸿沟定义为不同群体在获取、使用以互联网为代表的现代信息技术上的差距，④ 具体而言：（1）技能鸿沟，即人们识字能力、自学能力、使用计算机进行信息搜索和电子邮件交换能力上的差异；⑤（2）互联网使用时间鸿沟，雷切尔（Richtel）关注到相比来自较富裕家庭的儿童，较贫困家庭的儿童会花费更多的时间在线观看视频、玩游戏以及使用社交网站，提出政府应该关注并解决这一新鸿沟；⑥ 毛高希（Magassa）则认为这一问题的解决最重要的是用户、教育者、父母以及科技公司这些利益相关者之间的持续对话，因为事实上科技公司在某些情况下鼓励着互联网使用时间鸿沟的扩大；⑦（3）互联网使用目的鸿沟，即严肃性应用（serious application）与娱乐应用（entertainment application）上

① Wei L，Hindman D B. Does the digital divide matter more? Comparing the effects of new media and old media use on the education-based knowledge gap [J]. Mass Communication & Society，2011，14（2）：216 – 235.

② Van Deursen A J A M，Van Dijk J A G M. The digital divide shifts to differences in usage [J]. New Media & Society，2013，16（3）：507 – 526.

③ Hargittai E. Second-level digital divide：Differences in people's online skills [J]. First Monday，2002，7（4）. DiMaggio P，Hargittai E，Celeste C et al. From unequal access to differentiated use：A literature review and agenda for research on digital inequality [J]. Social Inequality，2004（1）：355 – 400. Jan A G M Van Dijk. The deepening divide：Inequality in the information society [M]. Thousand Oaks，CA：SAGE Publications，2005：1 – 248.

④ Bolt D B，Crawford R A K. Digital divide：computers and our children's future [M]. New York：Bantam，2000.

⑤ Van Dijk K，Hacker K. The digital divide as a complex dynamic phenomenon [J]. International Journal of Information Society，2003（19）：315 – 326. Ferro E，Helbig N C，Gil-Garcia J R. The role of IT literacy in defining digital divide policy needs [J]. Government Information Quarterly，2011，28（1）：3 – 10. Mossberger K，Tolbert C J. Stansbury M. Virtual inequality：Beyond the digital divide Georgetown [M]. Washington，DC：Georgetown University Press，2003：1 – 208.

⑥ Richtel M. Wasting time is new divide in digital era [EB/OL]. https：//www. cnbc. com/id/47614990.

⑦ Magassa L. Wasting time is new divide in digital era — A response [EB/OL]. http：//www. lassanamagassa. com/2012/05/wasting-time-is-new-divide-in-digital-era-a-response/.

的差异;①（4）互联网创新性使用鸿沟，强调人们在技术应用与创新能力上的差别，即人们在作为互联网消费者的同时是否能够成为新产品、新服务和新应用的创造者。②

继第二代数字鸿沟概念之后，数字鸿沟的外延仍在不断扩大，③不少学者提出了第三代数字鸿沟（或称新数字鸿沟），将数字鸿沟扩展到知识、意识及环境层面。有学者认为第三代数字鸿沟是人们能否意识到信息技术的影响从而调整自身以适应社会发展的思维或智能鸿沟。④邬晓鸥（2014）等将其界定为"以计算机、互联网为代表的信息技术接入、利用差距以及影响接入、利用程度的信息主体意识、能力与信息技术接入环境差距"。闫慧和孙立立（2012）认为第三代数字鸿沟是ICT接入与利用活动之外的信息资源和知识鸿沟。这一阶段的学者们强调数字鸿沟不仅是技术问题，而且是社会、经济、文化以及政治问题，因此数字鸿沟的定义必须结合ICT获取、使用以及个体利用这些技术直接或间接导致的结果。⑤

已有研究大多将数字鸿沟与信息鸿沟的概念等同，⑥仅有个别文献未将二者一视同仁，例如认为数字鸿沟是信息鸿沟在信息社会的最重要的表现形式，⑦或数字鸿沟经历了从信息鸿沟到素养鸿沟两个阶段的变化。⑧至于两者的概念辨析，于良芝（2005）认为数字鸿沟和信息鸿沟是两个相

① Van Dijk J A G M. The evolution of the digital divide：The digital divide turns to inequality of skills and usage. //Bus J，Crompton M，Hildebrandt M et al. Digital enlightenment yearbook［M］. Amsterdam：IOS press，2012：57 – 75.

② 金春枝，李伦. 我国互联网数字鸿沟空间分异格局研究［J］. 经济地理，2016，36（8）：106 – 112.

③ 陈思祁. 数字鸿沟形成机制研究［D］. 北京邮电大学，2012.

④ 冯仰存，任友群. 教育信息化2.0时代的教育扶智：消除三层鸿沟，阻断贫困传递——《教育信息化2.0行动计划》解读之三［J］. 远程教育，2018，36（4）：20 – 26.

⑤ Selwyn N. Reconsidering political and popular understandings of the digital divide［J］. New Media & Society，2004，6（3）：341 – 362. Fuchs C，Horak E. Africa and the digital divide［J］. Telematics and Informatics，2008，25（2），99 – 116.

⑥ 李健，范凤霞. 城乡信息鸿沟测度指标体系研究［J］. 现代情报，2014，34（8）：37 – 41. 牛勇平，肖红. 信息鸿沟实证评价、逻辑推演与对策研究［J］. 图书馆建设，2018（2）：55 – 61，83. 韩圣龙，魏琴，张艺山，李梅. 贵州省城乡数字鸿沟及其对城市化进程影响研究［J］. 图书情报工作，2017，61（16）：90 – 97.

⑦ 邬晓鸥，李健，韩毅，代洪波. 我国城乡数字鸿沟测度指标的构建［J］. 图书情报工作，2014，58（19）：53 – 60.

⑧ 石映辉，韦怡彤，杨浩. 教师数字鸿沟的发展与弥合——基于从信息鸿沟到素养鸿沟的视角［J］. 现代教育技术，2018，28（3）：59 – 65.

互交叉的研究社区，前者具有较强的政治经济色彩，后者则更具有伦理色彩。具体而言，数字鸿沟强调 ICT 发展而导致的差距，注重政府以及社会机构对诸如农村地区、偏远地区、落后地区的政治和经济支持。信息鸿沟则更重视人们在信息拥有、查询、获取、利用等方面的综合差距，围绕社会公平、信息分化、信息贫困等方面，因而具有较强的伦理色彩。本书对数字鸿沟和信息鸿沟不做严格区分。

二、信息贫困概念界定

信息贫困源于数字鸿沟，① 数字鸿沟研究隐含了两个群体的比较，描述的是信息富人与信息穷人之间的差距，而信息贫困是用来描述数字鸿沟中弱势一端所处的信息被剥夺的困境。贫困具有复杂性和多维性，物质概念上的贫困指的是个体处于缺乏社会可接受数量的物质财富的状态之中，② 精神概念上的贫困指的是人们意愿和技能的缺乏。③ 信息贫困是数字经济时代贫困最主要的形式之一，④ 是 ICT 作用于社会主体而产生的新型贫困。⑤ 可从经济贫困、供给需求和生活情境三个方面来理解信息贫困的概念。

经济贫困视角下的信息贫困概念认为信息贫困与经济贫困之间互相恶性影响，贫困人口往往在承受经济贫困的同时陷入信息贫困之中⑥，而信息贫困又会导致这些人被排斥到经济富裕之外。⑦ 此视角下的信息贫困概

---

① 方志，黄荔. 西部地区农村居民数字化贫困归因分析——基于陕西省农村地区调查以及相关数据 [J]. 图书馆理论与实践，2019（9）：27 - 33.

② Encyclopaediabritannica，poverty [EB/OL]. https：//www. britannica. com/topic/poverty.

③ Spicker P. Poverty and social security：concepts and principles [EB/OL]. https：//www. researchgate. net/publication/256574187_Poverty_and_social_security_concepts_and_principles.

④ 斯丽娟. 数字经济时代农村信息扶贫生态系统的构建与路径优化 [J]. 图书与情报，2019（2）：37 - 45. Britz J J. A critical analysis of information poverty from a social justice perspective [D]. University of Pretoria，2007.

⑤ 赵安琪，付少雄. 欧盟数字化贫困治理战略、实践及启示 [J]. 图书与情报，2019（2）：1 - 10.

⑥ 赵奇钊，彭耿. 武陵山片区信息化发展水平评价与信息贫困研究 [J]. 图书馆，2016（1）：65 - 68. Duff A S. Needing NoDI（normal democratic information）？The problem of information poverty in post-industrial society [J]. Information，Communication & Society，2015，18（1）：63 - 77.

⑦ Hersberger J. Are the economically poor information poor？Does the digital divide affect the homeless and access to information？[J]. Canadian Journal of Information & Library Science，2013，27（3）：44 - 63.

念一方面着眼于经济匮乏造成的贫困人口在信息上的隔绝和信息活动的被动，如孙贵珍（2010）和何隽（2015）将信息贫困界定为在信息化过程中，由于经济发展落后或经济收入低下而导致在信息活动中处于弱势地位，对信息资源的占有不足或匮乏，不能凭借信息基础设施获取和利用信息以满足自身发展需要的一种信息边缘化状态。再例如学者们认为信息贫困是经济、技术资源和社会权利上的贫困（shen，2013），或认为信息贫困是个体受经济贫困和信息技术使用能力的影响而无法行动且无法应对日常生活中的挑战（Mihaly，2017）。此视角下的定义另一方面关注的是信息贫乏与短缺对经济发展的束缚，如"信息贫困是存在信息资源约束与不存在信息资源约束下的经济增长的差额，以此来衡量信息资源不足对于区域经济增长的制约效应"，① 或将包含了信息贫乏和由此间接引起的经济贫困界定为广义上的信息贫困。②

供给需求视角下的信息贫困定义强调信息基础设施、信息资源和信息服务不足，难以满足人们的日常需求，认为信息贫困的发生与"缺乏"相关，表象为缺乏物质和服务，实质是能力与机会的缺乏。③ 麦克唐纳（Macdonald，2011）和布朗斯坦（2014）将信息贫困描述为信息过少，隋冬（2018）和谢新栋（2019）均将信息贫困定义为信息设施及服务尚处于绝对匮乏状态，不能满足基本信息需求。强调供求实质的信息贫困概念解释包括胡鞍钢（2001）提出的信息贫困是指缺乏获取信息能力和机会的人们成为社会落伍者，布里兹（2004）描述的个人不具备必要的能力来对信息进行有效获取、解释和适当应用的情况，以及耶格尔（2010）界定的信息分布不均导致的人们获取信息的机会、能力、意愿相对匮乏，从而信息需求得不到满足甚至缺失的情况。

生活情境视角下的信息贫困概念强调信息的情境依赖性，认为信息贫困的产生与个体所处的社会环境（包括社区发展能力、社会规范、社会信息交流模式）有关，例如，社会关系影响群体交流，④ 社区规范会使信息

① 贺茂斌，刘小童. 信息贫困与区域全要素生产率［J］. 商业研究，2019（5）：18－26.

② 卢燕艳. 信息化发展视角下农村信息贫困的治理策略研究［D］. 大连：东北财经大学，2013.

③ 曹扶生. 上海城市贫困问题与反贫困对策研究［D］. 上海：华东师范大学，2009.

④ Thompson K M. Furthering understanding of information literacy through the social study of information poverty［J］. The Canadian Journal of Information and Library Science，2007，31（1）：87－115.

贫困更为复杂化，[①] 亲朋好友的鼓励、学习环境等都是信息贫困的重要影响因素。[②] 王胜等（2017）认为信息贫困是特定区域群体在信息资源、信息传播媒介和信息处理能力的缺乏导致的信息匮乏状态。布里兹（2007）从社会公正角度出发，认为信息贫困是个体以及整个社区不能获取必要的信息来满足自身生存和发展的需要。奇尔德斯（1975）认为信息贫困是群体信息行为不当（即群体内部成员的自我保护行为）所导致的一种贫困情境。因此，正如本书前文所述，信息贫困是一种信息资源未能为自身所用，信息需求难以得到满足，信息实践与社会参与受阻，创造和分享以信息为基础的社会文明成果之机会和能力有限甚至欠缺的现象。

第二节　小世界生活情境的理论基础

如前文所述，除经济贫困和供给需求视野外，已有研究逐渐从生活情境出发理解信息贫困。那么，信息贫困群体是否处在特定的生活情境之中？这一情境到底是什么，包含了哪些要素？为了回答这些问题，本节在小世界理论、信息世界理论和个人信息世界理论的指导下构建出小世界生活情境这一整体性和综合性情境概念。

一、小世界理论

社会学中的小世界现象亦被称为六度分隔理论，该理论表明人与人之间普遍存在"弱纽带"，使得彼此之间距离变得非常"相近"，一个人最多通过六个人就能够认识任何一个陌生人。信息贫困研究的小世界理论（small world theory）是由查特曼所提出的。查特曼以及其研究团队等基于小世界生活视角，长期致力于社会弱势群体的信息行为研究，创造性提出

---

① Lingel J, Boyd D. "Keep it secret, keep it safe": information poverty, information norms, and stigma [J]. Journal of the American Society for Information Science & Technology, 2013, 64 (5): 981 –991.

② Friemel T N. The digital divide has grown old: determinants of a digital divide among seniors [J]. New media & society, 2016, 18 (2): 313 –331.

"信息贫困""圆周生活""行为规范"等理论，认为个人受到所处的"小世界"规范限定所产生的信息隔阂和屏障是信息贫困产生的主要原因。①

在具体的研究中，查特曼以信息行为研究为切入点，认为个体信息行为的产生受到了社会交往模式、所处小世界中的社会规范、世界观的影响。在这一思想指导下，查特曼以人种志为主要研究方法，侧重从特定文化背景出发考察人们的风俗、行为模式以及思维方式。② 例如，查特曼在1987年和1991年调查了南方一所大学中清洁工的信息需求和寻求行为，发现尽管这些清洁工有着明确的信息需求，但他们自身的工作环境导致信息来源渠道很少，③ 他们也并不会向外部世界（即非最熟悉的社会环境）积极寻求信息。对此，查特曼（1991）给出的解释是这些人认为外部信息无法满足他们的信息需求，缺乏寻求信息的动力，喜欢关注那些易于访问且与眼前实际问题密切相关的信息。相似结果还出现于查特曼（1990）运用疏离理论来研究51位看门员的信息行为时，她发现这些看门员同样缺乏非正式的信息网络。1992年，查特曼将调查对象转向了退休独居女性，她花了两年多时间对一个退休社区的55名妇女进行观察和深度访谈。查特曼（1992）发现这些妇女的信息搜索和使用过程受到"隐秘"的影响，即她们不愿意暴露自己的情况。在 The Impoverished Life-world of Outsiders 一文中，查特曼（1996）从局内人/局外人理论出发界定"局内人世界"。之后，查特曼（1998）又用了加利福尼亚州印第安人、酒吧顾客、监狱中妇女、犹太移民的女儿等群体案例展示了个人文化世界在形成个人信息寻求行为的"标准"方面起着重要作用（Pendleton and Chatman，1998）。为了可以从理论上解释清楚这种"标准"的作用，查特曼（2001）将参照群体理论引入信息行为研究，指出参照群体理论有助于预测和识别群体的信息行为和需求，个人会受到他们认为重要的群体的影响，并使用这些群体作为他们行事的指南（Dawson and Chatman，2001）。在这些前期调查的影响

---

① Chatman E A. Life in a small world: Applicability of gratification theory to information-seeking behavior [J]. Journal of the American Society for information science, 1991, 42 (6): 438 –449. Chatman E A. A theory of life in the round [J]. Journal of the Association for Information Science and Technology, 1999, 50 (3): 207 –217.

② 李菲，夏南强. 艾尔弗瑞达·查特曼的情报学研究 [J]. 情报资料工作，2014, 35 (6): 35 –38.

③ Chatman E A. The information world of low-skilled workers [J]. Library and Information Science Research, 1987, 9 (4): 265 –283.

下，查特曼逐渐意识到并提出小世界理论，2001 年，她在 *Small Worlds：Normative Behavior in Virtual Communities and Feminist Bookselling* 一文中将小世界定义为"拥有共同世界观和社会规范的一个相对小的社会生活空间或社群"，并先后在在线虚拟社区和女权书商的分布式社区这两种截然不同的环境中对这一理论进行了测试（Burnett et al., 2001）。

二、信息世界理论

伯内特和耶格尔（2008）认为查特曼的小世界理论未能关注到一个小世界与另一个小世界之间的互动以及围绕着小世界的更大世界，只有将其与哈贝马斯宏观层面的生活世界概念（即从大规模的宏观社会和政治情境上理解信息获取和交流）结合起来，才能提供更清晰、更详细的方法来阐明社会中信息的获取和交流。在这一思想指导下，他们提出了信息世界理论（theory of information worlds），认为信息世界由五个相互联系的概念组成：社会规范、社会类型、信息行为、信息价值、界限。其中，社会规范是公认的社会生活中正确与错误的标准；社会类型是对一个世界中个人所扮演的角色（如领导者）；信息行为是与信息相关的所有规范性活动和实践，如信息搜寻、交换、共享等；信息价值则是内部世界和外部世界对信息价值的不同判断（如某类信息在一个世界中被认为具有极高价值，而在另外一个世界则一文不值），信息世界理论认为一个世界内部对信息价值判断存在差异，不同世界的交互也会因信息价值差异带来冲突；边界是信息世界相互联系并可能交换信息和相互交流的地方，既可以是渗透的，又可以是不渗透的，既可以是物理的也可以是虚拟的。[1] 信息世界理论关注信息的社会方面，从非常本地化的情境到更广泛的社会情境以及多个世界之间的相互作用。[2] 该理论认为个人信息世界永远不会孤立，相反，它们以多种方式重叠和交互。[3] 到目前为止，信息世界理论仅在少数研究中使

---

[1] Jaeger P T, Burnett G. Information worlds：Social context, technology & information behavior in the age of the Internet [M]. New York：Routledge, 2010：1 - 214.

[2] Burnett G, Lee J, Hollister J M et al. Information worlds：Boundaries and intersections in three online settings [J]. AoIR Selected Papers of Internet Research, 2014：22 - 24.

[3] Burnett G. Information worlds and interpretive practices：Toward an integration of domains [J]. Journal of Information Science Theory and Practice, 2015, 3（3）：6 - 16.

用，但这一理论在图书馆学研究中有着良好的基础，可与其他理论概念兼容。①

三、个人信息世界理论

在于良芝（Yu，2013）看来，不管是查特曼的小世界理论还是伯内特和耶格尔的信息世界理论均未能在个人的"信息世界"和他的社会世界的概念化之间进行明确的区分，只有立足于结构与主体能动性、个人与社会、主观与客观的交互作用才能整体理解信息贫困，她因此提出了个人信息世界理论（information worlds of individuals）。这一理论立足于两个假设前提：一是假定该概念是针对个人的，将用于描述个人，并通过个人来描述其集合；二是假设一个人的信息世界是其生活世界的一个领域，在这一领域中其经历的是信息代理人的角色（信息创建者、传播者、寻求者、接收者和用户）而不是社会的、经济的或任何其他代理人。之后，于良芝利用扎根理论对访谈得到的信息实践数据进行定性分析，并结合信息行为方面的文献最终构建出个人信息世界理论。个人信息世界是"由空间、时间、知识三个边界限定的信息主体活动领域，在这里，信息主体通过其信息实践从物理世界、客观知识世界、主观精神世界的信息源中获取信息，汲取信息效用，积累信息资产"，② 包含了内容（信息和信息源）、动力（信息实践）、边界（信息实践边界）三个要素③（见表 3－1）。于良芝的这一理论可以综合反映人与人之间在信息获取与利用以及信息机会、能力、受益等方面的多重差距，被广泛应用于各类研究之中，例如理解家庭在儿童肥胖护理中的作用，④ 开发数字鸿沟的概念框架，⑤ 描述年轻母亲

①　Adam W. Social digital libraries：Their roles within and across social worlds，information，worlds，and communities ［EB/OL］. https：//www. adamworrall. org/portfolio/publications/worrall _ social_digital_libraries_tcdl_ bulletin_preprint_093013. pdf.

②　于良芝. "个人信息世界" ——一个信息不平等概念的发现及阐释 ［J］. 中国图书馆学报，2013，39（1）：4－12.

③　Yu L. Towards a reconceptualization of the "information worlds of individuals" ［J］. Journal of Librarianship and Information Science，2012，44（1）：3－18.

④　Känsäkoski H，Huotari M. Applying the theory of information worlds within a health care practise in Finland ［J］. Journal of Documentation，2016，72（2）：321－341.

⑤　Yu B，Ndumu A，Liu J et al. E-inclusion or digital divide：An integrated model of digital inequality ［J］. Proceedings of the Association for Information Science and Technology，2016，53（1）：1－5.

和移民工人的信息世界。[①]

表 3 - 1 个人信息世界构成要素

要素		解释
内容	可及信息源	物理上可以接触到的信息源，例如，信息主体居住范围内的图书馆资源
	可获取信息源	信息主体有时间获取、使用且可被信息主体处理的信息源
	基础信息源	信息主体常规性使用的信息源
	信息资产	被信息主体利用的信息产品以及信息主体在利用过程中产生的认知性结果
动力	无意识信息实践	由那些不用信息进行生产、获取或利用但偶尔发生信息获取行为的个人进行的实践活动
	知觉性信息实践	个体为实现一般性信息目标（如增长见识）或应他人之邀而开展的信息活动
	目的性信息实践	信息主体为解决特定问题、支持特定决策或行为以及弥补知识空白而开展的信息实践
边界	空间	有意识的信息活动产生的场所，例如家、图书馆、书店等
	时间	个体在日常学习工作中有意识地为信息活动分配的时间
	知识	个体信息活动可以达到的智力和知识水平，包括了计算能力、语言技巧、分析能力和信息检索的能力

资料来源：Yu L. Towards a reconceptualization of the "information worlds of individuals" [J]. Journal of Librarianship and Information Science, 2012, 44 (1): 3 - 18. 于良芝. "个人信息世界"——一个信息不平等概念的发现及阐释 [J]. 中国图书馆学报, 2013, 39 (1): 4 - 12.

四、小世界生活情境的概念形成

可见，信息贫困的研究如果仅仅从基础设施、技术接入、信息素养等单维度进行的话，无疑会简化和窄化信息贫困研究的内涵和深广度，甚至有些研究直接将信息贫困与信息基础设施贫困等价起来，更是无法有效阐

---

① Greyson D, O'Brien H, Shoveller J. Constructing knowledge and ignorance in the social information worlds of young mothers [J]. Proceedings of the Association for Information Science and Technology, 2017, 54 (3): 139 - 149. Bronstein J. Information grounds as a vehicle for social inclusion of domestic migrant workers in Israel [J]. Journal of Documentation, 2017, 73 (5): 934 - 952.

释信息贫困的形成机理。小世界理论解释了人们在社会环境中处理信息的不同方式,[①] 强调局内人共享的文化、社会视角影响了他们行为规范和处世之道,使得他们与其他世界隔绝。而信息世界理论和个人信息世界理论对小世界理论做了拓展,将外部世界、信息资源、个人信息实践等因素纳入考虑范围以构建出一个更清晰的"信息世界"的概念。尽管这三个理论各有其侧重点,但其共同之处在于均承认个人所生活的地理、文化、习俗等多维情境对人们信息行为的塑造,并认为这一塑造过程及产生的相应群体性信息行为特征构成了各自独特的生活情境。1999 年,佩蒂格鲁（Pettigrew）在对医疗机构信息流的情境研究中发现将环境因素、临床活动、护士、患者这四种情境综合起来考虑时会形成蕴含更广泛概念发现的广义情境,综合考虑不同维度的情境可以获得全局视野。在佩蒂格鲁这一情境分析框架的启发下,本书结合西南民族村落实际情况（物理位置封闭、文化习俗独特、群体行为明显等）以及小世界理论、信息世界理论和个人信息世界理论中强调的各个情境,提出更广义上的小世界生活情境的概念,认为小世界生活情境是共同居住在清晰界定地理空间中的社会群体,由他们所拥有的共同观念、规范、语言、风俗等生活要素形成的场景和生态。

第三节　研究构想

一、应用思路

一些相关理论[②]为本书关于西南民族村落信息贫困的小世界生活情境分析框架提供了有力的理论支撑和积极的应用思路。西南民族地区是集革命老区、边疆山区、民族聚居区、生态脆弱区、连片贫困区为一体的特殊区域,民族村落内部拥有共同的宗族传衍、俚语方言、乡约乡规、生产方式等,成为其小世界生活情境的具体形态和构件。小世界生活情境下的信

---

① 王素芳. 信息与贫困:埃尔夫瑞德·查特曼的小世界信息行为理论述评 [J]. 图书情报知识, 2015 (6): 67 - 78.

② 杨峰, 赵珊. 西南民族村落信息贫困:一个小世界生活情境的分析框架 [J]. 图书馆论坛, 2018, 38 (8): 17 - 23.

息贫困研究通过信息个体日常生活直观获悉他们基本生活中的信息需求、信息认知、信息获取、信息使用等状况，并在这些重复细琐的事件背后捕捉相关的生活情境变量，形成对西南民族村落特有的信息世界的认识。

西南民族村落的小世界生活情境是本书研究构想实现的首要前提。西南民族地区是一个具有极强的地域指向性和集中分布特征的区域，应主要考虑构成民族村落小世界生活情境的具体因素，如自然条件、地理环境、区域贫困、历史文化、生活习俗等是如何以基本形式赋予村落群体信息需求的最初意义。这些小世界生活情境的具体因素会产生与生存、生产、生活、特殊文化等相关的信息需求，进而成为信息贫困研究中必须加以考虑的条件和状况，以及由此产生的个人对信息有效性的认知和相应实践。

小世界生活情境下的群体信息实践是本书研究构想实现的逻辑起点。信息个体是基于自己的身体归属、情感归属和身份归属而进行信息实践的，无论是从信息认知和渠道选择，还是行为意向和实践体验，都难以脱离个体所处的生活方式、生活情形和社会规范的影响。小世界生活情境影响了信息主体对信息的认知，从而决定了在面对外部信息时的信息实践。小世界生活情境下民族村落群体信息实践将是一个行为连续体，有必要对信息个体外界情境、社会关系、个体情境、交往模式等进行量化，因此，需要采用科学的方法获得西南民族村落群体生活方式和信息实践的相关资料，并揭示信息贫困现象产生的影响因素。

小世界生活情境下的信息贫困形成机理是本书研究构想的重点内容。西南民族村落群体受到其特殊的社会规范、文化习俗、宗教权威等影响，在适应小世界生活情境时使得更宽泛意义的社会适应出现缺失。例如西南民族村落群体与较发达地区的农村群体相比，更容易固守已有的信息认知以自我保护行为回应社会规范，再例如西南民族村落群体往往更易受到内部权威、领袖的影响，倾向于寻求局内人的帮助，而对外部提供信息的不信任。因此，小世界生活情境下的信息贫困形成机理的探究，需要研究者更多地参与其中展开质性研究，"让存在者如其所是"获得村落群体第一手资料，寻找反映小世界生活情境下的西南民族村落信息贫困的本质核心概念。

面向信息贫困的精准脱贫对策是本书研究构想实现的最终落脚点。小世界生活情境深刻影响着村落群体的信息需求感知、信息渠道选择、信息价值判断以及信息交流行为等，对信息获取和信息分享带来了阻碍。因而，信息贫困的精准脱贫对策应当是基于生活情境细分下的路径设计，在对西南民族村落群体情感认同、社群聚合、内外互动等要素的充分检视中完善相应的对策，例如探究乡村图书馆等公共文化服务机构如何更好地融入当地小世界生活情境中进行信息服务等。

二、研究路径

小世界生活情境下西南民族村落信息贫困研究的应用思路，有赖于具体的研究路径并实施。本书的研究设计与安排是在考察西南民族地区信息化发展水平的基础上，以小世界生活情境作为研究视角，通过定量研究和定性研究，尝试探究西南民族村落的信息贫困受哪些生活情境因素的影响，努力厘清其间关联和内在逻辑。

一是基于描述的定量研究。利用统计年鉴、统计公告、政府网站等途径，收集西南民族地区信息化发展的具体数据，检视西南民族地区宏观层面上的信息化发展水平，形成对西南民族地区这一对象展开研究的迫切性和现实性的认知。在具体分析中，通过层次分析法和数据的标准化处理，以四川藏区为例探究西南民族地区信息化发展水平在横向比较上的表现。

二是基于变量关系的定量研究。根据已有相关研究和理论假设小世界生活情境内部各要素与信息贫困的关系，构建小世界生活情境对西南民族村落信息贫困影响研究模型，通过问卷调查收集四川、云南、贵州、重庆、西藏五个省区市的调查样本，采用结构方程模型进行西南民族村落信息贫困影响因素的量化研究。

三是基于访谈和观察的定性研究。选取具有代表性的四川省凉山彝族自治州村落作为调研对象，通过人种志、扎根理论等研究方法，获得村落群体的信息贫困的第一手资料，通过开放式编码、主轴编码和选择性编码，探究影响西南民族村落信息贫困的小世界生活情境的本质核心概念以及这些核心概念之间的联系，具体回答哪些小世界生活情境如何影响当地群体信息贫困的问题。

第四章

西南民族地区信息化发展水平研究

第一节　研究对象发展概况

一、西南民族地区概况

1986 年，第六届全国人民代表大会第四次会议通过的"七五"计划将我国划分为东部、中部、西部地区。经济发展水平与地理位置是我国东部、中部、西部地区的划分标准。由于自然条件与资源状况不同，东部、中部、西部三个地区的发展特点也各不相同。我国西部地区疆域辽阔，其中大部分区域经济发展落后、需要大力开发，根据其自然条件和经济状况，又可划分为西南地区和西北地区。西南地区包括云南、贵州、四川、重庆、西藏三省一市一自治区。西南地区地形结构复杂，主要以高原、山地为主，区域经济发展状况相对落后。

民族地区，一般是指少数民族聚集居住的地区或行政区划确立的民族自治地方。这些地区具备以下特点：一个或几个少数民族世代生活的地方、少数民族人口较为集中且占总人口比例较大、拥有浓郁的民族特色民族习惯及文化、享有国家一定的政策倾斜以及一定的法律自治权。西南民族地区地处我国的四川盆地、云贵高原和青藏高原之间，有土地面积211万多平方千米，占全国土地面积22.1%，是我国少数民族成分丰富、自然条件恶劣的地区之一。从区域分布来看，该地区辐射西藏、云南、四川、贵州及重庆这些省份，涉及藏族、门巴族、彝族、白族等29个世居少数民族，拥有人口3 600万，约占全国少数民族总人口的34%，具有"族群多、人口密度大"等特点。[①] 从地理位置来看，西南民族地区远离海洋、缺少出海口，并且大部分地区都受山地和高原的阻挡，交通极为不便，严重影响了与外界的经济文化交流。区域内高山、河流、荒原等地形并存，且新构造运动活跃，使得在该区域进行交通线路建设的难度极大，进而导致该区域内交通及网络设施总体发展水平比较低。[②]

西南民族地区拥有丰厚的矿产资源、多样的生物资源、独特的生态环境，耕地资源、水资源、矿产资源、能源资源和森林资源分别占全国的16.0%、40.1%、13.3%、21.8%、28.9%，使得当地产业结构优化成为可能。同时，该区域的少数民族大都有自己独特的人文资源环境，为该区域发展特色经济提供了重要的文化资源。[③] 西南民族地区经济发展总体水平落后，且作为当地经济发展重要突破口之一的特色经济亦尚未得到充分发展，其特色经济属粗放型发展，且呈低层次无序开发的特征，地区特色产品的开发不充分，行业水平低，关联度差，无法形成有效的集约增长。[④]西南民族区域的许多经济实体因资源而生，建立在西南民族区域特有的资源条件基础之上，但这些实体经济在经历更大规模的发展时，容易失去原有的资源条件特色，进而丧失核心竞争力与发展方向。

二、村落发展概况

从历史上看，西南大部分民族地区在经济、社会、文化等方面的发展都是相对较为滞后的。虽然在新中国成立后，国家根据民族地区的实际情况，制定和采取了一系列特殊的政策和措施，帮助并扶持民族地区发展。但从总体上看，西南民族地区的经济发展能力、技术能力、创新能力、信息能力都低于国内其他地区。《2018 年中国民族统计年鉴》的一些数据能够在一定程度上反映西南民族地区村落的发展状况（见表 4 - 1），2018 年，全国民族自治地区经济保持中高速增长，经济总量保持稳定增长，国民生产总值 72 046.00 亿元，占全国生产总值的 8.7%，人均 GDP

---

①　谢红勇. 西南民族地区旅游经济初探［J］. 黑龙江民族丛刊，2009（5）：67－70.

②④　金莉. 加快西南少数民族地区经济发展的有效途径［J］. 长春教育学院学报，2012，28（8）：33－34.

③　邹平，武友德，周智生等. 西南民族区域特色经济发展与产业结构调整化研究［J］. 经济问题探索，2009（3）：62－67.

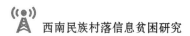

为 39 622.00 元。同期西南民族地区的人均 GDP 为 31 786.60 元，与全国平均水平相比还有较大差距。农业方面，全国民族自治地区农林牧渔业总产值为 18 888.11 亿元，西南民族地区农林牧渔业总产值为 4 888.77 亿元，西南民族地区的农林牧渔业中总产值占全国民族自治地区总产值的 25.9%。固定资产投资方面，全国民族自治地区固定资产投资总额为 75 305.80 亿元，西南民族地区为 17 872.00 亿元，与全国其他民族地区相比略有差距。农村居民人均纯收入方面，西南民族地区与全国民族自治地区平均水平还有一定差距。农村居民人均消费支出反映出西南民族地区的农村居民消费水平相比全国农村居民的人均水平还比较低。

表 4 - 1   全国民族自治地区与西南民族地区经济发展情况对比

指标	全国民族自治地区	西南民族地区	
人均生产总值 GDP（元）	39 622.00	31 786.60	
第一产业总值（亿元）	10 736.58	2 887.02	
第二产业总值（亿元）	28 152.47	5 514.38	
第三产业总值（亿元）	33 156.99	6 760.92	
农林牧渔业总产值（亿元）	18 888.11	4 888.77	
固定资产投资总值（亿元）	75 305.80	17 872.00	
农村居民人均可支配收入（元）	10 544.19	重庆	10 094.85
		四川	11 264.53
		贵州	8 829.73
		云南	9 764.51
		西藏	10 330.00
农村居民人均消费支出（元）	8 790.25	7 907.01	

资料来源：根据《2018 年中国民族统计年鉴》整理。

《2018 年中国民族统计年鉴》显示，西南民族地区共有乡镇 3 291 个，包含 1 959 个乡，1 332 个镇，28 476 个村民委员会，3 829 万乡村人口。这些农村基层组织在重庆、四川、贵州、云南和西藏的具体分布见表 4 - 2，表 4 - 3 为表现西南民族地区的农村生活水平的各项支出情况。整体而言，西南民族地区基础薄弱，自然条件相对落后，经济提速增长的基础不牢固，各方面的发展水平都有待提升。

表 4 - 2　　　　　　西南民族地区农村基础组织分布情况

地区	乡镇个数（个）	村民委员会（个）	乡村人口（万人）	乡（个）	镇（个）
重庆	127	918	194	55	72
四川	1 156	8 387	619	867	289
贵州	530	6 845	1 198	120	410
云南	793	7 065	1 585	372	421
西藏	685	5 261	233	545	140

资料来源：根据《2018 年中国民族统计年鉴》整理。

表 4 - 3　　　　　　西南民族地区农村主要生活水平指标　　　　　　单位：元

地区	食品	衣着	居住	家庭设备及服务	医疗保健支出	交通和通信	娱乐教育文化服务
重庆	3 620.22	560.73	1 518.53	602.13	542.47	845.30	808.36
四川	3 991.13	574.07	1 401.44	503.36	469.88	891.82	655.94
贵州	2 366.17	426.69	1 729.00	513.11	491.87	1 275.48	1 100.64
云南	2 488.17	317.83	1 253.83	388.35	589.64	1 155.13	900.92
西藏	3 284.00	736.00	947.00	434.00	147.00	794.00	239.00

资料来源：根据《2018 年中国民族统计年鉴》整理。

三、信息化发展概况

由于地理条件、自然灾害、历史遗留问题与文化教育等因素，西南民族地区信息相对闭塞，整体发展水平较为落后。当地的信息化发展水平虽然在逐年好转，但与全国平均水平仍有较大差距。《2018 年中国民族统计年鉴》数据显示，云南民族地区的广播和电视覆盖率分别为 98.37%、98.90%；贵州民族地区的广播和电视覆盖率分别为 92.36%、96.17%；四川民族地区的广播和电视覆盖率分别为 87.26%、95.22%；重庆民族地区的广播和电视覆盖率分别为 96.10%、98.09%；西藏民族地区广播与电视覆盖率分别为 96.17%、97.26%。西南民族地区的邮电业务总量、教育

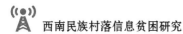

事业、文化事业、信息基础设施和人均报刊、图书发行量等指标与全国民族自治地方之间的差距在一定程度上具体化了当地信息化发展基本情况（见表4－4）。2017 年，云南民族乡镇地区有学校 1 158 所，教师总计 21 031 人，文化站 140 个；贵州民族乡镇地区有学校 1 614 所，教师总计 32 248 人，文化站 232 个；四川民族乡镇地区有学校 249 所，教师总计 4 438 人，文化站 143 个；重庆民族乡镇地区有学校 29 所，教师总计 986 人，文化站 59 个；西藏民族乡镇地区有学校 178 所，教师总计 209 人，文化站 9 个。报纸出版、杂志出版、图书出版以及广播机构数量相比往年也有所增长，但是总体水平还是偏低。

表 4－4　　　　　　　　　西南民族地区各项信息化指标

指标	全国民族自治地区	西南民族地区
邮电业务总量（亿元）	2 426.24	386.10
移动电话年末用户（万户）	15 741.55	4 547.79
固定电话年末用户（万户）	1 696.66	352.10
互联网接入用户（万户）	3 624.90	989.35
学校（个数）	6 069.00	3 228.00
专任教师（人数）	1 200 021.00	32 679.00
图书馆（个数）	767.00	266.00
博物馆（个数）	611.00	125.00
报纸印数（万份）	172 137.00	6 681.00
少数民族文字出版的期刊印数（万册）	1 198.00	59.00
图书印数（万册）	68 020.00	969.00
广播综合人口覆盖（万人）	18 718.34	5 233.22
广播电视机构（个）	762.00	284.00

资料来源：根据《中国统计年鉴 2018》《2018 年中国民族统计年鉴》等相关资料整理。

西南民族地区信息化发展受到地理因素、经济因素、文化因素和教育因素等方面影响。地理因素主要是西南民族地区大多处于高原山地，恶劣的自然条件给信息基础设施建设带来不便。经济因素主要是拮据的经济状况制约着当地居民的信息需求和对信息服务的消费。在文化因素方面，西南少数民族村民由于文化背景差异，容易偏离现代化进程，信息技术和应用无法有效渗入，造成了信息化发展水平低下的现实困境。在教育因素方面，西南民族地区教育观念较为落后，师资力量薄弱，再加上语言沟通理解障碍，使得他们对信息知识和技术了解较少，获取信息的方法相对落后。为了更好地描述西南三省一市一自治区主要民族地区的信息化发展水平情况，本节通过邮电业务总量、移动电话用户、互联网接入用户、公共图书馆等多个方面进行分区域考察。

（一）云南民族地区

云南省是我国少数民族数量最多的省份，下辖 8 个少数民族自治州。《云南统计年鉴 2019》显示，2018 年云南省人口为 4 829.5 万，其中汉族 3 208.24 万人，占 66.4%；彝族 531.90 万人，占 11.0%；哈尼族 171.93 万人，占 3.6%；白族 165.11 万人，占 3.4%；傣族 129.02 万人，占 2.7%；壮族 128.22 万人，占 2.7%。近年来云南省民族地区在信息化建设上取得了长足进步，但仍存在总体发展水平落后、区域发展不均衡与人口素质待提高等问题。由表 4 – 5 可知，红河哈尼族彝族自治州和大理白族自治州的信息化发展水平相对较高，其中 2018 年大理白族自治州邮电业务总量达到 252.69 亿元，远超云南省其他民族地区。

表 4 – 5　　　　　　　　云南民族地区信息化发展情况

指标	楚雄彝族自治州	红河哈尼族彝族自治州	文山壮族苗族自治州	西双版纳傣族自治州
邮电业务总量（亿元）	51.29	7.25（邮政）	4.35（邮政）	28.40
移动电话用户（万户）	203.67	428.68	315.00	144.35
固定电话用户（万户）	11.37	10.97	11.00	8.29
互联网接入用户（万户）	50.27	95.57	59.00	40.75
广播覆盖率（%）	97.75	99.41	97.65	99.18
电视覆盖率（%）	98.18	99.51	98.18	99.18
学校（所）	1 416.00	2 466.00	2 288.00	—
专职教师（人）	25 927.00	52 200.00	47 647.00	—

指标	楚雄彝族自治州	红河哈尼族彝族自治州	文山壮族苗族自治州	西双版纳傣族自治州
公共图书馆（个）	11.00	14.00	9.00	4.00

指标	大理白族自治州	德宏傣族景颇族自治州	怒江傈僳族自治州	迪庆藏族自治州
邮电业务总量（亿元）	252.69	14.69	0.46（邮政）	27.71
移动电话用户（万户）	—	171.27	34.00	43.74
固定电话用户（万户）	—	8.13	2.94	2.20
互联网接入用户（万户）	—	39.68	7.12	47.48
广播覆盖率（%）	99.85	97.70	98.74	99.78
电视覆盖率（%）	99.90	98.70	—	98.81
学校（所）	1 931.00	—	198.00（未包括幼儿园）	155.00
专职教师（人）	—	—	—	4 381.00
公共图书馆（个）	13.00	8.00	5.00	4.00

注：学校数为普通高等院校、普通教育中学、普通教育小学、幼儿园、专科院校、特殊教育院校数量之和，专职教师数与此对应；"—"表示数据缺失。

资料来源：根据《云南统计年鉴 2019》《红河州 2019 年国民经济和社会发展统计公报》《文山州 2019 年国民经济和社会发展统计公报》《西双版纳傣族自治州 2019 年国民经济和社会发展统计公报》《大理白族自治州 2019 年国民经济和社会发展统计公报》《德宏州 2019 年国民经济和社会发展统计公报》《2019 年怒江州国民经济和社会发展统计公报》《2019 年迪庆州国民经济和社会发展统计公报》等相关资料整理。

（二）贵州民族地区

"十三五"时期，贵州省在信息化浪潮中应势而动，大力实施大数据战略，积极推进"宽带贵州"建设工作，贵州民族地区也紧紧抓住了该信息化发展机遇，在教育信息化、农村信息扶贫方面做出很多努力。黔南布依族苗族自治州、黔东南苗族侗族自治州、黔西南苗族布依族自治州是贵州省三大民族地区自治州，2018 年末人口数分别为 423.94 万人、481.19 万人、365.17 万人。从表 4-6 可知，黔南布依族苗族自治州、黔东南苗族侗族自治州、黔西南苗族布依族自治州的电视、广播覆盖率都超过 90%，移动电话用户占人口数的比例也较大，覆盖范围较广，整体看来贵州民族地区的信息基础设施建设有着显著进步，有全面覆盖的趋势。

表4－6 　　　　　　　　　贵州民族地区信息化发展情况

指标	黔南布依族 苗族自治州	黔东南苗族 侗族自治州	黔西南苗族 布依族自治州
邮政业务总量（亿元）	7.40	5.40	3.34
电信业务总量（亿元）	355.74	391.38	293.14
移动电话用户（万户）	401.89	442.56	352.48
固定电话用户（万户）	16.60	15.52	11.02
互联网接入用户（万户）	82.85	88.24	68.63
广播覆盖率（%）	93.52	93.90	97.20
电视覆盖率（%）	95.78	98.10	97.30
学校（所）	714.00	890.00	924.00
专职教师（人）	36 322.00	—	—
公共图书馆（个）	—	17.00	9.00
报纸、杂志累计订销数（万份）	3 785.86	4 378.08	2 772.49

注：学校数为普通高等院校、普通教育中学、普通教育小学数量之和，专职教师数与此对应；"—"表示数据缺失。
资料来源：根据《贵州统计年鉴2019》《2019年黔南州邮政行业发展统计公报》《贵州省通信业2019年12月全省及各市州行业发展情况》《黔东南州邮政管理局公布2019年12月邮政行业运行情况》《黔西南州2019年国民经济和社会发展统计公报》《黔南州2019年国民经济和社会发展统计公报》《黔东南州2019年国民经济和社会发展统计公报》《黔南州2018年国民经济和社会发展统计公报》等相关资料整理。

　　信息基础设施的覆盖并不等于信息设备的有效利用，位于贵州偏远山区的民族地区受到地形地貌影响，电网建设困难较大，因停电而导致基站停摆的情况时有发生。据中国移动黔西南分公司2018～2020年数据显示，由于停电导致的基站故障占比高达76.8%。同时，贵州民族地区区域内的信息化发展也不平衡，据黔西南苗族布依族自治州《望谟县2018年国民经济和社会发展统计公报》，该县电视覆盖率为62.9%，其中的农村电视覆盖率仅为58.73%，与全省平均水平有着很大的差距。总体来看，贵州民族地区信息化发展水平仍然滞后于产业发展和应用需求，城乡和区域在信息化发展方面的鸿沟还有待缩小。

（三）四川民族地区

　　在《"十三五"国家信息化规划》和《国家民委信息化建设规划

（2016－2020）》等文件的指导下，四川民族地区在信息化建设方面开展了一系列包括信息基础设施的增设、信息资源生产以及信息产业发展等在内的相关工作，并取得了一定的成绩。如表4－7所示，截至2018年，甘孜藏族自治州、阿坝藏族羌族自治州及凉山彝族自治州的电视覆盖率均达到了95%以上，各个民族地区也大力建设文化馆、图书馆、学校等机构，为信息传播和交流提供场所和设施支持，这些措施对提高公民信息素养产生了积极作用。

表4－7　　　　　　　　四川民族地区信息化发展情况

指标	阿坝藏族羌族自治州	甘孜藏族自治州	凉山彝族自治州
邮电业务总量（亿元）	13.39	16.75	—
移动电话用户（万户）	86.96	92.88	414.66
固定电话用户（万户）	19.62	15.35	52.93
互联网接入用户（万户）	24.57	18.22	266.59
广播覆盖率（%）	92.40	97.21	86.70
电视覆盖率（%）	98.30	97.03	95.40
学校（所）	617.00	859.00	1 568.00
专职教师（人）	12 235.00	12 893.00	53 048.00
公共图书馆（个）	14.00	19.00	18.00
公共图书馆藏书（万册）	79.00	72.70	125.90

注：阿坝州与甘孜州的学校数为特殊院校、职业教育、普通高等院校、普通教育中学、普通教育小学、学前教育数量之和，专职教师数与此对应；凉山州学校数为普通高等教育院校、中等职业教育院校、普通高中、普通初中、普通小学、幼儿园数量之和，专职教师数与此对应；"—"表示数据缺失。
资料来源：根据《四川统计年鉴2019》《阿坝州年鉴2018》《甘孜州年鉴2018》《凉山州2019年国民经济和社会发展统计公报》《凉山州2018年国民经济和社会发展公报》等相关资料整理。

受到地貌地形和历史文化等因素的影响，地处山区的四川民族地区建设信息网络的阻力较大，效果也不尽如人意。例如，2018年阿坝藏族羌族自治州、甘孜藏族自治州、凉山彝族自治州的移动电话用户的人口占比分别为96.1%、81.5%、78.2%。而据中国产业信息网发布的《2018年中国智能手机行业发展概况及发展前景分析》，我国手机移动电话用户总数达到 13.2 亿户，普及率达 96.2%。① 可见这些民族地区移动电话的使用率不仅在各州之间存在一定的差异，而且总体上与全国平均水平相比有较大差距。又如，凉山彝族自治州拥有较多人口却未建设数量与之匹配的公共图书馆等文化机构，并且该州的电视覆盖率、广播覆盖率等都相对较低。总体来看，作为曾经全国脱贫攻坚主战场的凉山彝族自治州的信息化发展水平相对落后。该州的部分县城既缺少信息传播的设施，也缺乏信息消费的能力。一项研究调查数据显示，② 凉山彝族自治州喜德县只有80.9% 的居民使用移动手机，智能手机使用率更是低至 63.6%，远低于全国平均水平。凉山彝族自治州普格县农业人口占总人口 91.7%，而农业人口人均年收入仅有 7 454 元，且大部分农村居民不具备信息消费的经济实力，信息市场难以在当地形成和发展起来。③ 总之，四川民族地区在信息化水平总体逐步提升的同时，仍面临着信息化建设效果不理想、建设成果有限、各地信息化水平参差不齐等问题。

（四）重庆民族地区

重庆市近年来先后制定并实施了《重庆市大数据行动计划》《重庆市"互联网＋"行动计划》《重庆市建设互联网经济高地"十三五"规划》等政策文件，为其信息化发展做出了科学部署，但民族地区信息化水平总体提升水平仍有待加强。重庆市集大城市、大农村、大山区、大库区于一体，具有农村地域分散，多山地、丘陵的特点，其山地面积占 76%，丘陵占 22%，河谷平坝仅占 2%，而重庆市民族地区多分布于山区，经济与交通条件等相对落后。据《重庆统计年鉴 2019》，石柱县、酉阳县、秀山县及彭水县的年末总人口分别为 54.86 万人、66.78 万人、85.44 万人、22.47 万人。从信息基础设施的覆盖率来看，重庆市各民族地区的电视、广播覆盖率都处于较高水平，其中酉阳县接近 100%，而石柱县与彭水县在该指标上相对落后；从信息的接收途径来看，移动电话成为信息交流的

---

① 中国产业信息网. 2018 年中国智能手机行业发展概况及发展前景分析［EB/OL］. http：//www. chyxx. com/industry/201803/620359. html.

② 钟华丽，李宁馨. 信息扶贫语境下少数民族贫困地区居民媒介接触调查——以凉山州喜德县为例［J］. 西昌学院学报（社会科学版），2019，31（4）：44－48.

③ 段华琼，黎富兵. 乡村振兴背景下四川省民族地区信息化建设现状及对策［J］. 乡村科技，2020（8）：24－25.

主要途径，其中秀山县的移动电话用户数量和互联网接入用户数量在总人口中占比都偏少，移动电话的普及率仍待提升；从文化教育机构的建设来看，重庆市民族地区高等教育院校及公共图书馆的数量较少，公共图书馆藏书量也有待进一步增加，总体上与充分满足居民信息文化需求的目标还有一定距离（见表4－8）。

表4－8　　　　　　　　　重庆民族地区信息化发展情况

指标	石柱土家族自治县	酉阳土家族苗族自治县	秀山土家族苗族自治县	彭水苗族土家族自治县
邮政业务总量（亿元）	0.99	0.98	—	—
电信业务总量（亿元）	2.60	3.66	—	—
移动电话用户（万户）	41.80	54.80	48.88	—
固定电话用户（万户）	2.61	4.50	—	—
互联网接入用户（万户）	16.06	15.32	15.03	—
广播覆盖率（%）	96.42	99.20	97.97	91.22
电视覆盖率（%）	95.02	99.99	99.97	96.97
学校（所）	92.00	142.00	73.00	94.00
专职教师（人）	4 753.00	7 048.00	5 160.00	5 942.00
公共图书馆（个）	1.00	1.00	1.00	1.00
公共图书馆藏书（万册）	7.40	9.33	18.12	10.76

注：互联网接入用户一栏，石柱县与酉阳县的数据均为固定宽带用户数；学校数为普通教育中学与普通教育小学数量之和，专职教师数与此对应；"—"表示数据缺失。

资料来源：根据《重庆统计年鉴2019》《重庆统计年鉴2018》《石柱土家族自治县2019年国民经济和社会发展统计公报》《酉阳自治县2019年国民经济和社会发展统计公报》《秀山土家族苗族自治县2019年国民经济和社会发展统计公报》等相关资料整理。

（五）西藏民族地区

西藏自治区位于青藏高原西南部，是中国五个少数民族自治区之一，平均海拔在4 000米以上，2018年末常住人口343.82万人。西藏地区信息化建设起步较晚，但近年来在国家政策扶持下，其信息化水平得到显著提升。从信息通信设备和基础设施的覆盖率来看，西藏地区移动电话用户从2015年起以每年6万户到22万户不等的数量增加，至2019年普及率已达93.5部/百人；同时，西藏自治区积极推进"宽带西藏"建设，至

2019年固定宽带家庭普及率达98.7部/百户，全区行政村宽带覆盖率达100%，信息基础设施建设实现跨越式发展。① 除此之外，西藏自治区不断推进科教文卫事业，至2017年年底，共建设学校1 095座，公共图书馆81座（见表4-9）。

表4-9　　　　　　　　　西藏民族地区信息化发展情况

指标	西藏自治区
邮电业务总量（亿元）	48.65
移动电话用户（万户）	321.4
固定电话用户（万户）	71.70
固定互联网宽带接入用户（万户）	91.40
广播覆盖率（%）	98.10
电视覆盖率（%）	98.60
学校（所）	1 095.00
专职教师（人）	38 142.00
公共图书馆（个）	81.00
公共图书馆藏书（万册）	195.14
报纸印数（万份）	11 556.00
杂志印数（万册）	248.00
图书印数（万册）	1 480.00

注：学校数为普通高等院校、普通教育中学、普通教育小学数量之和，专职教师数与此对应；"一"表示数据缺失。
资料来源：根据《中国民族统计年鉴2018》、华经产业研究院数据（https://m.huaon.com/detail/392568.html）、《2019年西藏自治区国民经济和社会发展统计公报》等相关资料整理。

　　从历年《中国民族统计年鉴》的数据来看，尽管在纵向上西藏自治区信息化发展水平正在不断提升，但横向对比之下西藏地区信息基础设施建设仍然相对滞后，通信网络覆盖不全、无线信号覆盖率低、通信效果差等问题仍待解决，城镇与农牧区之间的信息发展水平差距尤为明显。西藏农牧区面积广阔，农牧民居住较为分散，信息服务机构难以在该环境下集中

① 西藏自治区统计局，国家统计局西藏调查总队.2019年西藏自治区国民经济和社会发展统计公报［N］.西藏日报（汉），2020-04-10（004）.

发展。例如，拉萨市唯一的纯牧业县当雄县、主要从事农牧业的尼木县等虽然都早就开始探索"互联网＋"的模式，但在电商营销方式在内地已经极为普遍的当今，西藏农牧区的"互联网＋"尚处于试点阶段，说明其信息化水平有待提高。[①]

第二节　西南民族地区信息化发展水平评价系统

从基本情况来看，西南民族地区的经济发展水平和信息化发展水平都存在诸多障碍。若要探究西南民族地区宏观信息化发展水平与其他地区存在哪些差距，则需要通过一定的信息化发展水平评价系统加以测量。因此本节尝试建立西南民族地区信息化发展水平评价系统，并选取个案加以分析。

一、评价系统构建指导原则

西南民族地区信息化发展水平评价系统由众多一级指标和二级指标组成，每一指标的权重不尽相同。评价系统尤其是指标体系选择要遵循基本的规律和要求，根据西南民族地区信息化发展的特殊性、综合性、复杂性等特点，依据一定的指导原则进行。

（一）科学合理性原则

西南民族地区信息化发展水平评价系统的构建既要考虑评价指标的普遍性，又要充分考虑西南民族地区"封闭、宗复、多灾、少聚"的特殊性。为达到科学评价的目的，需要综合实地调查研究及对已有文献进行广泛阅读，提炼科学有针对性的指标，进而构建一套能切实可行、科学合理的西南民族地区信息化发展水平评价指标体系。

---

① 徐爱燕，蒙媛. 西藏产业扶贫案例分析及启示［J］. 西藏大学学报（社会科学版），2019，34（1）：150－158.

（二）系统导向性原则

西南民族地区信息化发展水平评价系统的构建需要明确筛选出能够直接反映该地区信息化发展程度的指标体系，排除不在此范围或界限模糊的判断指标。此外，选定的指标应能够明确反映西南民族地区信息化建设中的真正需求，以便清晰地描述实际需求是否得到满足，更好地为具体实践提供指导价值。

（三）典型代表性原则

信息化发展水平评价系统中的指标体系由各种零散的指标构成，呈现出因素多、关系杂的特征，因此处理好整体与局部的问题成为关键所在。只有把握好点线面各层次的关系，才能形成系统化的指标体系。而评价指标体系不仅仅要体现大多数研究中涉及的一般性指标，也应该能体现西南民族地区的特殊性，并注意关键特色指标。

（四）实行可行性原则

构建西南民族地区信息化发展水平评价系统的最终目的是要在实际操作中得出有效的评估结论，这就要求系统指标一定要符合可行性原则。在制定指标时既要考虑价值取向，又要保证指标的可操作性，既要有效体现西南民族地区信息化发展水平实际情况，又能保证指标数据的可获得性。

（五）计量可比性原则

构建西南民族地区信息化发展水平评价系统的根本目的，就是要将难以测量的、晦涩的文字和现象转换成为可以量度、计算和比较的数字、数据、符号。因此不仅要考虑评价指标的定性问题，还需结合定量给予事物以准确的衡量，最终计量出测评结果，然后将结果在同一地区的时间序列上进行纵向比较或不同地区间进行横向比较。

（六）动态兼容性原则

信息化发展水平是一个有时空变化的复杂系统，它将随着科技发展不断向前推进，在不同的阶段，反映出的核心要素或许不同。因此西南民族地区信息评价指标之间应有较强的互补关系和灵活性，能兼顾当前和未来

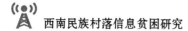

的发展趋势，使得体系有较强的兼容性，不仅能随着时代的变化反映信息化发展水平现状，并能根据新的变化做出适当的调整和变动，具备预测信息化的发展潜力。

（七）映射可操作性原则

西南民族地区信息化评价系统中的评价指标需要通过对一系列直接可得的数据加以反映，例如，宽带用户数量代替信息基础设施水平。这种替代，将抽象且难以直接表达的东西化为具体，所以在选择指标时需将客观的术语与难以测量的概念相贴合，进行一个较好的映射过程。在确定评价指标后，还需考察这些量化和数据的获取难度和可靠性，这将决定着指标系统是否可操作和发挥作用。

二、信息化发展水平评价指标体系

已有的关于信息化发展水平的评价研究，能在一定程度上或者一定范围内较为有效地区别不同国家和地区之间的信息化发展水平差异。例如，20 世纪著名的奥地利经济学家费里茨·马克卢普提出的信息经济测度模式，通过研究与开发层次、教育层次、通信媒介层次、信息设备层次、信息组织与信息产业层次来进行考察。日本学者小松崎清介提出的信息指数法，以信息量维度、信息装备率、通信水平、信息系数等对信息化发展水平进行度量。经济合作与发展组织通过信息技术通信部门、电子商务、信息经济、政府和教育这 4 个模块进行信息化发展水平的评价。中国互联网络信息中心发布的《国家信息化发展评价报告》，将信息化测度指标分解为网络基础设施就绪度、产业与技术创新、信息化应用效益、网络安全保障、信息化可持续发展 5 个一级指标和 9 个二类指标，既包括网络基础设施、产业规模这样的"硬性指标"，又包括信息化法律政策、信息化人才培养等"软性指标"。还有很多机构和学者针对城镇信息化发展水平、农村信息化发展水平、农业信息化发展水平等做出了很多研究。通过对现有文献所建立的信息化发展水平评价指标体系进行梳理，发现各指标体系的指标级别分布、指标个数、指标内容不尽相同，但信息基础设施、信息产业和信息人才是各文献都重点考察运用的指标。在较多的文献中，信息基础设施的衡量主要选取广电设施覆盖率、长途光缆覆盖率、电话普及率、电视普及率和计算机普及率等指标，信息产业主要包括信息产业 GDP 占比、人均信息产业量、人均信息产业国内生产总值等指标，信息人才主要考查学生占比、教师占比、科研人员占比以及信息人员数量等指标。

结合已有关于信息化发展水平指标的研究，考虑到数据的可取性和适用性，在西南民族地区信息评价指标体系的指导原则下，按照"总目标→分类评价指标→具体评价指标"的思路，尝试建立西南民族地区信息化发展水平评价指标体系（见表4－10）。评价指标体系包含信息基础设施、信息产业发展、信息资源状况与信息人才现状 4 个一级指标、15 个二级指标。信息基础设施作为信息化发展水平的客观硬件条件，能直接反映一个地区信息设备普及状态，是衡量信息发展水平的一个重要指标。信息产业能客观描述一个地区信息化建设和发展状态，反映了居民运用信息化设备的情况以及除去日常衣食住行等在信息方面的消费状况。信息资源运载着信息化基础结构的实质内容，能够直接反映信息化建设情况。信息人才既是信息传播的重要媒介，又是信息化发展的中流砥柱。

表 4－10　　　　　　　　信息化发展水平测度指标体系

信息基础设施	广电设施覆盖率	有线电视网线路总长度（万千米）/国土面积（万平方千米）
	移动电话普及率	移动电话用户数（万人）/总人数（万人）
	固定电话普及率	固定电话用户数（万人）/总人数（万人）
	电视普及率	电视机用户数（万人）/总人数（万人）
信息产业发展	人均信息产业国内生产总值（元）	信息产业国内生产总值/总人口
	信息产业 GDP 占比	信息产业 GDP（亿元）/总 GDP（亿元）
	人均信息消费比重	用于交通和通信用品及服务消费（万元）/总消费（万元）
	互联网接入率	互联网宽带接入用户（万户）/总人数（万人）
信息资源状况	人均邮电业务量（元）	邮电业务量/总人口
	人均报纸、期刊发行量（份）	报刊发行总量/总人口
	人均图书馆藏量（册）	区域内图书馆图书总量/总人口

续表

信息 人才 现状	信息产业人员比例	信息产业从业人员数（万人）/总人口（万人）
	教职工比例	教师总人数（万人）/总人口（万人）
	中、大学生比例	中学生和大学生学生总数（万人）/总人口（万人）
	科研人员比例	科研人员数（万人）/总人口（万人）

资料来源：作者自制。

　　尽管存在区域差别的必然性，不同的学者在不同的理论指导下也可能会有不同的指标选择，但至少都包含一些基础类信息指标。西南民族地区信息化评价指标体系中的各项具体内容均符合下列基本的选择标准：（1）基础性——指标能够反映信息贫困问题的基本现状，选取最基本、最普遍、最重要的指标；（2）广泛性——指标能够体现西南民族地区的共同特征；（3）可行性——指标需要的数据具备可获得性，可以在有限的成本基础上进行最好的呈现；（4）关联性——指标之间不是孤立的，而是一个相互关联的一个整体，各个指标之间是相互联系、相互印证的。

三、评价指标权重确定方法

　　指标权重的确定是将西南民族地区信息化发展水平评价指标体系中的每一组分类指标以及每一个具体指标的重要程度和作用地位进行赋值。而这也是为了使得当前较为通用的指标体系更具有针对性，因为每一个指标的权重不同，即某种程度上意味着在不同区域，指标所指代的内容具有不一样作用和地位。一般来说，准确地确定各个指标的权重能够有效保证评价结果的可靠性。西南民族地区信息化发展水平评价指标权重的确定，采用层次分析法（Analytic Hierarchy Process，AHP），这也是目前使用比较多的一种权重确定的方法。层次分析法是美国匹兹堡大学运筹科学家萨蒂（T. L. Saaty）教授于 20 世纪 70 年代提出的一种定性与定量相结合的决策方法。这一方法通过对复杂问题进行深入分析之后，将问题分解成具有递阶层次结构的模型，然后利用人们对不同因素重要性的两两比较，综合判断出各个因素相对重要性的总顺序。利用层次分析法确定西南民族地区信息化评价指标的权重，适用于所构建的指标体系层次性的特点，在降低工作难度同时，评价又不失科学性、可行性和针对性。

　　层次分析法首先将决策问题层次化，把其分解为不同的组成因素，形成一个不相交的层次结构，确定上下层因素间的隶属关系。然后构造比较判断矩阵 A，通过两两比较导出权重，具体方法是：当以上一层次某个因素 C 作为比较准则时，用一个比较标度 a_{ij} 来表达下一层次中第 i 个因素与第 j 个因素的相对重要性，由 a_{ij} 构成的矩阵称为比较判断矩阵 A = (a_{ij})。

　　构建了比较判断矩阵之后，使得判断思维数学化，但有可能会出现专家在判断指标重要性过程中相互矛盾的情况，因此需要进行一致性检验。当判断矩阵不能保证具有完全一致性时，相应判断矩阵的特征根也将发生变化，因此可以利用判断矩阵特征根的变化来检验判断的一致性程度，即用来检查判断的一致性。其中 λ_{max} 为判断矩阵 A 的最大特征根，n 为矩阵阶数，CI 为一致性指标（consistency index），$CI = \dfrac{\lambda_{max} - n}{n - 1}$，CI 值越大，表明判断矩阵偏离完全一致性的程度越大，CI 值越小，表明判断矩阵的一致性越好。

　　对于不同阶的判断矩阵，其 CI 值的要求也不同。萨蒂教授给出了平均随机一致性指标 RI 值（见表 4 - 11）。

表 4 - 11　　　　　　　　　　平均随机一致性指标

n	1	2	3	4	5	6	7	8	9
RI	0.00	0.00	0.58	0.90	1.12	1.24	1.32	1.41	1.45

资料来源：作者自制。

　　判断矩阵一致性指标 CI 与同阶平均随机一致性指标 RI 之比称为随机一致性比率，记为 CR。当 $CR = \dfrac{CI}{RI} < 0.10$ 时，认为比较判断矩阵的一致性可以接受。根据比较判断矩阵，计算出某层次因素对于上一层因素的相对重要性标度，最后得出最低层因素相对于最高层的相对重要性的排序值，得出层次总排序。[①]

　　在具体实践中，就可以将西南民族地区信息化发展水平评价指标体系构建成层次结构模型，并通过咨询相关的专家学者的意见，最后构成判断

---

① 李柏年. 模糊数学及其应用 [M]. 合肥：合肥工业大学出版社，2007：103 - 139.

矩阵（见表4-12）。

表4-12　　　　　　　　　　两两判断矩阵

指标	B_1	B_2	...	B_n
B_1	b_{11}	b_{12}	...	b_{1n}
B_2	b_{21}	b_{22}	...	b_{21}
...	...	...	...	...
B_n	b_{n1}	b_{n2}	...	b_{nn}

资料来源：作者自制。

判断矩阵具有以下性质：$b_{ij} > 0$；$b_{ij} = 1/b_{ji}$（$i \neq j$）；$b_{ii} = 1$（i，$j = 1$，2，…，n）。按照通常的做法，需要使判断定量化，对b_{ij}的值给出了1~9的标度（见表4-13）。然后在一致性可以接受的情况下，对判断矩阵进行比较计算，得出某一具体层次因素对于上一层因素的相对重要性标度，最后求得每一层次的各元素对上一层次某元素的优先权重值。

表4-13　　　　　　　　　　判断矩阵标度及其含义

序号	重要性等级	赋值
1	i，j元素同等重要	1
2	i元素比j元素稍重要	3
3	i元素比j元素明显重要	5
4	i元素比j元素强烈重要	7
5	i元素比j元素极端重要	9
6	i元素比j元素稍不重要	1/3
7	i元素比j元素明显不重要	1/5
8	i元素比j元素强烈不重要	1/7
9	i元素比j元素极端不重要	1/9

资料来源：作者自制。

第三节　西南民族地区信息化发展
水平评价的个案分析

西南民族地区信息化发展水平评价系统的理论框架已初步成型，但由于西南少数民族聚居地的人口分布散乱，地广人稀，考虑到有限的调查时间和精力，本节选取西南民族地区中少数民族人口众多且相对较为集中的四川藏族地区为例。通过分析评估四川藏区信息化发展水平，以典型个案映射西南民族地区信息化发展水平。

一、个案选择原因

（一）四川藏区信息化发展水平评价的现实性

四川藏区信息化发展问题呈现综合性与复杂性的突出特点，是多种相关因素综合作用的结果。四川藏区信息化发展问题的解决对于我国全面深化改革以及实现共同富裕的目标都起着至关重要的作用。认识到四川藏区信息化发展问题的严重性，进一步看到四川藏区信息化发展问题的解决对于全国社会发展的重要意义，有助于更好地实现共同富裕的宏伟蓝图，完成社会主义的现代化建设。

一是我国社会主要矛盾解决的要求。习近平总书记在十九大报告中提出"我国社会主要矛盾已经转化为人民日益增长的美好生活需要和不平衡不充分的发展之间的矛盾"，在信息时代背景下，信息化发展存在的问题是这种不平衡与不充分发展的重要表现之一。从一定意义上来说，解决社会主要矛盾就需要解决信息化发展问题，而四川藏区作为信息化发展问题突出的区域，对其进行分析不仅对于藏区本身问题的解决大有裨益，而且对于我国其他少数民族聚集区域的信息化发展研究也提供了一定的借鉴和启发。

二是新时代中国特色社会主义经济建设的要求。经济的建设、社会的发展离不开社会信息化，新时代中国特色社会主义经济建设的时代内涵要求建设信息基础设施、发展信息产业、掌握信息资源、培养信息人才，而作为信息化发展问题突出的四川藏区在信息高速发展的今天已然滞后，如果再不对其进行研究，则我国社会主义现代化建设的历史任务也必将受阻。因此，需要对四川藏区的信息化发展问题进行研究分析，促进我国各地区在信息化建设领域的全面协调发展。

三是脱贫攻坚成果巩固的要求。2012 年 12 月 29 日习近平总书记到河北阜平看望慰问困难群众时强调"全面建成小康社会，最艰巨最繁重的任务在农村、特别是在贫困地区。没有农村的小康，特别是没有贫困地区的小康，就没有全面建成小康社会"。四川藏区是我国相对贫困连片发生区，也是我国信息化发展问题较为突出的一个代表地区。在其地理位置的偏远程度、经济的落后程度、文化的封闭程度等多种因素的作用下，其信息化发展问题呈现出复杂性、综合性、全面性等多种特点，是全国信息化发展问题的一个突出综合体，是脱贫攻坚成果巩固中必须加以解决的一个问题。

（二）四川藏区信息化发展水平评价的紧迫性

一是由全面建设社会主义现代化国家奋斗目标所决定。经济贫困与信息贫困有着恶性循环的关系，表现为"经济贫困——信息贫困——经济更加贫困——信息更加贫困"，信息贫困既是经济落后的表现，又是经济落后的重要原因[①]。在四川藏区信息化发展水平低下的状态下，对于当地群众而言，则容易出现信息贫困现象，这已经成为四川藏区人民实现小康的重要阻碍。只有了解四川藏区的信息化发展水平状况，分析出藏区与四川省平均水平及全国平均水平的差距所在，才能更好地解决四川藏区的信息化发展问题，也才能真正实现共同富裕的伟大目标。从这个角度来说，对于四川藏区信息化发展问题的研究是非常紧迫的。

二是由四川藏区本身独特条件所决定。四川藏区地处长江、黄河源头区，沟河纵横，落差大，地貌分为高原和高山峡谷两部分，森林、雪山、冰川、峡谷、草原多种自然景观并存。四川藏区总人口超过 200 万人，地域辽阔，人口密度小，人口分布极不平衡，平均每平方千米仅 8 人，地旷

---

① 卢燕艳. 信息化发展视角下农村信息贫困的治理策略研究［D］. 大连：东北财经大学，2013.

人稀的特点非常显著。四川藏区的这些特征容易导致其成为"彼此隔绝""自成体系"的一个"信息孤岛"，如果不对四川藏区信息化发展问题进行研究及加以解决，那么在马太效应的作用下，四川藏区的信息化发展问题将会越加突出，最后甚至可能会演化成社会问题，这就迫切需要对四川藏区的信息化发展问题进行探讨及分析。

三是由信息化发展问题本身的严重性所决定。社会信息化发展是一个影响社会且包罗万象的概念，处在信息化发展中的人们可能无法准确识别自身的信息需求，并且在特定生活环境下的信息个体容易固化落后的信息化发展环境。我国目前正处于高速发展的信息化进程，如果不对四川藏区信息化发展问题加以重视，那么在飞速变化的今天，当地存在的信息化发展问题将会更加突出。

（三）　四川藏区的信息需求分析

马斯洛把人的需求分成生理需求、安全需求、归属与爱的需求、尊重需求和自我实现需求五个层次，五种需求由低层次向高层次排列。根据需求层次理论，结合四川省藏区的现实状况，四川藏区群众的信息需求可以分为四个层次（见表4－14）：与个人生存相关的信息需求、与个人安全相关的信息需求、与发展致富相关的信息需求、与特殊文化生活相关的信息需求。在四川藏区信息化发展建设过程中，各个层次的需求都起着不同的作用，每一个需求层次对四川藏区信息状况改善的促进作用都不可忽视。

表4－14　　　　　　　　　　四川藏区信息需求层次

需求层次	相关信息类型	重要性
生存信息需求	国家补助的相关信息、基本的食物与水源供应的相关信息、基本的农业耕作信息等	基础性作用
安全信息需求	公共安全信息、健康安全信息、心理安全信息等	保障性作用
发展致富信息需求	就业支持与培训的相关信息、农业生产服务相关的信息、人才与教育相关信息、科技产业相关信息等	持续推动力
特殊文化生活信息需求	文娱活动信息、讲座类信息、社会活动信息等	精神动力

资料来源：作者自制。

满足个人生存相关的信息需求是四川藏区居民最基本的信息需求。马斯洛认为生理需求是指满足个体生存所必需的一切物质方面的需要，包括水、空气、食物、住房等。生理需求是人最基本、最强烈、最明显的一种需求，当这些需求不能得到满足时，就对人类生存构成了威胁。因此，对于四川藏区居民来说，满足与生存相关的信息需求则显得尤为重要，尤其是在四川藏区居民处于经济较为落后的状态时。与个人生存相关的信息包括国家补助的相关信息、基本的食物与水源供应的相关信息、基本的农业耕作信息等。这类信息需求的满足，是整个藏区居民生活与生产的基础，没有了这类信息，那么信息产业的发展、信息化水平的改善只是空谈。满足个人生存相关的信息，是人们必需的信息，也是刚性需求的信息。

满足与个人安全相关的信息需求是四川藏区建设与发展的保障。马斯洛认为人通过感受器官、效应器官等工具寻求安全，涉及的安全需求包括人身安全、健康保障、家庭安全、职业的稳定、生活有保障等。与个人安全需求相关的信息可以从公共安全信息、健康安全信息、心理安全信息三个层次来讨论。一是公共安全信息，公共安全信息包括与自然灾害相关的信息、与藏区治安管理相关的信息等。四川藏区的自然环境相对较恶劣，气候灾害种类多，发生频率高，范围大，包括干旱、暴雨、洪涝和低温等，并且部分地区处于地震带上，较强的自然灾害防治能力是保障四川藏区安全的重要手段。此外，四川藏区平时也需要良好的治安环境，并且因为地广人稀的特点，对于此地的治安管理更为重要，这就需要政府定时公布治安管理相关的信息，以促进当地的长治久安。二是健康安全信息，健康安全信息包括与社会保障相关的政策信息、医疗保险的相关信息以及与食品和医疗安全保障相关的信息。一方面因为四川藏区的医疗保险体系和社保体系并不能完全解决当地群众的健康需求，另一方面四川藏区的医疗技术相对落后。因此，提供与食品和医疗安全相关的信息是满足四川藏区安全需求的重要手段。三是心理安全信息，心理安全信息主要包括心理问题的预防、纾解、治疗等相关的信息。在四川藏区，尤其应该提供与心理问题的预防相关的信息，使藏区群众对心理问题有着正确的认识，对其进行正确的疏导、治疗，防止出现因为心理问题而影响藏区群众安全生活的现象。

满足与发展致富相关的信息需求是改善四川藏区信息发展状况的持续动力。当四川藏区居民的生存需求和安全需求得到一定的满足后，藏区居民就会考虑自身进一步的发展。与发展致富相关的信息包括就业支持与培训的相关信息、农业生产服务相关的信息、人才与教育相关信息、科技产业相关信息等。与发展致富相关的信息是最直接也是最容易被群众接受的信息，一个地区只有有了自己的经济基础才能真正地改善信息状况，没有经济基础，改善信息状况只是无源之水、无本之木，因此应该大力普及以及提供与藏区群众发展致富相关的信息，在满足藏区群众提高自己生活品质以及改善自己经济状况的需求以后，才能真正解决一个地区的信息化发展问题。

满足特殊文化生活相关的信息需求是建设四川藏区的精神动力。随着四川藏区群众生活的改善，闲暇时间的增加，藏区群众对文化设施和文化活动的需求越来越大，藏区急需促进精神文明建设的文化精神产品和公共产品。虽然四川藏区的部分地区已经建成了图书室、文化活动中心，但是很多图书室设施简陋，文化活动中心名存实亡，不能真正满足藏区群众的精神需求，这说明四川藏区公共文化服务缺乏有效的供给机制。因此，政府应该引进先进的机制，更多地把目光投向藏区、投向藏区群众，多提供他们看得懂、买得起、用得上的文化信息产品，多提供他们乐于参与、便于参与的文化活动的信息资源，真正地做到把藏区群众的信息需求和文化产品的提供结合起来，真正满足藏区群众的文化信息需求。

（四）四川藏区的特殊性分析

四川藏区地处内陆，相对恶劣的自然条件和封闭的地理环境使其居民人口数量具有明显的垂直地带性特征，区域相对贫困与个体相对贫困并存。四川藏区作为青海、四川、云南、甘肃四省藏区的重要组成部分，包含甘孜藏族自治州、阿坝藏区羌族自治州和凉山彝族自治州的木里藏族自治县在内的三个区域，形成了一个集民族地区、革命老区、发展落后地区、地震灾区为一体的集中连片地区，是国家原扶贫开发攻坚战主战场。在特殊的生态环境和人文环境等背景下，"封闭、灾多、贫穷、宗杂、聚少"是四川藏区的特殊典型属性，是四川藏区信息贫困问题的特殊影响因素。

"封闭"指的是四川藏区相对封闭的地理环境以及社会环境。四川藏区位于川西北高原，北接青海、甘肃，西连西藏，南邻云南，东南接四川盆地及川西南山地。其行政区划分为甘孜藏族自治州 18 县、阿坝藏族羌族自治州 13 县和凉山彝族自治州木里藏族自治县，共 32 个县。藏族人口主要聚居在甘孜藏族自治州折多山以西及阿坝藏族羌族自治州的西北部地区，并且人口分布随着海拔高度的递增而递减，随气温的降低而减少，大多集中于河谷平原或小块平坝。区域四边高山峻岭环绕，地跨青藏高原、横断山脉、云贵高原、秦巴山地几大高山，地势西高东低，由西北向东南倾斜。这种多山的地形不仅使得四川藏区与外界沟通极为不便，形成与外界相对隔绝的"小世界"，而且使得四川藏区信息基础设施建设变得极为困难，因而信息基础设施的建设速度以及更新频率也远远低于外界其他地区。

"灾多"指的是四川藏区多灾易灾的自然环境。四川藏区气候寒冷，冬长、基本无夏，生存环境恶劣。气候灾害种类多，发生频率高，范围大，地震、干旱、暴雨、洪涝和低温等经常发生，严重威胁着山地地区广大群众的基本生存条件，比如发生在四川省阿坝藏族羌族自治州的 2008 年汶川地震、2017 年九寨沟地震等都使得藏区居民的生活以及生存受到了严重的影响。

"贫穷"指四川藏区是一般传统意义上的相对贫困地区。虽然随着脱贫攻坚的深入和胜利，四川藏区居民的生活水平有了很大程度的提高，但仍应该认识到，因为环境以及地理位置、社会因素等诸多因素的影响，四川藏区与东部发达地区乃至全国平均水平依旧有着相当程度的差距。特别是工商业发展的滞后使得四川藏区财政十分窘迫，甚至沦为"吃饭财政"，以工业反哺农业、以城市反哺农村的难度很大。经济的相对贫困使得藏区群众对于信息资源的购买能力相对较弱，对于信息的关注程度相对于经济发达地区来说也较低。经济的发展滞缓也使得地方财政无力进行基础设施建设，也无力引进先进的信息技术以及信息人才，这都在一定程度上阻碍了四川藏区的信息产业的发展，不利于当地信息化水平的提升。

"宗杂"的意思是指四川藏区的宗教气氛十分浓厚，藏族群众多信奉藏传佛教，四川藏区藏传佛教教派也较多。宗教不仅对人类的物质文明有着重要的影响，与人类的精神文明也是密切相关的。藏传佛教的普及使得藏区群众对于与宗教相关的信息资源有着一定的需求，可以从这个角度入手，为其提供相应的信息资源，积极引导、加强、巩固藏区群众的信息资源意识。

"聚少"是指四川藏区是一个少数民族聚集的区域。据统计，四川藏区有藏族、汉族、羌族、彝族、回族、纳西族6个世居民族，总人口超过200万人，藏族占本区人口的64%。多民族大杂居小聚居的特点，使得当地的多种民族相互交融，彼此文化相互影响。而因为各民族文化的不同、民族历史的差异、民族心理性格的不同使得各民族对于当地生活生产的信息要求也可能具有一定差异性，因而四川藏区的信息化建设需要多样性、综合性，以满足多民族的信息需求。

二、评价实证分析

（一）确定指标权重

利用前文构建的西南民族地区信息化发展水平评价系统可知，四川藏区信息化发展水平评价指标体系由4大类15项具体指标构成，在利用层次分析法确定相应指标权重时，主要通过评价指标体系中各项具体指标的相互关系，确定各类具体指标的权重。本节通过咨询四川大学、华中科技大学、西藏大学、云南民族大学、西南民族大学等单位的专家学者意见，来获得各级评价指标之间的相对重要程度。根据专家意见，表4-15为信息基础设施、信息产业发展、信息资源状况、信息人才现状所形成的判断矩阵。通过计算得出：$\lambda_{max} = 4.2689$；$CI = 0.0896$；$RI = 0.90$；$CR = 0.0996$。结果显示：$CR = 0.0996 < 0.10$，因此四川藏区信息化评价体系中大类指标的判断矩阵通过一致性检验，判断矩阵具有满意的一致性，进而计算得出其权重（见表4-16）。

表4-15　　　　　　评价指标权重两两判断矩阵

大类指标	（A）	（B）	（C）	（D）
信息基础设施（A）	1	3	3	3
信息产业发展（B）	1/3	1	1	3
信息资源状况（C）	1/3	1	1	5
信息人才现状（D）	1/3	1/3	1/5	1

资料来源：作者自制。

表4－16   大类指标权重

大类指标	指标权重
信息基础设施（A）	0.4724
信息产业发展（B）	0.1991
信息资源状况（C）	0.2408
信息人才现状（D）	0.0877

资料来源：作者自制。

　　同样，大类指标下的二级指标也可以得到判断矩阵，例如信息基础设施主要包括4项二级指标：广播设施覆盖率、电视覆盖率、移动电话普及率、固定电话普及率，因此可以在信息基础设施指标下对这些具体指标赋予相应的权重，根据专家咨询结果构建两两判断矩阵（见表4－17）。对判断矩阵计算得出：$\lambda_{max} = 4.2400$；$CI = 0.0800$；$RI = 0.90$；$CR = 0.0889$。结果显示：$CR = 0.0899 < 0.10$，有关信息基础设施的二级指标判断矩阵通过一致性检验，判断矩阵具有满意的一致性，因而可以确定指标权重值（见表4－18）。基于同样的道理，可以对信息产业发展、信息资源状况、信息人才现状分别进行检验，得出各项指标的一致性检验结果（见表4－19），以及四川藏区信息化发展水平评价指标体系中各项具体指标的权重值（见表4－20）。

表4－17   信息基础设施大类二级指标权重两两判断矩阵

大类指标	（A1）	（A2）	（A3）	（A4）
广播设施覆盖率（A1）	1	3	3	1
电视覆盖率（A2）	1/3	1	1/3	3
移动电话普及率（A3）	1/3	3	1	3
固定电话普及率（A4）	1	1/3	1/3	1

资料来源：作者自制。

表 4 - 18　　　　　　　　信息基础设施大类二级指标权重

信息基础设施（A）	指标权重
广播设施覆盖率（A1）	0.4192
电视覆盖率（A2）	0.1874
移动电话普及率（A3）	0.2913
固定电话普及率（A4）	0.1021

资料来源：作者自制。

表 4 - 19　　　　　　　　一致性检验结果

分类评价指标	λ_{max}	CI	RI	CR	CR 是否 <0.10
信息基础设施（A）	4.2400	0.0800	0.9000	0.0889	CR<0.10
信息产业发展（B）	4.1552	0.0517	0.9000	0.0575	CR<0.10
信息资源状况（C）	3.0387	0.0194	0.5800	0.0344	CR<0.10
信息人才现状（D）	4.1566	0.0522	1.1200	0.0580	CR<0.10

资料来源：作者自制。

表 4 - 20　　　　　　　　各项评价指标的权重值

总目标	一级指标	二级指标	权重
指标评价体系	信息基础设施（0.4724）	广播设施覆盖率（A1）	0.4192
		电视机覆盖率（A2）	0.1874
		移动电话普及率（A3）	0.2913
		固定电话普及率（A4）	0.1021
	信息产业发展（0.1991）	人均信息产业生产总值（B1）	0.3875
		信息产业 GDP 占比（B2）	0.1292
		人均信息消费比重（B3）	0.3042
		互联网接入率（B4）	0.1791
	信息资源状况（0.2408）	人均邮电业务量（C1）	0.1062
		人均报纸、期刊发行量（C2）	0.2605
		人均图书馆藏量（C3）	0.6333

总目标	一级指标	二级指标	权重
指标评价体系	信息人才现状（0.0877）	信息产业人员比例（D1）	0.1615
		教职工比例（D2）	0.4844
		大、中学生比例（D3）	0.2240
		科研人员比例（D4）	0.1301

资料来源：作者自制。

从最终的评价指标权重值来看，四川藏区信息化发展水平各项具体指标的权重赋值大小不一。在信息基础设施中，广播设施覆盖率以及移动电话普及率等指标更为重要，这主要考虑到四川藏区受山高谷深的地理环境的影响，广播、移动电话等对地形状况适应程度要求高的基础设施的权重比较大。而在信息产业发展中，人均信息消费比重、人均信息产业生产总值则更为重要，这是因为其对于信息状况的"正外部性"促进作用更为明显，信息产业一旦发展起来，对于整个区域的信息化发展都具有极大的促进作用。信息资源状况中则是人均图书馆藏书量最为重要，这是考虑在当前四川藏区的社会形势、经济发展状况下，持续性提供报纸等实时性要求较高的信息资源对于四川藏区难度过大，而书籍等含有一定稳定性信息量的载体更适应于目前藏区的发展阶段。信息人才方面，教职工比例和大、中学生比例的权重值比较高，主要是因为当地教育落后，这些指标的提高对于信息化发展问题解决有着重要意义。上述各项指标体系的权重赋值，在很大程度上考虑了四川藏区的特殊情况，能够代表评价对象客观要素的特征范畴和特性要求，具有较高的可接受性。

（二）数据的标准化处理

1. 数据来源

以前文构建的四川藏区信息化发展水平评价指标体系为依据，通过对《中国统计年鉴》《四川省统计年鉴》、国民经济和社会发展统计公报等官方文件的查阅，考虑数据的可获取性问题，主要采用 2014 ~ 2016 年四川藏区、四川省平均水平和全国平均水平的相关数据（见表 4 - 21 至表 4 - 23）。

表 4 – 21   2014 ~ 2016 年四川藏区的指标数据

一级指标	二级指标	四川藏区 2014 年数据	四川藏区 2015 年数据	四川藏区 2016 年数据
信息基础设施	广播设施覆盖率	0.9100	0.9200	0.9400
	电视覆盖率	0.9400	0.9500	0.9700
	移动电话普及率	0.7900	0.7300	0.7200
	固定电话普及率	0.3650	0.34800	0.42500
信息产业发展	人均信息产业国内生产总值（元）	2 588.5600	2 764.6900	2 859.6300
	信息产业 GDP 占比	0.0580	0.0570	0.0320
	人均信息消费比重	0.1110	0.1010	0.1020
	互联网接入率	0.4500	0.5100	0.5900
信息资源状况	人均邮电业务量（元）	705.9200	762.0200	728.8800
	人均报纸、期刊发行量（册）	19.8500	19.0300	18.5800
	人均图书馆藏量（册）	0.4670	0.4290	0.4420
信息人才现状	信息产业人员比例	0.0060	0.0026	0.0057
	教职工比例	0.0038	0.0042	0.0043
	大、中学生比例	0.0650	0.0720	0.0730
	科研人员比例	0.00017	0.00022	0.00025

资料来源：根据《四川省统计年鉴 2014》《四川省统计年鉴 2015》《四川省统计年鉴 2016》《2014 年四川省国民经济和社会发展统计公报》《2015 年四川省国民经济和社会发展统计公报》《2016 年四川省国民经济和社会发展统计公报》等相关资料整理计算。

表 4 – 22   2014 ~ 2016 年四川省平均水平的指标数据

一级指标	二级指标	四川省 2014 年数据	四川省 2015 年数据	四川省 2016 年数据
信息基础设施	广播设施覆盖率	0.9698	0.9704	0.9714
	电视覆盖率	0.9789	0.9807	0.9824
	移动电话普及率	0.7700	0.8200	0.8400
	固定电话普及率	0.4100	0.4000	0.4200

续表

一级指标	二级指标	四川省2014年数据	四川省2015年数据	四川省2016年数据
信息产业发展	人均信息产业国内生产总值（元）	4 615.7600	4 810.9600	4 243.1600
	信息产业 GDP 占比	0.1050	0.1030	0.1060
	人均信息消费比重	0.1750	0.1160	0.0870
	互联网接入率	—	0.2720	0.3170
信息资源状况	人均邮电业务量（元）	950.0400	1 261.7600	1 561.5600
	人均报纸、期刊发行量（册）	21.0300	20.6000	19.8400
	人均图书馆藏量（册）	0.3700	0.3900	0.4100
信息人才现状	信息产业人员比例	0.0060	0.0060	0.0100
	教职工比例	0.0052	0.0051	0.0052
	大、中学生比例	0.1127	0.1094	0.1057
	科研人员比例	0.0014	0.0014	0.0014

资料来源：根据《四川省统计年鉴2014》《四川省统计年鉴2015》《四川省统计年鉴2016》《2014年四川省国民经济和社会发展统计公报》《2015年四川省国民经济和社会发展统计公报》《2016年四川省国民经济和社会发展统计公报》等相关资料整理计算。

表 4 - 23　　　　2014～2016 年全国平均水平的指标数据

一级指标	二级指标	全国2014年数据	全国2015年数据	全国2016年数据
信息基础设施	广播设施覆盖率	0.9779	0.9799	0.9800
	电视覆盖率	0.9840	0.9860	0.9900
	移动电话普及率	0.9000	0.9400	0.9300
	固定电话普及率	0.1960	0.1820	0.4100
信息产业发展	人均信息产业国内生产总值（元）	5 675.4000	6 249.8200	6 664.1400
	信息产业 GDP 占比	0.0750	0.0770	0.0830
	人均信息消费比重	0.2290	0.2350	0.1330
	互联网接入率	0.4540	0.4740	0.5000
信息资源状况	人均邮电业务量（元）	1 354.5900	1 596.2900	2 067.8400
	人均报纸、期刊发行量（册）	35.4500	33.9200	31.2900
	人均图书馆藏量（册）	0.5500	0.5800	0.6100

一级指标	二级指标	全国2014年数据	全国2015年数据	全国2016年数据
信息人才现状	信息产业人员比例	0.0024	0.0025	0.0025
	教职工比例	0.0073	0.0074	0.0092
	中、大学生比例	0.1250	0.1220	0.1290
	科研人员比例	0.0026	0.0027	0.0019

资料来源：根据《中国统计年鉴 2014》《中国统计年鉴 2015》《中国统计年鉴 2016》《中华人民共和国 2014 年国民经济和社会发展统计公报》《中华人民共和国 2015 年国民经济和社会发展统计公报》《中华人民共和国 2016 年国民经济和社会发展统计公报》等相关资料整理计算。

2. 数据处理的标准化方法

四川藏区信息化发展水平评价指标体系是一个复杂的多维体系，由于各评价指标的性质不同，通常具有不同的量纲和数量级。当各指标间的水平相差很大时，如果直接用原始指标值进行分析，就会突出数值较高的指标在综合分析中的作用，相对削弱数值水平较低指标的作用。因此，为了保证结果的可靠性，需要对原始指标数据进行标准化处理，将数据按比例缩放，使之落入一个小的特定区间，去除数据的单位限制，将其转化为无量纲的纯数值，以便不同单位或量级的指标能够进行比较和加权。其中最典型的就是数据的归一化处理，即将数据统一映射到［0，1］区间上，目前数据标准化常见的方法有比例法、min-max 标准化、Log 函数转换、Atan 函数转换、Z-score 标准化、模糊量化法等。本节主要使用比例法对数据进行标准化处理，使结果落到［0，1］区间，转换函数如下：

$$Y_i = \frac{X_i}{\sum_{i=1}^{n} X_i}$$

对序列 X_1，X_2，X_3，…，X_i进行归一化处理之后，形成的新序列 Y_1，Y_2，Y_3，…，Y_i归属于［0，1］且无量纲，完成对数据的标准化处理。

3. 数据的标准化处理结果

在四川藏区信息化评价中，采用比较分析方法，通过对四川藏区与四川省平均水平、四川藏区与全国平均水平的比较，以 4 个大类 15 个指标对四川藏区信息化状况进行综合性的描述，以此得出四川藏区信息化发展水平在比较程度上的分析。本节以 2016 年的数据为基准进行标准化处理（见表 4 - 24）。

表 4 - 24 　　　　　　　　2016 年指标基本数据

一级指标	二级指标	四川藏区	四川省平均水平	全国平均水平
信息基础设施	广播设施覆盖率	0.9400	0.9714	0.9800
	电视覆盖率	0.9655	0.9824	0.9900
	移动电话普及率	0.7170	0.8400	0.9300
	固定电话普及率	0.4250	0.4200	0.4100
信息产业发展	人均信息产业国内生产总值（元）	2 859.6300	4 243.1600	6 664.1400
	信息产业 GDP 占比	0.0320	0.1060	0.0830
	人均信息消费比重	0.1020	0.0870	0.1330
	互联网接入率	0.5900	0.3165	0.5000
信息资源状况	人均邮电业务量（元）	728.8800	1 561.5600	2 067.8400
	人均报纸、期刊发行量（册）	18.5800	19.8400	31.2900
	人均图书馆藏量（册）	0.4420	0.4100	0.6100
信息人才现状	信息产业人员比例	0.0057	0.0100	0.0025
	教职工比例	0.0043	0.0052	0.0092
	大、中学生比例	0.0730	0.1057	0.1290
	科研人员比例	0.00025	0.0014	0.0019

资料来源：根据《四川省统计年鉴 2016》《2016 年四川省国民经济和社会发展统计公报》《中国统计年鉴 2016》《中华人民共和国 2016 年国民经济和社会发展统计公报》等相关资料整理计算。

通过归一化计算公式 $Y_i = \dfrac{X_i}{\sum\limits_{i=1}^{n} X_i}$，对数据进行标准化处理，得出结果（见表 4 - 25）。

表 4 - 25　　　　　　　　　指标数据的标准化处理结果

一级指标	二级指标	四川藏区数据	四川省数据	全国数据
信息基础设施	广播设施覆盖率	0.325	0.336	0.339
	电视覆盖率	0.330	0.333	0.337
	移动电话普及率	0.289	0.337	0.374
	固定电话普及率	0.339	0.335	0.326
信息产业发展	人均信息产业国内生产总值（元）	0.208	0.308	0.484
	信息产业 GDP 占比	0.145	0.480	0.375
	人均信息消费比重	0.317	0.270	0.413
	互联网接入率	0.418	0.227	0.355
信息资源状况	人均邮电业务量（元）	0.167	0.358	0.475
	人均报纸、期刊发行量（册）	0.267	0.285	0.448
	人均图书馆藏量（册）	0.301	0.281	0.418
信息人才现状	信息产业人员比例	0.313	0.549	0.138
	教职工比例	0.230	0.278	0.492
	大、中学生比例	0.237	0.344	0.419
	科研人员比例	0.071	0.394	0.535

资料来源：作者根据《四川省统计年鉴 2016》《2016 年四川省国民经济和社会发展统计公报》《中国统计年鉴 2016》《中华人民共和国 2016 年国民经济和社会发展统计公报》等相关资料整理计算。

三、评价结果讨论

（一）信息基础设施

信息基础设施是指一个地区拥有的光缆、卫星、移动通信等网络设备设施，是一个地区信息化水平发展的基础要素，更是满足一个地区人民群众信息需求必不可少的条件。没有信息基础设施的建设，信息化发展便是"无源之水，无本之木"，一个地区只有大力完善信息基础设施，跟上信息时代步伐，才能有效解决地区信息贫困问题。近三年信息基础设施方面的数据显示，四川藏区、四川省乃至全国都大体呈现出不断优化的趋势。近年来我国在信息基础设施方面的变化幅度相对较小，比如广播设施覆盖率、电视覆盖率近三年的变化幅度都停留在 2% 左右。但也可以发现，在四川省以及全国的移动电话普及率逐年提高的背景下，2016 年四川藏区与四川省平均水平相差达到 10%。尽管如此，信息基础设施的其他指标在具体数值上差距并不大，说明随着我国经济的发展、改革开放力度的加强以及国家加大对西部区域的扶持力度，四川藏区在信息基础设施层面达到了四川省平均水平。

将前文确定的信息基础设施具体指标的权重和标准化处理后的数据进行计算，得到表 4-26。信息基础设施的优化升级是促进信息产业发展、改善区域信息状况必须要实现的过程。四川藏区由于地理、社会等因素，信息基础设施建设时间较晚，建设难度大，建设周期长。在其他区域已经完成信息基础设施建设并进行优化升级的背景下，四川藏区依旧在进行信息基础设施的完善以及改造工作，这在一定程度上加剧了四川藏区的信息贫困问题。结合表 4-21、表 4-22、表 4-23 可以看到，广电设施覆盖率、固定电话普及率上四川藏区与四川平均水平乃至全国平均水平并没有太大的差距。但在"升级性"信息基础设施方面，四川藏区与四川省乃至全国平均水平依旧有极大的差距。例如 2015 年甘孜州政府官方统计显示，当地通有线电视村 349 个，仅占全部行政村的 9.3%，还有 2 000 多个村落没有配备有线电视。这说明信息基础设施的优化升级已经成为解决当前四川藏区信息贫困问题必须要重视的要素。

表 4-26　信息基础设施类指标的计算结果

信息基础设施	权重	四川藏区	四川平均水平	全国平均水平
广播设施覆盖率	0.4192			
电视机覆盖率	0.1874	0.3170	0.3360	0.3470
移动电话普及率	0.2913			
固定电话普及率	0.1021			

资料来源：作者根据《四川省统计年鉴 2016》《2016 年四川省国民经济和社会发展统计公报》《中国统计年鉴 2016》《中华人民共和国 2016 年国民经济和社会发展统计公报》等相关资料整理计算。

（二）信息产业发展

信息产业发展是衡量一个地区信息化发展水平最直接的指标，通过对信息产业的分析，可以在一定程度上考察出当地信息需求是否得到满足以及当地信息资源是否充分得到利用，并且可以直观反映出当地与其他区域的差距所在。将前文确定的信息产业发展具体指标的权重和标准化处理后的数据进行计算，得到表4－27，发现四川藏区信息产业发展落后于四川省平均水平和全国平均水平，自成一个"信息小世界"。四面环山的地形条件，使得四川藏区与外界相对封闭隔离，与外界的沟通极为不便，阻碍着四川藏区信息产业的发展。同时，因为四川藏区信息产业的建设难度大、盈利回收期长，使得信息产业一般以政府或者国企为主导，这种情况下，信息产品的提供便不可避免地带上了公共产品的烙印。

表4－27　　　　　　　　信息产业发展类指标的计算结果

信息产业发展	权重	四川藏区	四川平均水平	全国平均水平
人均信息产业生产总值	0.3875			
信息产业 GDP 占比	0.1292	0.2710	0.3040	0.4250
人均信息消费比重	0.3042			
互联网接入率	0.1791			

资料来源：作者根据《四川省统计年鉴2016》《2016年四川省国民经济和社会发展统计公报》《中国统计年鉴2016》《中华人民共和国2016年国民经济和社会发展统计公报》等相关资料整理计算。

结合表4－21、表4－22、表4－23可以看到，在信息产业发展指标中，四川藏区信息产业 GDP 占比在最近三年时间里呈现出逐渐减小的趋势，而与此同时，四川省以及全国平均水平的数据都呈现出上涨态势。四川藏区2016年的信息产业 GDP 占比只达到其2014年数值的一半，一方面是因为近三年来随着四川藏区交通的优化，旅游产业的发展，基础设施的升级，从第一产业到第三产业的绝对产值都有所提升，而相对更容易在藏区发展的能源产业、重工业的提升速度远远高于信息产业的发展速度。另一方面，信息产业是知识密集型产业，信息产业的发展与当地的信息基础设施建设、信息人才培养，信息技术水平提高密切相关，而这些都无法在短时间内完善优化。因为四川藏区特殊的地理位置，严寒的气候使得其与外界信息产业的交流较为困难，而信息产业的发展是一个循环渐进，互相交流的过程，交流的困难使得藏区无法及时拥有外界最新的信息产业发展技术，也无法得到最新的信息资讯，这都进一步使得藏区信息产业的发展落后于外界其他区域。

从比较的情况来看，在人均信息产业国内生产总值方面，四川藏区大约为全国平均水平的一半；而在信息产业 GDP 占比指标方面，四川省平均水平、全国平均水平更是四川藏区的三倍左右，这都说明了四川藏区的信息产业发展规模远远落后于四川平均水平，是四川省信息产业发展的"相对真空区"。尽管四川藏区互联网接入率达到了全国平均水平，但部分州县依旧处于较低水平，以四川甘孜藏族自治州为例，甘孜州拥有 2 679 个行政村，而互联网接入的村仅有 458 个。

（三）信息资源状况

信息资源是指人类社会信息活动中积累起来的以信息内容为核心的各类要素集合，因此信息资源的丰裕程度反映了当地的信息化发展状况，是评价一个地区信息化发展水平的关键指标之一。将前文确定的信息资源状况具体指标的权重和标准化处理后的数据进行计算，得到表 4-28，发现四川藏区信息资源状况与四川省平均水平基本持平，但远落后于全国平均水平。

表 4-28　　　　　　　　信息资源状况类指标的计算结果

信息资源状况	权重	四川藏区	四川平均水平	全国平均水平
人均邮电业务量	0.1062			
人均报纸、期刊发行量	0.2605	0.2800	0.2900	0.4300
人均图书馆藏量	0.6333			

资料来源：作者根据《四川省统计年鉴 2016》《2016 年四川省国民经济和社会发展统计公报》《中国统计年鉴 2016》《中华人民共和国 2016 年国民经济和社会发展统计公报》等相关资料整理计算。

结合表 4-21、表 4-22、表 4-23 可以发现，在信息资源状况的 3 个二级指标中，四川藏区人均报纸、期刊发行量以及人均图书馆藏量两个指标虽然与全国水平相比依旧具有一定的差距，但几乎已经达到了四川省平均水平，一定程度上说明四川藏区公共信息资源的供给基本可以满足藏区群众的需求。但在人均邮电业务量这个相对个人化的指标中，四川藏区与四川省平均水平、全国平均水平仍具有极大的差距，这主要源于四川藏区的地理环境。在人均邮电业务量这个指标上，2014 年四川省平均水平是四川藏区的 1.3 倍，到 2016 年则扩大为 2.15 倍，而四川藏区与全国平均水平相比，差距更是从不到 2 倍扩大到了将近 3 倍，说明提升四川藏区的信息资源状况，还需要努力提升个人的信息消费能力。

四川藏区人均邮电业务量为全国平均水平的 40% 左右，人均图书馆藏书量、人均报纸、期刊发行量也远远低于全国平均水平。信息的基础接受途径——图书、报刊、邮电业务的落后，说明了当前信息资源对于四川藏区来说依旧具有一定的稀缺性，需求与供给之间存在着一定的不平衡。

（四）信息人才现状

信息人才现状在一定程度上反映了一个区域信息化发展水平。将前文确定的信息人才现状具体指标的权重和标准化处理后的数据进行计算，得到表 4 - 29，发现四川藏区信息人才现状不仅落后于四川省平均水平，更是远远落后于全国平均水平。信息产业是知识密集型产业，信息人才的发展状况，对信息产业的发展具有重要影响。

表 4 - 29　　　　　　信息人才现状类指标的计算结果

信息人才现状	权重	四川藏区	四川平均水平	全国平均水平
信息产业人员比例	0.1615			
教职工比例	0.4844			
大、中学生比例	0.2240	0.2240	0.3520	0.4240
科研人员比例	0.1302			

资料来源：作者根据《四川省统计年鉴 2016》《2016 年四川省国民经济和社会发展统计公报》《中国统计年鉴 2016》《中华人民共和国 2016 年国民经济和社会发展统计公报》等相关资料整理计算。

结合表 4 - 21、表 4 - 22、表 4 - 23 可以发现，在信息人才现状的 4 个二级指标中，可以看到，在信息产业人员比例、教职工比例及大、中学生比例、科研人员比例等方面，四川藏区的发展水平具体数值远远落后于全国平均水平。例如在科研人员比例这个指标上，四川省的平均水平是四川藏区的近 5 倍，全国平均水平更是四川藏区的近 8 倍，这固然有部分原因

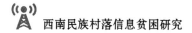

是四川藏区产业结构以第一产业、第二产业为主，科研人数相对较少，但另一方面也看到了藏区科研人才少，不容易培养出人才，培养出来留不住，留住了发挥不了作用的信息人才发展困境。一个地区的科研人才对第三产业以及第二产业发展起着导航性的引领作用，科研人才这样大幅度的落后，对于四川藏区信息产业的发展必然有着阻碍作用。

（五）总体评价

将确定的四川藏区信息化发展水平评价一级大类的信息基础设施、信息产业发展、信息资源状况和信息人才现状的权重和标准化处理后的数据进行计算，得到表4-30。从结果中可以发现，四川藏区综合得分相比四川省平均水平略有差距，但比起全国平均水平，则有较大差距。

表4-30　　　　　　　　　　　总体评价计算结果

四川藏区	0.291
四川平均水平	0.320
全国平均水平	0.390

资料来源：作者根据《四川省统计年鉴2016》《2016年四川省国民经济和社会发展统计公报》《中国统计年鉴2016》《中华人民共和国2016年国民经济和社会发展统计公报》等相关资料整理计算。

从各项分析结果来看，可以看出，四川藏区信息化发展水平的落后主要表现在信息产业发展和信息人才状况两个方面，而这两个方面是生产要素中最活跃的要素，对于促进当地的经济社会发展具有重要的作用。在信息基础设施和信息资源状况方面，四川藏区的发展水平较为接近四川平均水平，但低于全国平均水平。

四、存在的障碍分析

（一）自然环境特殊，多灾易灾的地理条件

（1）山高谷深、沟壑纵横的地形地势。四川藏区地处长江、黄河源头区，沟壑纵横，落差大，较大的支流有570条。地势从西北向东南倾斜，

地形以山地为主，山地面积占总面积的93%。其中，又以海拔1 500～3 000米的中低山地为主，占山地面积的96%，高山峡谷地貌造成地形险峻，为信息基础设施建设带来不便。设备材料的运输、长途光缆的铺设以及设备投入运用等都比一般城市或地貌较为平缓的地区更加困难，严重阻碍信息基础设施的安装、通信和维护。而且因为地形带来的"自我封闭"，使得四川藏区容易形成"小世界"，设备的更新和改造也远远落后于其他地区。

（2）恶劣寒冷的气候环境。四川藏区地跨青藏高原横断山脉、云贵高原、秦巴山地几大高山，气候寒冷、冬长、基本无夏，生存环境恶劣贫寒，年平均气温常年在0摄氏度以下。且藏区大部分地区为高原气候，年平均气温低、无霜期短、干旱少雨、土壤贫瘠，使得整个藏区呈现恶劣严寒、多风多雪、冬长无夏、干旱少雨的气候特色。恶劣的气候使得藏区常处于"大雪封城"的局面，信息基础设施无法施工，而且因为贫寒的气候状况，对建设信息基础设施的技术要求极端严苛，施工难度、施工强度、施工风险远远大于其他区域，这就进一步加剧了四川藏区的信息贫困状况。

（3）脆弱的生态环境。四川藏区是长江、黄河上游重要的水源涵养地，其生态环境直接影响国家生态安全。位于四川藏族羌族阿坝州境内的若尔盖湿地，是我国规模最大的高原泥炭沼泽区，在减少二氧化碳排放、应对气候变化方面发挥了重要作用。但由于近年来藏区的超载放牧、过度开发矿产、基础设施建设、旅游开发等原因，当地草地退化、土地沙化、泥炭湿地严重退化，导致生态环境脆弱，不利于当地信息基础设施建设和信息产业的发展。

（4）多灾、易灾的地理特点。四川藏区地处环四川地震带，灾害种类众多（地震、干旱、暴雨、洪涝和低温等），其灾害的发生具有范围大、频率高、程度强的特点，严重威胁着山地地区广大群众的基本生存条件。四川藏区脆弱多灾的自然环境使得建设信息基础设施的技术要求非常严苛，并且施工周期远远长于外界其他区域，这就更进一步阻碍了四川藏区信息产业的发展以及信息基础设施建设。

（二）经济能力落后，发展动力不足

（1）相对贫困的经济状况。四川藏区是一个集民族地区、革命老区、经济落后地区、地震灾区、生态敏感区为一体的集中连片地区。以四川藏区的甘孜州为例，2015 年城镇居民人均可支配收入 24 978 元，农村居民人均可支配收入仅为 8 408 元，两者差距悬殊，全州农民纯收入更是远远低于全国人均水平。在拮据的经济状况下，解决基本的民生问题后，居民缺乏对教育、医疗、通信等的支付能力，从而制约着本地居民对各类信息服务的消费，也进一步束缚着居民的信息需求。

（2）"三低"的人才状况。落后的经济条件不利于四川藏区人才培养和引进。工资低、生活配套低、工作上升空间低所形成的"三低"条件，对人才的吸引效果不佳，从而导致四川藏区"人才素质低、人才引进率低、人才留用率低"的人才状况，限制了当地的信息化水平提升。

（3）信息产业基础薄弱。四川藏区因为历史、社会、地理等方面的原因，工业发展起步较晚，工业基础薄弱，以旅游业、矿业为代表的第二产业、第三产业对于提升藏区的信息化水平作用十分有限。而信息产业、信息经济因为当地的工业基础薄弱、人才素质较低、施工难度大、盈利周期长，发展十分缓慢，导致了四川藏区的信息产业主要是国有企业主导的公共产品供给模式，这在一定程度上不利于四川藏区的信息化发展。

（三）教育观念落后，资源供给不足

（1）教育观念落后。习近平总书记强调"扶贫先扶志，扶贫必扶智"，而"志智双扶"核心在于教育贫困群众改变传统观念，树立教育意识，实现自我发展。信息贫困与教育落后往往具有共生关系，表面上看是物质性、政策性贫困，但其根源在于缺乏改变贫困现状的意识、知识和手段。为实现教育普及，国家对四川藏区已全面实施从学前教育开始直至普通高中的免费教育，虽然入学率有所升高，但仍然存在边远地区孩童不上学现象，呈现读书无用、种地放牧挣钱才重要、教育靠老师的落后教育观。

（2）教育资源不足。四川藏区教育发展滞后，师资力量薄弱，人均受教育年限 6.4 年，比全省低 2.5 年，比西藏低 1.5 年。[①] 导致藏区文盲率水平居高不下的主要原因之一就是师资力量的薄弱，师资作为教育中的主体力量，是学生与社会联系的人形纽带，在信息传播中有着举足轻重的作用。比如甘孜州当地农村人口占总人口 85%，藏民占 78.9%，但生活环

---

① 廖桂蓉. 四川藏区贫困状况及脱贫障碍分析 [J]. 农村经济，2014（1）：53－55.

境相对封闭，再加上语言沟通理解障碍，以及当地居民文化程度普遍偏低，使得他们对信息知识和技术了解甚少，只得依靠相对原始落后的方法获取信息。在以藏民为主体的民族地区，对民族文化有深刻认知、能融合藏汉语言进行熟练教学的专业教师成为关键，而现实却是这样的"双语"老师在全国少之又少，这也在一定程度上制约着当地的教育水平，影响着当地的信息化水平。

（3）教育资源的不匹配。四川部分藏区同胞只会说藏语、写藏文，但因为地区性的藏语学校数量较少，民族文化课程设置不多，使得当地的部分藏族同胞更愿意在家学习本民族的文化、文字，进而影响了受教育水平。

第五章

西南民族村落信息贫困的定量研究

第一节　研究思路与方法

一、定量研究思路

为测量小世界生活情境对西南民族村落信息贫困的影响，本章首先根据已有相关研究和理论，假设小世界生活情境各要素与信息贫困的关系，构建小世界生活情境对西南民族村落信息贫困影响研究模型。再利用问卷调查法对居住在西南民族村落中的少数民族群体进行考察以收集数据资料。

在问卷设计阶段，本章借鉴了领域相近量表和理论研究（例如于良芝等人构建的《个人信息世界量表》、农业农村部编制的《县域农业农村信息化发展状况调查问卷》等），并结合研究团队前期对四川省凉山彝族自治州、四川省甘孜藏族自治州等地村落的田野调查，构建出小世界生活情境对西南民族村落信息贫困影响调查问卷。在问卷大规模发放前，课题组成员咨询了领域相关专家的意见并进行小规模预调研，之后，根据预调研信度和效度分析的结果对问卷进行修正。在正式调研阶段，分别针对四川、云南、贵州、重庆、西藏三省一市一自治区展开随机抽样，以确保样本来源的广泛性和代表性。

正式调研完成后，本章对调查问卷进行清洗、编码及数据化处理，并应用偏最小二乘法结构方程模型（Partial Least Squares-Structural equation modeling，PLS-SEM）对收集到的数据进行分析，检验研究假设及其模型。之所以选择偏最小二乘法结构方程模型是因为其样本不需要服从正态分布

（即适用于数据呈现非正态分布的情况），不需要考虑残差的统计分布，对于具有复杂关系的模型有着较好的解释性，[①] 可以克服变量相关性的影响，具有较强的预测和解释能力。[②]

二、定量研究方法

根据研究技术思路中的要求，本章将重点采用如下问卷调查法、偏最小二乘法结构方程模型这两种研究方法。

（1）问卷调查法。问卷调查法是利用问卷以理解研究对象情况、调查研究对象态度倾向、收集征询研究对象意见等的研究方法。问卷调查法是目前使用最广泛的研究方法之一，在本章中，问卷调查法被用来收集研究所需的数据。

（2）偏最小二乘法结构方程模型。目前主要有三类方法用来研究变量关系，一是适用于单个因变量的普通回归分析，例如采用 SPSS、SAS 进行分析；二是基于协方差结构的结构方程模型，例如 Lisrel、Amos、MPlus、EQS 等，可同时处理多个因变量，对数据样本量有较高要求，且要求数据需要服从正态分布；三是偏最小二乘法结构方程模型。[③] PLS 结构方程模型又称偏最小二乘法或 PLS 路径建模，[④] 由 Wold 于 1983 年提出，是最小二乘法的拓展，旨在提供因果关系的解释，是一种成熟的解决多重共线性问题的方法，被广泛应用于多个社会科学领域。[⑤]

---

① 刘健，毕强，晃亚男．用户情境与数字图书馆情境关系模型构建与实证研究 ［J］．情报理论与实践，2015，38（9）：20－25.

② 李博．基于用户满意度的高校网站信息公开绩效评价研究 ［D］．哈尔滨：黑龙江大学，2013.

③ 耿瑞利，申静．社交网络群组用户知识共享行为动机研究：以 Facebook Group 和微信群为例 ［J］．情报学报，2018，37（10）：1022－1033.

④ Sarstedt M, Cheah J H. Partial least squares structural equation modeling using Smart PLS: A software review ［J］. Journal of Marketing Analytics, 2019, 7（3）: 196－202.

⑤ Hair J F, Risher J J, Sarstedt M, Ringle C M. When to use and how to report the results of PLS-SEM ［J］. European Business Review, 2019, 31（1）: 2－14.

第二节 研究模型构建

20 世纪 90 年代，信息行为研究开始转向更广阔的生活情境视野，有关学者强调信息行为情境相关性的重要性，[1] 认为"情境是所有信息行为的出发点和落脚点，也是人们信息行为的依据和指南"。[2] 在此背景下学者们研究了信息接受情境对用户信息行为的作用机理，[3] 或总结了从情境出发的信息搜寻与信息搜索研究，[4] 或对个人－学习、个人－健康以及组织－工作三种情境下的信息行为研究进行了探讨。[5] 情境既与信息行为有关，那么情境也会作用于信息充裕或贫困。

在前一章的研究基础中，小世界生活情境被界定为"共同居住在清晰界定地理空间中的社会群体，由他们所拥有的共同观念、规范、语言、风俗等生活要素形成的场景和生态"，结合西南民族地区实际情况且考虑到问卷调查量化研究的特点，可将这一概念进一步提炼为外界情境、社会关系、个体情境和个体社会交往模式四个范畴。其中，外界情境强调立足于宏观视野看民族村落所处的空间物理位置及信息化发展程度，由自然地理位置和社会信息资产构成。社会关系是中观层面上群体内部共同承认的标准性的规章、制度、行为规范、文化信仰等，可概括为社群规范和社群信仰两个方面。个体情境和个体社会交往模式强调个体这一微观层面的角色，前者强调从个人视野出发理解信息行为，包括个体教育文化水平与心理情感因素（个体知识水平和个体社会心理），后者可理解为由社会关系及个体情境共同塑造的个人的信息实践与行

---

① 迪莉娅. 西方信息行为认知方法研究 [J]. 中国图书馆学报，2011，37（2）：97-104.

② 张爱霞，张新民，罗卫东. 信息查寻与信息检索的整合研究——对 IS&R 集成研究框架的评述 [J]. 图书情报工作，2007（10）：10-12，55.

③ 王福. 移动图书馆信息接受情境对用户信息行为的作用机理研究 [J]. 国家图书馆学刊，2018，27（1）：19-30.

④ 李月琳，胡玲玲. 基于环境与情境的信息搜寻与搜索 [J]. 情报科学，2012，30（1）：110-114.

⑤ 赵海平，邓胜利. 不同情境下的信息行为研究——从 ISIC2016、ASIS&T2016、iConference 2017 会议看信息行为研究前沿 [J]. 情报资料工作，2018（6）：52-59.

为。结合已有理论及研究，此节将详细论述小世界生活情境各范畴对信息贫困的影响作用，进而构建出小世界生活情境对西南民族村落信息贫困的影响模型。

一、外界情境与信息贫困

20 世纪 80 年代以来，随着欧洲一体化进程的推进，社会排斥理论在国外快速发展，如英格兰的社会排斥小组（England's Social Exclusion Unit）将社会排斥定义为人们在遭受诸如失业、技能差、收入低、住房条件差、犯罪率高、健康状况差、家庭破裂等一系列相关问题的综合影响时的简称。[1] 再例如达菲（Duffy, 2008）认为社会排斥包括了物质贫困，不能有效参与经济、社会、政治、文化生活，以及在某些特征上与主流社会的异化。社会排斥理论引入中国后，国内学者将社会排斥定义为个人因为收入、技能、疾病等被排除在社会主流群体所享受的服务以及机会之外，认为在这个平面化的社会，有的人处于社会中心，而另外一些人则处于边缘。[2] 尽管定义各异，社会排斥论无疑是研究贫困问题最重要的理论范式之一，其核心思想是捕捉贫困的复杂性，[3] 认为贫困是在多维社会排斥（如生理、物质、社会参与）下产生的。随着信息时代的到来，社会排斥理论将信息纳入考察范围之中，认为被排斥的群体是无法获取信息的，[4] 而这也预示着可从西南少数民族与主流社会的异化出发思考其信息贫困的成因。

外界情境关注的是民族村落在整体社会环境背景下的角色，包含了自然地理环境和社会信息资产两个要素。其中，自然地理位置指的是某一自然要素与其他要素间的相对空间关系，[5] 在此特指西南民族村落在物理空

---

① Mathieson J et al. Social exclusion meaning, measurement and experience and links to health inequalities: A review of literature [EB/OL]. https://www.who.int/social_determinants/media/sekn_meaning_measurement_experience_2008.pdf. pdf.

② 于良芝，刘亚. 结构与主体能动性：信息不平等研究的理论分野及整体性研究的必要 [J]. 中国图书馆学报，2010（1）：6-21.

③ Muddiman D. Theories of social exclusion and the public library [EB/OL]. https://core.ac.uk/download/pdf/11879329.pdf.

④ Caidi N, Allard D. Social inclusion of newcomers to Canada: An information problem [J]. Library Information Science Research, 2005（27）：302-324.

⑤ 张萌萌，蔚东英. 认识"地理位置"——基于多尺度、多视角和多时段的方法 [J]. 地理教育，2014（11）：9-11.

间上所处的位置。费舍尔（Fisher，2006）的信息场理论（information ground）指出人类行为所涉及的物理场所与人们信息交流的产生密切相关，地理位置与交通不仅影响人们的生产生活，还影响着他们与外部世界的信息交流。详细来说，居住在大都市的人更愿意进行网络交流，[①] 而居住在偏远地方的人却很难获得自己需要的信息。[②] 对于那些偏远地区的人来说，交通限制会增加其信息获取成本，使得他们不愿意从事信息活动。维拉加（Velaga，2012）强调数字贫困与交通贫困紧密相连，这些数字贫困人群在交通可及性和便利性上往往也处于劣势，熊敏等人（2018）指出交通的不便利会减少乡村与外界联系的机会进而导致信息获取不足。但是，也有研究发现有着优越自然地理位置条件的人亦有可能为信息贫困所桎梏，例如介于农民群体与市民群体中的新市民往往已经完成地理位置的迁移，但仍处于信息贫困之中，并呈现"自贫困"与"被贫困"并存的特征。[③] 为了检验自然地理位置是否会影响信息贫困，本章初步假设自然地理位置越偏远的地方，其信息贫困程度可能会越深。

广义上讲，信息资产指的是信息本身及与其密切相关的一切要素，[④] 本章在此基础上将西南民族村落所拥有的信息资源、信息基础设施、信息服务统称为社会信息资产，而这些社会信息资产决定了他们处于信息优势或信息劣势。足量的信息资产具有无可比拟的好处，例如，加布等人（Gabe et al.，2002）指出向农村地区提供信息基础设施可以帮助他们克服地理位置以及收入上的劣势，为他们带来更多的教育机会，提高农业产量。类似研究还有赫斯伯格（2003）发现信息作为一种资源，一旦被获取，就可以改善身体健康、心理健康以及生活满意度，哈吉泰等（2008）发现有更丰富资源背景的人更会愿意利用网络改善自己的生活状况。但事实上并非所有的人都能接触到足够的信息资产：赵奇钊（2009）等人发现我国偏远山区信息贫困的主要表现之一就是公共信息产品严重不足；马莱

① Beckjord E B，Finney Rutten L J，Squiers L et al. Use of the internet to communicate with health care providers in the United States：Estimates from the 2003 and 2005 health information national trends surveys（hints）[J]. Journal of Medical Internet Research，2007，9（3）：e20.

② Chen R S，Liu I F. Research on the effectiveness of information technology in reducing the rural-urban knowledge divide [J]. Computers & Education，2013（63）：437 – 445.

③ 孙红蕾，钱鹏，郑建明. 信息生态视域下新市民信息贫困成因及应对策略 [J]. 图书与情报，2016（1）：23 – 28.

④ 吴品才. 档案信息风险评估若干问题研究 [J]. 浙江档案，2013（11）：14 – 16.

基（Malecki，2003）强调美国农村地区信息基础设施建设落后；布鲁克斯（Brooks，2005）也指出面对日益严重的发达国家与发展中国家间的数字鸿沟，需要对发展中国家提供更广泛的信息资源支持；莫斯伯格（Mossberger，2006）发现少数民族聚居区内部无力提供信息服务，致使当地居民处于信息贫困之中。从以上研究可以推断群体所接触的信息资产越少，越容易成为数字鸿沟中的弱势一方，信息贫困程度越深，因此，本章提出如下假设：

H1a：自然地理位置对信息贫困有着显著正向影响；

H1b：社会信息资产对信息贫困有着显著正向影响。

二、社会关系与信息贫困

社会关系是一个社会整体性、制度性的安排或因素，是人们在生产、生活长期重复博弈后自然形成的制度、约定、文化传统、精神信仰等。在本章中，社会关系被定义为西南民族村落内部制度化或非制度化的规章、规范、精神信仰等，包含社群规范和社群信仰两方面。社群规范是对社会表象的对错感知，对社会活动的适当性和正确性提供普遍接受的理解。查特曼（1996）在小世界理论形成过程中将局内人世界定义为一个不向外部人寻求信息和建议的世界，也是一个规范和道德观念定义什么是重要而什么是不重要的世界。这说明信息的交流、传播、使用都会受社群规范的影响，因此，可以假设社群规范显著影响着信息贫困。

美国人类学家奥斯卡·路易斯（Oscar Lewis）在研究墨西哥城市底层群众的过程中提出了贫困文化理论。路易斯认为穷人因贫困而在生活、居住、饮食等方面与其他阶级人口具有一定的差异，并最终形成了自己特有的生活方式。穷人这一特有的生活方式促进了群体内部的集体性互动行为，使得他们脱离社会主流文化，与其他人在社会生活中产生了一定的距离，表现出一种贫困的亚文化特征（Gajdosikienë，2004）。贫困文化理论强调的是长期处于贫困之中的人们拥有自己独特的文化观念、心理情感、价值观念、风俗习惯、生活方式，且这些观念与方式会不断内部固化，具有封闭性和代际传递性。例如，有研究在调查西部农村地区数字化贫困形成原因时发现数字化贫困群体内部成员受到家庭、邻居、社会信念、社会风俗的直接影响。① 基于以上考虑，本章提出如下假设：

H2a：社群规范对信息贫困有着显著正向影响；

H2b：社群信仰对信息贫困有着显著正向影响。

三、个体情境与信息贫困

外界信息即使能够进入个人生活的世界，也未必能进入个人的信息视野。② 个体情境强调的是个人在小世界生活情境中的作用，认为由于知识水平和社会心理的影响，每个个体均会构建出自身的信息边界。在信息贫困成因研究中，不乏对这两个要素的讨论。有研究指出个人信息处理能力和态度决定了他们成为信息富人或信息穷人（Childers and Thomas，1975）。孙贵珍等（2011）强调信息意识主动性的缺乏和较低信息能力的综合作用严重阻碍了农民信息需求的认识和表达，造成了农村地区的信息贫困。维斯瓦纳特等（Viswanath et al.，1996）认为信息富人和信息穷人间的信息鸿沟会持久存在，信息富人可以意识到信息的价值和力量而不断去获得新信息，相反，信息穷人则缺乏获取新信息的兴趣或知识。

个体知识水平指个人在信息活动上可以达到的智力和知识水平，即在特定时间点上个人已经获得的认知技能的总和。③ 已有研究发现，认知技能的缺乏，包括信息检索、判断、创新能力的不足都会导致信息贫困。④ 个体社会心理强调的是个人受到自身生活环境的影响而形成的社会交往时的情感、态度和倾向。格林伯格等（Greenberg et al.，1970）发现穷人往往具有强烈的社会疏离感和自卑感，不相信自己有做出成就的能力，而这些态度无一不影响着穷人获取信息。孙红蕾等（2016）在对新市民信息贫

① 方志，黄荔. 西部地区农村居民数字化贫困归因分析——基于陕西省农村地区调查以及相关数据 [J]. 图书馆理论与实践，2019（9）：27–33.

② 于良芝. "个人信息世界"——一个信息不平等概念的发现及阐释 [J]. 中国图书馆学报，2013，39（1）：4–12.

③ Prins F J, Veenman M V J, Elshout J J. The impact of intellectual ability and metacognition on learning: New support for the threshold of problematicity theory [J]. Learning and Instruction，2006，16（4）：374–387.

④ 丁建军，赵奇钊. 农村信息贫困的成因与减贫对策——以武陵山片区为例 [J]. 图书情报工作，2014，58（2）：75–78. // 刘亚. 将青少年纳入信息贫困研究视野：来自青少年信息行为研究的证据 [J]. 中国图书馆学报，2012，38（4）：12–20.

困成因进行分析时指出，新市民群体能动性和自主性较差，文化主体意识淡薄，参与意识淡薄，加之能力有限，导致了"自边缘化"和"自愿隔离"，从而导致自身处于信息贫困中。类似心理现象在信息穷人之中相对普遍，这些人往往安于现状、缺乏开拓精神、以宿命论看待世界，缺乏获取信息的愿望、动机和信心，害怕在信息获取和利用过程中受到伤害。在以上理论支持下，本章提出如下假设：

H3a：个体知识水平对信息贫困有着显著正向影响；

H3b：个体社会心理对信息贫困有着显著正向影响。

四、个体社会交往模式的中介作用

社会学理论认为，社会中的各个群体由于其内部成员存在着某些共同的利益，因此会产生群体意识，进而导致群体性行为的产生，[①] 这种由自身所处生活情境所塑造的行为被称为个体社会交往模式。查特曼在自己的多项研究中逐渐发现，信息贫困者寻找信息时面临的障碍与其所生活的脆弱的社会环境有关，她因此提出了信息贫困理论。这一理论包含六个理论命题，分别是：（1）被定义为信息穷人的人认为没有任何可以帮助到自己的资源；（2）信息贫困部分上与阶级分化有关，也就是说，信息贫困受到那些享有信息特权的人的影响；（3）信息贫困是由用来回应社会规范的自我保护行为决定的；（4）（信息穷人的）隐秘和欺骗行为是一种自我保护机制，因为他们不相信其他人愿意且能够带来有效信息；（5）信息穷人如果感知到暴露自己的问题会带来更多弊端的话，他们是不会冒险做出这一行为的；（6）新知识会被选择性引入穷人的信息世界，这一过程的影响因素之一就是信息能否回应日常问题。[②] 信息贫困理论是从社会规范和文化特征角度解释信息贫困现象的理论，[③] 勾勒出社会规范、个体社会交往模式、信息贫困的内在联系，认为社会规范影响个体社会交往模式，规定着

---

① 毕天云. 论社会冲突的根源 [J]. 云南师范大学学报（哲学社会科学版），2000（5）：5 – 8.

② Chatman E A. The impoverished lifeworld of outsiders [J]. Journal of the American Society for Information Science, 1996, 47 (3): 193 – 206.

③ 于良芝，刘亚. 结构与主体能动性：信息不平等研究的理论分野及整体性研究的必要 [J]. 中国图书馆学报，2010（1）：6 – 21.

内部成员的信息需求、信息获取、信息价值判断以及信息实践等，而被规范了的个体社会交往模式又影响着人们对信息的接受。因此，本章提出如下假设：

H4a：个体社会交往模式在社群规范与信息贫困间有着部分中介作用。

如贫困文化理论所述，贫困地区内部有着独特的精神信仰，在这些信仰影响下，人们会不断调整自己的社会交往模式。查特曼（1987）在对低技能工人信息行为的研究中发现，这些工人中一半以上的人将圣经作为信息来源，而对圣经内容的理解通常是由神职人员来解释的。有学者发现宗教影响着人们的生产和消费行为，[①] 在精神信仰的影响下，人们的信息行为会被局限在小范围的人际网络之中，而这种受限的人际网络带来的却是信息贫困。格兰诺维特（Granovetter，1973）认为相比于亲朋好友间的"强联系"（strong ties），社会生活中的绝大多数信息流发生在与陌生人间的"弱联系"（weak ties）上，这些"弱联系"让人们可以得到并传播原本社会圈子内部不太可能获取的信息和资源。这一理论之后被科泽（Coser，1975）验证，[②] 确定了"弱联系"在人们信息的获取上具有非比寻常的优势。但尽管如此，格兰诺维特（1983）发现某些人群（尤其是弱势群体）在可以接触的"弱联系"过少的情况下还是会倾向于选择"强联系"。但这种高度依赖于"强联系"社会网络的群体难免天然处于信息劣势。一方面，这些人往往通过忽略非内部创造的信息而加剧了自身的信息贫困。[③] 郭蕾等（2019）对农村地区扶贫情况进行调查时发现贫困地区的农民更倾向于通过人际关系获取的信息，而对扶贫工作者提供的信息大多视而不见。另一方面，这种"强联系"下的信息质量得不到保障。赫斯伯格（2001）在调查无家可归者的父母的日常信息需求和信息源时发现这些人的日常信息主要通过由亲戚朋友组成的社会网络口口相传，但这个过程中的信息经常是不完整的，从而导致他们常常需要额外支出一些不必要的费用。[④] 基于此，本章提出如下假设：

---

① 杨栋会. 西南少数民族地区农村收入差距和贫困研究 [D]. 北京：中国农业科学院，2009.

② Coser R L. The complexity of roles as a seedbed of individual autonomy [M]. New York：Harcourt, Brace, Jovanovich, 1975：237 – 263.

③ Chatman E A. The impoverished lifeworld of outsiders [J]. Journal of the American Society for Information Science, 1996, 47（3）：193 – 206.

④ Nisha M, Abhraneel S. Elevate：ensuring access to food for homeless populations [EB/OL]. https：//nishamohan. com/elevate-ensuring-access-to-food-for-the-homeless.

H4b：个体社会交往模式在社群信仰与信息贫困间有着部分中介作用。

在信息行为领域，已有研究发现知识变量（用户知识水平）及情感变量（心理因素）会影响用户信息行为。[①] 一方面，人们会根据自身已有知识水平发现自身信息需求，进而寻找信息获取的方式方法，换句话说，信息行为的产生是个体知识水平被激活和不断构建的过程。知识水平不同导致人们实际上可以获取的信息源的差异，进而又产生信息实践活动的差异。[②] 在知识水平高的地区，人们信息行为更加活跃，信息利用效果也会更加显著。因此，可以认为个体知识水平会影响个体社会交往模式，进而又决定着信息贫困的程度。基于此，本章提出如下假设：

H5a：个体社会交往模式在个体知识水平与信息贫困间有着部分中介作用。

另一方面，积极和消极的心理状态会对人们的行为产生截然不同的影响。在积极的心态影响下，人们会主动公开自己的信息需求，寻找解决问题的方法。相反，有着消极心理状态的人往往选择逃避、隐瞒等行为，他们不相信别人可以为自己提供有用的信息，不希望暴露自己的真正需求。克伦普（Crump，2003）发现那些拥有互联网访问权的人，因缺乏兴趣、不愿参与使用互联网，进而导致自身处于信息贫困中。福克斯等（Fox et al.，2018）发现老年人会因为不信任、感知到高风险以及对隐私的关注而不愿意使用移动设备，进而导致了基于年龄的数字鸿沟出现。因此，本章提出如下假设：

H5b：个体社会交往模式在个体社会心理与信息贫困间有着部分中介作用。

综上所述，整合已有理论及文献研究，可以推测社会情境、社会关系、个体情境都会对信息贫困产生直接作用，且社会关系和个体情境对信息贫困的影响还受到个体社会交往模式的部分中介作用影响，因此，本章共提出 10 条假设（见表 5-1）。

---

① 章小童，李月琳. 大学生学习型团队信息搜寻行为影响因素探究——以大学生数学建模团队为例［J］. 图书情报工作，2018，62（5）：54-67.

② 于良芝. 个人信息世界——一个信息不平等概念的发现及阐释［J］. 中国图书馆学报，2013，39（1）：4-12.

表5-1   本章研究假设汇总

编号	假设
H1a	自然地理位置对信息贫困有着显著正向影响
H1b	社会信息资产对信息贫困有着显著正向影响
H2a	社群规范对信息贫困有着显著正向影响
H2b	社群信仰对信息贫困有着显著正向影响
H3a	个体知识水平对信息贫困有着显著正向影响
H3b	个体社会心理对信息贫困有着显著正向影响
H4a	个体社会交往模式在社群规范与信息贫困间有着部分中介作用
H4b	个体社会交往模式在社群信仰与信息贫困间有着部分中介作用
H5a	个体社会交往模式在个体知识水平与信息贫困间有着部分中介作用
H5b	个体社会交往模式在个体社会心理与信息贫困间有着部分中介作用

资料来源：作者自制。

五、模型构建

基于已有理论和文献研究可以推测出小世界生活情境的四个范畴各自会对信息贫困产生影响，且社会关系和个体情境对信息贫困的影响还受到个体社会交往模式的部分中介作用。在这些假设指导下，本章最终构建出小世界生活情境对信息贫困的影响研究模型（见图5-1）。整个模型由三

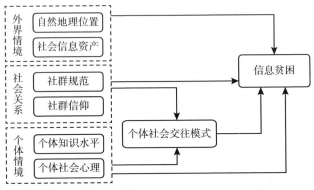

图5-1 小世界生活情境对信息贫困的影响研究模型

资料来源：作者自制。

类变量和它们之间的相互关系构成，前因变量是包含了自然地理位置和社会信息资产的外界情境、由社群规范和社群信仰组成的社会关系，以及涵盖了个体知识水平和个体社会心理的个体情境，中介变量是个体社会交往模式，结果变量是信息贫困。

第三节 研究设计与数据收集

一、变量测量

（一）自变量测量

1. 外界情境

从概念上讲，"自然地理特征"包含了气候特征、位置、水文特征、地形特征、土壤和生物等，[①] 而"地理位置"是指某个地方与其所在城市的行政中心的直线距离。[②] 但"自然地理特征"和"地理位置"的概念界定并不完全适合用来衡量小世界生活情境中的"自然地理位置"，还需要借鉴类似研究。郑素侠（2019）在从空间视角出发研究信息贫困时指出，空间视角上的信息贫困包含了"地理位置上远离大城市""公共交通不发达""信息基础设施不完备""互联网普及率低"，沈鸿等（2011）对西南民族地区人力资源开发进行研究时用"农村交通便利性""与重要城市的距离""自然资源丰富度"3 个指标来代表"自然地理"方面的因素。综合"自然地理特征"和"地理位置"的概念界定和已有研究，本章最终设置以下四个题项来测量自然地理位置（见表 5 - 2）。

---

① 朱鑫伟，朱国宾，S. V. Broucke. 地理空间约束的业务流程建模方法 ［J］. 软件学报，2015，26（3）：584 - 599.
② 李波，祁浩宇. 基于主成分分析的自助式劳务众包任务定价研究 ［J］. 齐齐哈尔大学学报（哲学社会科学版），2018（6）：84 - 87，95.

表5-2　　　　　　　　　　自然地理位置测量题项

题项	内容	参考文献
A1	我所在村子的地形、土壤、水文等不太乐观	李波，2018；郑素侠，2019；沈鸿和赵永乐，2011
A2	我所在村子地震、山体滑坡、干旱等自然灾害频繁	
A3	我们村子距离州府/县城远	
A4	我们村子里交通不便	

资料来源：作者根据有关文献整理。

　　社会信息资产衡量的是西南民族村落信息化发展水平，是信息基础设施、信息资源和信息服务的总称。已有研究认为，从广义上讲，信息资源包括了信息内容以及与其紧密相连的信息设备、人员、信息技术等。[①] 赵奇钊等（2016）从互联网普及率、电话普及率、电视覆盖率、广播覆盖率、人均邮电业务量5个指标来综合评价武陵山片区的信息化发展水平进而评测武陵山片区信息贫困的程度。借鉴以上研究，并参考农业农村部《关于开展农业农村信息化发展状况问卷调查的通知》[②] 中编制的"县域农业农村信息化发展状况调查问卷"以及于良芝团队的"个人信息世界问卷"[③]，本章最终构建四个题项来测量社会信息资产（见表5-3）。

表5-3　　　　　　　　　　社会信息资产测量题项

题项	内容	参考文献
A5	村子里没有广播、电话、手机、电视、电脑等让我用	赵奇钊和彭耿，2016；"县域农业农村信息化发展状况调查问卷"；"个人信息世界问卷"
A6	村子里没有光纤、宽带、无线网等让我用	
A7	村子里没有教师、律师、医生、农技员等	
A8	村子里没有图书室、文化活动中心、电子商务服务站等	

资料来源：作者根据有关文献整理。

---

① 章建方，彭珊梅，邱月明，柳增寿，冀瑜，程越，孙广芝. 电子文件及相关概念研究 [J]. 信息技术与标准化，2015 (9)：43-47，51.

② 市场与经济信息司. 关于开展农业农村信息化发展状况问卷调查的通知 [EB/OL]. http：//www. moa. gov. cn/xw/bmdt/201709/t20170915_5817538. htm.

③ 刘和发. 我国农民信息分化影响因素研究 [D]. 天津：南开大学，2014.

2. 社会关系

对规章、制度、法律、规范的认同表现为思想上的主动接受且内化为生活方式和生存样式,[①] 往往包含了认知、认可、认同三个阶段。其中"规范认知"指的是人们对制度规范内容的了解与把握,"规范认可"是在认知基础上形成的思想和心理上的接受和承认,"规范认同"是人们对规范合理、合法的认同,表现为人们对这些规范的自觉遵守。[②] 还有研究指出在对社群规范进行测量时,评价主体应当对社会公众对规范的认知度、满意度及守法程度进行评价。[③] 结合规范认同过程,本章最终设置以下三个题项对社群规范进行测量(见表5-4)。

表5-4　　　　　　　　　　　社群规范测量题项

题项	内容	参考文献
B1	我了解我们村的规章与约定	李娜,2018;杨竞业,2015;崔卓兰和陈瑜,2014
B2	我认可村里的规章与约定	
B3	我会按照我们村子里的规章与约定来办事情	

资料来源:作者根据有关文献整理。

信仰作为一种精神现象,是信仰主体对信仰对象所表现出来的感情、态度和行为。[④] 在西南民族村落,信息传播受到社群中有影响力的个人(意见领袖)的影响。[⑤] 意见领袖是指在传播网络中经常为他人提供信息,同时对他人产生重要影响的活跃分子,在信息传递过程中起着非常重要的中介或过滤作用。在西南民族村落,意见领袖不仅包含了行政上的领导者(即村干部),还包含了文化生活中的领导者。这些文化生活领导者是村落内部负责祭祀、占卜等的人,例如藏族的喇嘛、彝族的毕

---

① 李娜. 守法社会的建设:内涵、机理与路径探讨 [J]. 法学家, 2018 (5): 15 - 28, 192.

② 杨竞业. 文化心理视角下的制度自信 [J]. 广东行政学院学报, 2015, 27 (3): 82 - 88.

③ 崔卓兰, 陈瑜. 构建行政规章自我评价的法律机制 [J]. 社会科学战线, 2014 (6): 183 - 187.

④ 王瑞军. 民间信仰的社会功能及作用机制研究 [D]. 南京:南京航空航天大学, 2012.

⑤ Wang X, Shi J, Chen L et al. An examination of users' influence in online HIV/AIDS communities [J]. Cyberpsychology Behavior & Social Networking, 2016, 19 (5): 314 - 320.

摩、羌族的释比、苗族的巫师等，他们通常被认为是人与神之间的连接者，是民族文化的传播者和维护者，主要工作内容包括行医、占卜、司祭、民族语言典籍传播等。雷诺兹等（Reynolds et al., 1971）在对人际交往的相互效应进行衡量时设计了意见领袖量表（opinion leadership scale），包含"我的选择会受到朋友、邻居的影响""我认为朋友、邻居可以提供好的意见""我会和朋友、邻居进行交流"等主题，再借鉴麦克丹尼尔等（McDaniel et al., 1990）的宗教测量量表，认为宗教情感测量通常包括认知和行为两个维度，以及奥尔波特和罗斯（Allport and Ross, 1967）的宗教倾向量表、沃辛顿等（Worthington et al., 2003）的 RCI - 10 宗教委身量表。本章分别通过五个题项对"村干部"和"负责祭祀、占卜的人"进行测量（见表5-5）。

表5-5 社群信仰测量题项

题项	内容	参考文献
B4	我认为村干部是很重要的人	
B5	我会与村干部聊天	
B6	我觉得村干部的话很可靠	
B7	我会找村干部来解决一些事情	
B8	我会按照村干部说的话去做事	雷诺兹等，1971；麦克丹尼尔等，1990；奥尔波特和罗斯，1967；沃辛顿等，2003；王瑞军，2012
B9	我觉得负责祭祀、占卜的人很重要	
B10	我会与祭祀、占卜的人聊天	
B11	我觉得祭祀、占卜的人很可靠	
B12	我会找祭祀、占卜的人来解决一些事	
B13	我会按照祭祀、占卜的人说的去做事	

资料来源：作者根据文献整理。

3. 个体情境

如前文所述，个体知识水平包含了认字能力、语言能力、计算能力、分析能力、信息检索能力等。由美国教育服务考试机构开发的 ISkills 从 7 个方面对学生受教育程度进行测评，分别是：（1）能否清晰表达和界定问题；（2）能否在数字环境中检索信息；（3）能否对信息的权威性、准确性、及时性、相关性进行判断；（4）能否对信息进行组织；（5）能否对信息进行解释或表述；（6）能否在数字化环境中设计创造信息；（7）能否以数字化形式向别人传播信息，[①] 借鉴 ISkills 的测量标准，结合西南民族村落实际情况以及其他研究，本章将从语言能力、识字能力、创新思考能力三个方面对个体知识水平进行测量（见表 5 - 6）。

表 5 - 6　　　　　　　　　　个体知识水平测量题项

题项	内容	参考文献
C1	我听不懂电视、广播中讲的话	刘和发，2014；西力艾里·要勒巴司，2018；Katz，2007
C2	我不认识电视、报纸、网页上的字	
C3	我不会去思考电视节目、报纸、网页里的内容	

资料来源：作者根据文献整理。

查特曼（1996）发现穷人的心理特点可以概括为"冒险"（Risk-taking）、"隐秘"（Secrecy）、"欺骗"（Deception）、"情形相关"（Situational relevance）四个概念，其中"冒险"是人们不愿意冒险透露自己的信息需求，"隐秘"指的是刻意隐瞒自身需求，"欺骗"是指假装自己的信息需求得到满足或者假装不需要信息，"情形相关"指的是人们只关注当下的信息，不愿意去考虑长远信息。类似的研究还有赫斯伯格（2003）发现无家可归者的社会交往过程也表现出较显著的自我保护、保密、欺骗、情境化信息判断等特征。汤普森（2007）将信息穷人的社会心理归纳为缺乏信任、信心不足、缺乏远见、缺乏动力。结合以上研究对人们心理的描述以及其他文献中的测量指标，本章用以下三个题项来测量个体社会心理（见表 5 - 7）。

---

① Katz I R. Testing information literacy in digital environments：ETS's iSkills assessment ［J］. Information Technology & Libraries，2007（26）：3 - 12. Somerville M M，Smith G W，Macklin A S. The ETS iSkills TM assessment：A digital age tool ［J］. The Electronic Library，2008，26（2）：158 - 171.

表 5 - 7 个体社会心理测量题项

题项	内容	参考文献
C4	我不信任村子外的人	布朗斯坦，2014；查特曼，1991，1996，1999；赫斯伯格，2003；耶格尔和伯内特，2010；汤普森，2007
C5	只有当我的利益不受损时我才会与村子外的人交流	
C6	我只会关注当下日常生活中需要的信息	

资料来源：作者根据文献整理。

（二）中介变量测量

个体社会交往模式测量主要借助了《信息处理角色量表》以及《知识共享行为量表》。前者用"我们彼此共享专有信息""将会提供任何可能对合作伙伴有利的信息"等来测量组织内部的信息共享行为，[①] 后者对信息共享的测量指标包含了"在日常工作中，我主动向同事传授业务知识""我把有用的工作经验和心得与大家共享""我积极利用公司现有的信息技术手段把自己的知识拿出来分享""只要公司其他同事需要，我总是知无不言，言无不尽"等指标，[②] 结合西南民族村落的实际以及其他文献，本章将用如下四个题项来测量个体社会交往模式（见表 5 - 8）。

表 5 - 8 个体社会交往模式测量题项

题项	内容	参考文献
D1	我不会向别人透露我的需求	Huang, 2013；Lu, 2006；赫斯伯格，2001，2003；李菲和夏南强，2014；布朗斯坦，2014；胡军和王继新，2014
D2	我会假装不需要信息以避免麻烦	
D3	我不会与我不信任的外地人交流	
D4	当找信息太麻烦时，我会选择放弃	

资料来源：作者根据文献整理。

① Huang Y, Luo Y, Liu Y et al. An investigation of interpersonal ties in inter-organizational exchanges in emerging markets: A boundary-spanning perspective [J]. Journal of Management, 2013, 109 (4): 649 - 655.

② Lu L, Leung K, Koch P T. Managerial knowledge sharing: The role of individual, interpersonal, and organizational factors [J]. Management and Organization Review, 2006, 2 (1): 15 - 41.

（三）因变量测量

本章对信息贫困的测量主要借鉴国内外学者对信息贫困的描述以及已有的数字鸿沟测量量表。在信息贫困描述上，布朗斯坦（2014）在研究中将信息贫困描述为穷人自己感到没有信息，以及信息表达缺乏支持。李红林等（2013）认为信息贫困表现为信息不灵导致利益受损，获取信息的渠道落后和有限，信息服务不能满足人们的要求。海德等（Haider et al., 2007）认为信息贫困群体处于一个不能了解一切本应了解的事物的状态之中。在数字鸿沟测量上，有学者提出了"媒介技术自主使用""使用技能""可获得的社会支持"等指标，[①] 还有学者提出了信息技术使用的"易用性"和"有用性"，即"学习如何使用百度产品对我来说很容易""我发现百度产品对我的学习、工作很有帮助"等。借鉴以上研究和其他研究，本章将从五个方面对信息贫困进行测量（见表5-9）。

表5-9　　　　　　　　　　　信息贫困测量题项

题项	内容	参考文献
E1	我想找的信息经常找不到	Yu, 2010；孙红蕾等，2016；赵奇钊和彭耿，2016；Shen, 2013；刘亚，2012；麦克唐纳等，2011；Duff, 2015
E2	我经常觉得没人能帮我答疑解惑	
E3	我意识不到自己的一些信息需求	
E4	我不知道可以从哪获取信息	
E5	我不能判断信息是否有用	

资料来源：作者根据文献整理。

二、问卷前测

问卷共有8个变量、36个问题，变量分别是自然地理位置（A1 - A4）、社会信息资产（A5 - A8）、社群规范（B1 - B3）、社群信仰（B4 - B13）、个体知识水平（C1 - C3）、个体社会心理（C4 - C6）、个体社会交往模式（D1 - D4）、信息贫困（E1 - E5）。所有问题一致设计为负向，题

---

① 李晓静. 数字鸿沟的新变：多元使用、内在动机与数字技能——基于豫沪学龄儿童的田野调查 [J]. 现代传播（中国传媒大学学报），2019，41（8）：12 - 19.

项采用李克特 7 级量表进行测量（1 为完全不同意，7 为完全同意）。为尽可能保证问卷质量，在设计完成后，研究者们还将调查问卷发送给本领域内的多位专家，并在收集专家意见的基础上对问卷部分内容进行适当调整。

在问卷正式发放前，需对问卷进行预调研以初步检测问卷信度和效度。预调研时间为 2019 年 6 月，调研地点涉及四川省阿坝藏族羌族自治州的郭家坝村、陈家山村、桃坪羌寨、东门寨、索桥村、萝卜寨等地，共计发放问卷 105 份，其中有效问卷 87 份。在预调研时，考虑到调查对象语言差异问题，调研团队在当地翻译的帮助下以提问的方式完成问卷的填写，并在调查完成后利用 SPSS 2.0 对预调研的结果进行信度和效度检验。由于探索性因子分析受到样本量的影响，要求样本量在 150 个以上，[①] 因此预调研阶段未进行探索性因子分析。但预调研问卷的整体 Cronbach's α 系数为 0.908，KMO 值为 0.787，Bartlett 球形检验 sig = 0，这些数据表明问卷整体可信度较高。根据预调研阶段参与者的反馈，发现问卷中部分问题过于书面化，带来理解上的困难，因此预调研后对问卷整体问题设置进行了口语化处理。

三、数据收集及清理

问卷正式调查对象为居住在西南民族村落中的人（即生活在四川、云南、贵州、重庆、西藏五个地区农村中的少数民族）。西南地区是我国民族人口集中的区域，占全国少数民族人口一半。[②] 此外，这一地区的民族村落生活切合了小世界生活情境的概念描述，当地少数民族一方面大多居住在偏远地区，与主流文化较为隔绝，信息闭塞，另一方面又具有深厚的历史和文化传统，民族特色明显。问卷正式发放时间是 2019 年 7 ~ 9 月，共计三个月时间，调查地点覆盖四川、云南、贵州、重庆、西藏的多个民族村落，调查地点选择方式以随机抽样为主。考虑到少数民族语言差异，研究团队招募了各个地方同时精通汉语和少数民族语言的少数民族志愿

---

① Guadagnoli E, Velicer W. Relation of sample size to the stability of component patterns [J]. Psychological bulletin, 1988, 103 (2)：265 – 275.

② 植凤英. 西南少数民族心理压力与应对：结构、特征及形成研究 [D]. 重庆：西南大学, 2009.

者，由他们在当地进行问卷的发放、讲解、填写。在正式调研开始前，研究团队对这些志愿者进行相关培训，确保他们充分理解问卷内容并掌握调查方法。

戈尔苏奇（Gorsuch，1983）认为问卷测量问项与样本数的比例最好达到 1∶10，且若想获得更理想的效果则应该为 10～25 倍。[①] 考虑到本章测量题项共 42 项（包含样本人口学特征调查题项），最终问卷数量应为 420～1 050 份。正式调研结束后共回收问卷 1 191 份，其中无效问卷 186 份，有效问卷 1 005 份，问卷有效率为 84.38%。对无效问卷的判断主要依据：（1）是否为少数民族（个别问卷是由暂居在民族地区的汉族人作答，并不符合本章作答要求）；（2）问卷是否存在缺失项；（3）问卷回答是否呈现特定规律性。

四、问卷信效度检验

（一）信度检验

信度检验是指通过测验数据和结果的一致性、稳定性和可靠性来衡量数据的可靠程度，[②] 以重复测量一个量表产生一致性结果的可能性。通常用 Cronbach's α 系数和校正项的总体相关性（CITC）来衡量信度的内部一致性。[③] 其中，Cronbach's α 系数 0.7 以上即表明本章调查问卷具有良好的内部一致性，[④] Cronbach's α 系数越高，表明测度项与量表之间的关联就越强。[⑤] CITC 的截取值为 0.5，小于 0.3 应该删除。[⑥] 利用 SPSS 20 对问卷进行信度检验，最终结果如表 5 - 10 所示。可以发现，所有因子的 Cronbach's α

① 张文彤. SPSS 统计分析高级教程 [M]. 北京：高等教育出版社，2004：220 - 221.

② 耿瑞利，申静. 社交网络群组用户知识共享行为动机研究：以 Facebook Group 和微信群为例 [J]. 情报学报，2018，37（10）：1022 - 1033.

③ 刘健，毕强，晁亚男. 用户情境与数字图书馆情境关系模型构建与实证研究 [J]. 情报理论与实践，2015，38（9）：20 - 25.

④ 李怀祖. 管理研究方法论 [M]. 西安：西安交通大学出版社，2004. Nunnally J C. Psychometric theory [M]. New York：McGraw-Hill，1978：1 - 736.

⑤ 黎春兰，邓仲华，李玉洁. 图书馆云服务质量的影响因素研究 [J]. 情报理论与实践，2016，39（10）：65 - 73.

⑥ Parasuraman A，Zeithaml V A，Malhotra A. E-S-QUAL：A multiple-item scale for assessing electronic service quality [J]. Journal of Service Research，2005，7（3）：213 - 233.

系数均在 0.7 以上且基本上各题项的 CITC 值在 0.5 以上，[①] 表明问卷具有较高的可信度。

表 5-10   问卷信度检验结果

概念	因子	题项	CITC	Cronbach's α
外界情境	自然地理位置	A1	0.654	0.792
		A2	0.469	
		A3	0.640	
		A4	0.647	
	社会信息资产	A5	0.620	0.820
		A6	0.682	
		A7	0.697	
		A8	0.576	
社会关系	社群规范	B1	0.830	0.923
		B2	0.869	
		B3	0.834	
	社群信仰	B4	0.450	0.888
		B5	0.533	
		B6	0.666	
		B7	0.638	
		B8	0.634	
		B9	0.676	
		B10	0.654	
		B11	0.717	
		B12	0.671	
		B13	0.672	

---

① A2 和 B4 的 CITC 值略小于 0.5，但去除后未能有效提升 Cronbach's 系数（A2：0.792→0.802；B4：0.888→0.894），所以选择保留这两个题项。

概念	因子	题项	CITC	Cronbach's α
个体情境	个体知识水平	C1	0.775	0.890
		C2	0.854	
		C3	0.729	
	个体社会心理	C4	0.687	0.839
		C5	0.734	
		C6	0.688	
个体社会交往模式	个体社会交往模式	D1	0.621	0.807
		D2	0.679	
		D3	0.636	
		D4	0.559	
信息贫困	信息贫困	E1	0.686	0.881
		E2	0.687	
		E3	0.708	
		E4	0.769	
		E5	0.729	

资料来源：SPSS 20 统计输出。

（二）效度检验

效度是指测量工具能够测量到它要测量事项特征的程度，[1] 包括内容效度和结构效度。在内容效度上，由于问卷题项改编自已有量表和理论研究，并在正式调研前经过预调研分析，说明问卷具有良好的内容效度。在问卷调查中经常使用探索性因子分析来判断题项的结构效度，要求因子负荷 >0.5，$KMO>0.7$，Bartlett 球形检验 sig. <0.05。[2] 利用 SPSS 20 对问卷进行探索性因子分析，因子抽取采用主成分分析，迭代次数设置为 25次，得到问卷整体 KMO 值为 0.920，Bartlett 球形检验 sig. 为 0.000。各变量因子负荷情况如表 5 - 11 所示，所有因子负荷均在 0.5 以上，KMO 值最

---

① 赵琪凤. 效度研究领域中的争议 [J]. 中国考试，2014（6）：11 - 17.

② Kaiser H F. A second-generation little jiffy [J]. Psychometrika, 1970, 35（4）：401 - 415；武松，潘发明. SPSS 统计分析大全 [M]. 北京：清华大学出版社，2014：335 - 342.

小为 0.707，Bartlett 球形检验 sig. 均为 0.000，说明本问卷变量间具有相关性，因子分析有效，问卷具有良好的内部结构，结构效度高。

表 5 - 11   问卷效度检验结果

概念	因子	题项	因子负荷	KMO 值	Sig.
外界情境	自然地理位置	A1	0.825	0.771	0.000
		A2	0.665		
		A3	0.819		
		A4	0.823		
	社会信息资产	A5	0.794	0.754	0.000
		A6	0.837		
		A7	0.842		
		A8	0.753		
社会关系	社群规范	B1	0.924	0.757	0.000
		B2	0.944		
		B3	0.926		
	社群信仰	B4	0.523	0.885	0.000
		B5	0.598		
		B6	0.725		
		B7	0.697		
		B8	0.691		
		B9	0.772		
		B10	0.748		
		B11	0.809		
		B12	0.772		
		B13	0.774		
个体情境	个体知识水平	C1	0.901	0.707	0.000
		C2	0.940		
		C3	0.874		
	个体社会心理	C4	0.861	0.722	0.000
		C5	0.888		
		C6	0.861		

概念	因子	题项	因子负荷	KMO 值	Sig.
个体社会 交往模式	个体社会交往模式	D1	0.797	0.774	0.000
		D2	0.837		
		D3	0.806		
		D4	0.744		
信息贫困	信息贫困	E1	0.801	0.813	0.000
		E2	0.801		
		E3	0.817		
		E4	0.862		
		E5	0.835		

资料来源：SPSS 20 统计输出。

第四节　研究实证分析

一、数据样本描述性分析

（一）样本人口统计特征分析

利用 SPSS 20 对收集到的问卷进行描述性统计分析，最终分析结果如表 5 - 12 所示。从年龄上看，调查对象覆盖各个年龄段，但主要调查对象为 14～25 岁和 45 岁以上的人口，分别占到 30.8% 和 29.2%。在性别上，问卷男女比例基本上均等。在民族构成上，调查对象基本覆盖了几个人口较多的少数民族，其中，藏族和彝族各自占 20% 以上，白族、苗族、土家族分别是 17.11%、12.34%、13.73%。除此之外，调查对象还涉及布依族、普米族、侗族、仡佬族等。在地区上，因研究对象为西南民族村落，所以各个地区的少数民族均占有一定数量。

至于调查对象的教育水平，可以发现西南民族村落中的居民整体教育水平偏低。"未接受教育"的人口占到了最大比重（23.7%），其次是高中/中专/大专和大学本科，有着更高教育水平（硕士及其以上）的人最少，仅占到5%。在月收入上，调查对象的月收入同样集中在较低水平，一半以上的人月收入为2 000元及以下，且随着收入水平的增高，对应的人数越少。

表5-12　　　　　　　　　样本人口统计特征分析

基本信息	属性	频数	频率（%）
年龄	14 岁以下	41.00	4.00
	14~25 岁	293.00	29.20
	25~34 岁	165.00	16.40
	35~44 岁	197.00	19.60
	45 岁以上	309.00	30.80
性别	男	452.00	44.98
	女	553.00	55.02
民族	藏族	237.00	23.58
	彝族	207.00	20.60
	白族	172.00	17.11
	苗族	124.00	12.34
	土家族	138.00	13.73
	布依族	90.00	8.96
	其他	37.00	3.68
地区	四川	326.00	32.40
	重庆	153.00	15.20
	贵州	201.00	20.00
	西藏	113.00	11.20
	云南	212.00	21.10
教育水平	未接受教育	238.00	23.70
	小学	122.00	12.10
	初中	178.00	17.70
	高中/中专/大专	231.00	23.00
	大学本科	231.00	23.00
	硕士及其以上	5.00	5.00
月收入	2 000 元及以下	534.00	53.20
	2 001~4 000 元	242.00	24.10
	4 001~6 000 元	117.00	11.70
	6 001~8 000 元	69.00	6.90
	8 000 元以上	42.00	4.20

资料来源：SPSS 20 统计输出。

（二）变量描述性统计分析

对变量的各题项进行描述性统计如表 5 - 13 所示，可以发现，除 A5、C1、C2 以外，各因子均值大于 3，其中，社群规范、社群信仰的均值在 4 以上。相比于其他题项，A6、A8、B4、E3 这四个题项的标准偏差过大（大于 2），说明被调查者在这四个题项上的答案离散度较高。从偏度来看，自然地理位置、社会信息资产、个体知识水平、个体社会心理、个体社会交往模式、信息贫困这 6 个变量的答案基本上呈现正偏分布，而社群规范和社群信仰两个变量答案呈现负偏分布。从峰度来看，B4 和 E3 两个题项的峰度过大（分别为 197.507 和 199.767）说明这两个题项中极端值居多。

表 5 - 13　　　　　　　　　各题项描述性统计

变量	因子	均值	标准偏差	方差	偏度	峰度
自然地理位置	A1	3.770	1.977	3.907	0.138	- 1.261
	A2	3.190	1.831	3.354	0.433	- 1.009
	A3	4.160	1.917	3.675	- 0.102	- 1.152
	A4	3.710	1.927	3.712	0.149	- 1.201
社会信息资产	A5	2.880	1.864	3.476	0.622	- 0.947
	A6	3.440	2.019	4.076	0.287	- 1.270
	A7	3.560	1.990	3.962	0.209	- 1.255
	A8	4.440	2.072	4.293	- 0.354	- 1.237
社群规范	B1	4.440	1.919	3.683	- 0.391	- 1.121
	B2	4.490	1.854	3.437	- 0.372	- 1.044
	B3	4.730	1.900	3.611	- 0.574	- 0.844
社群信仰	B4	5.060	2.373	5.633	8.358	179.057
	B5	4.690	1.791	3.207	- 0.440	- 0.786
	B6	4.570	1.777	3.157	- 0.442	- 0.805
	B7	4.900	1.755	3.080	- 0.712	- 0.460
	B8	4.870	1.746	3.050	- 0.670	- 0.483
	B9	4.040	1.968	3.873	- 0.180	- 1.280
	B10	4.060	1.727	2.983	- 0.136	- 0.998
	B11	3.930	1.838	3.378	- 0.043	- 1.061
	B12	4.090	1.858	3.451	- 0.202	- 1.113
	B13	4.040	1.880	3.534	- 0.134	- 1.153

变量	因子	均值	标准偏差	方差	偏度	峰度
个体知识水平	C1	2.840	1.939	3.760	0.703	-0.939
	C2	2.910	1.977	3.907	0.609	-1.071
	C3	3.210	1.907	3.635	0.375	-1.162
个体社会心理	C4	3.180	1.848	3.413	0.446	-0.999
	C5	3.410	1.971	3.883	0.247	-1.267
	C6	3.750	1.968	3.875	0.062	-1.283
个体社会交往模式	D1	3.760	1.773	3.142	0.092	-1.088
	D2	3.650	1.818	3.305	0.172	-1.085
	D3	3.980	1.909	3.644	0.021	-1.172
	D4	3.650	1.808	3.268	0.169	-1.025
信息贫困	E1	3.770	1.816	3.296	0.084	-1.162
	E2	3.760	1.743	3.04	0.112	-1.088
	E3	3.750	2.324	5.401	9.512	199.767
	E4	3.720	1.859	3.455	0.104	-1.207
	E5	3.830	1.924	3.703	0.037	-1.222

资料来源：SPSS 20 统计输出。

二、模型建立与评估

（一）测量模型与结构模型建立

尽管小世界生活情境中各要素之间的关系有较充分的理论论证，但目前并未有已经成熟的小世界生活情境对信息贫困影响的研究模型，本章研究模型的建立基于已有理论文献的探索性研究。从对变量的描述性统计分析可以看出数据处于有偏分布的情况。因此，本章将采用偏最小二乘法来研究变量关系，并使用 Smart PLS 作为分析工具。Smart PLS 是最受欢迎的偏最小二乘法分析软件之一，目前已广泛应用于信息系统、组织行为学、管理学等多个领域。[1] 将前文构建的小世界生活情境对信息

---

[1] Smart PLS 3. [EB/OL]. http：//www.smartpls.com.

贫困影响的研究模型导入 Smart PLS 中，得到图 5－2。图中实线方框内为结构模型，反映自然地理位置、社会信息资产、社群规范、社群信仰、个体知识水平、个体社会心理、个体社会交往模式、信息贫困这些变量之间的关系，虚线方框内为测量模型，描述的是各个变量与其测量题项之间的关系。

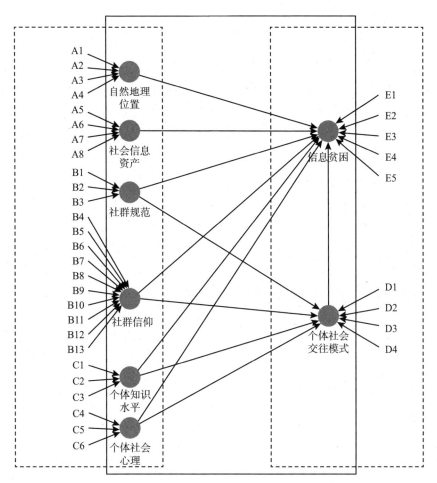

图 5－2　测量模型与结构模型

资料来源：Smart PLS 统计输出。

（二）模型评估

在模型检验前需对模型进行评估以确定其是否合理，是否具有足够的解释力。本章以海尔等人（Hair et al., 2019）提出的偏最小二乘法模型评估"两步法"作为指导，第一步是分别对测量模型的信度和效度进行检验，第二步是对结构模型进行评估。

1. 测量模型评估

对测量模型信度检验共有四个步骤，其中，第一步是测量各题项的因子负荷情况，一般来说因子负荷大于 0.5 比较好。[①] 第二步是对内部一致性程度进行评估，通常使用组合信度（composite reliability，CR）来反映。CR 值在 0.60 ~ 0.70 之间被认为是可接受的，CR 值在 0.70 ~ 0.90 之间被认为是极好的，但 CR 值在 0.95 及以上是有问题的，因为这意味着冗余题项的存在。[②] 第三步则是测量指标的收敛效应，通常使用平均变量萃取值（average variance extracted，AVE）来反映。可接受的 AVE 值为 0.50 及以上，因为这个值意味着变量解释了题项 50% 以上的差异。[③] 第四步是评价区分度，即变量间的区别程度，要求不同变量的测量项之间的相关性是否尽可能小，评价标准是每个变量的 AVE 值的平方根必须大于该变量与其他变量的相关系数。[④]

利用 Smart PLS 生成测量模型的因子负荷、CR 值、AVE 值以及区分度，如表 5 - 14 和表 5 - 15 所示，可以发现，各题项的因子负荷均大于0.5，且绝大多数处于 0.7 以上，CR 值集中在 0.865 ~ 0.952 之间，AVE值最低为 0.513，AVE 平方根的最小值 0.716 大于变量间相关系数的最高值 0.687，说明测量模型具有较高的可信度。

① 翟姗姗，孙雪莹，李进华. 基于社交体验的移动 App 持续使用意愿研究——以网易云音乐为例 [J]. 现代情报，2019，39（2）：128 - 135.

② Diamantopoulos A，Sarstedt M，Fuchs C et al. Guidelines for choosing between multi-item and single-item scales for construct measurement：Apredictive validity perspective [J]. Journal of the Academy of Marketing Science，2012，40（3）：434 - 449. Drolet A L，Morrison D G. Do we really need multiple-item measures in service research？[J]. Journal of Service Research，2001，3（3）：196 - 204. Hair J F. Multivariate data analysis [M]. NJ：Prentice Hall，1998.

③ Hair J F. Black W C，Babin B J. Multivariate data analysis（7th Edition）[M]. New York：Pearson，2009：1 - 816.

④ Fornell C，Larcker D. Evaluating structural equation models with unobservable variables and measurement error [J]. Journal of Marketing Research，1981，18（1）：39 - 50.

表 5 – 14　　　　　　　　测量模型因子负荷、CR 值和 AVE 值

概念	因子	题项	因子负荷	CR	AVE
外界情境	自然地理位置	A1	0.825	0.865	0.618
		A2	0.665		
		A3	0.819		
		A4	0.823		
	社会信息资产	A5	0.794	0.882	0.652
		A6	0.837		
		A7	0.842		
		A8	0.753		
社会关系	社群规范	B1	0.924	0.952	0.867
		B2	0.944		
		B3	0.926		
	社群信仰	B4	0.523	0.912	0.513
		B5	0.598		
		B6	0.725		
		B7	0.697		
		B8	0.691		
		B9	0.772		
		B10	0.748		
		B11	0.809		
		B12	0.772		
		B13	0.774		
个体情境	个体知识水平	C1	0.901	0.932	0.820
		C2	0.940		
		C3	0.874		
	个体社会心理	C4	0.861	0.903	0.757
		C5	0.888		
		C6	0.861		
个体社会交往模式	个体社会交往模式	D1	0.797	0.874	0.635
		D2	0.837		
		D3	0.806		
		D4	0.744		

续表

概念	因子	题项	因子负荷	CR	AVE
信息贫困	信息贫困	E1	0.801	0.913	0.678
		E2	0.801		
		E3	0.817		
		E4	0.862		
		E5	0.835		

资料来源：Smart PLS 统计输出。

表 5-15　　　　　　　　　　变量的区分度

变量	自然地理位置	社会信息资产	社群规范	社群信仰	个体知识水平	个体社会心理	个体社会交往模式	信息贫困
自然地理位置	0.786	—	—	—	—	—	—	—
社会信息资产	0.618	0.807	—	—	—	—	—	—
社群规范	-0.035	-0.104	0.931	—	—	—	—	—
社群信仰	0.188	0.354	-0.047	0.716	—	—	—	—
个体知识水平	0.434	0.549	-0.024	0.361	0.906	—	—	—
个体社会心理	0.451	0.518	-0.039	0.354	0.687	0.870	—	—
个体社会交往模式	0.376	0.433	-0.071	0.312	0.547	0.663	0.797	—
信息贫困	0.519	0.549	-0.054	0.314	0.647	0.632	0.631	0.823

资料来源：Smart PLS 统计输出。

根据海尔等人的研究，测量模型效度检验的指标包括了指示共线（indicator collinearity）、统计显著性（statistical significance）、指标权重系数（relevance of the indicator weights）等。其中，指示共线用方差膨胀系数（variance inflation factor, VIF）测量，理想情况下 VIF 值应接近 3 并更

低。统计显著性用外部模型荷载的 P 值测量，要求 P 值 <0.05。指标权重系数是 -1~1 之间的标准化值，在极少数情况下可以低于或高于标准值（由于共线或样本大小的问题）。指标权重系数接近 0 暗示着弱相关，而接近 -1（或 1）则暗示着强正（负）相关。[1]

利用 Smart PLS 计算各题项的 VIF 值、外部模型荷载 P 值以及指标权重系数，如表 5-16 所示，绝大多数题项的 VIF 值小于 3，仅有个别题项的 VIF 值在 3~3.799 之间。在表 5-17 中，除 B6、B7、B8 外，剩余题项的 P 值均小于 0.05。而根据表 5-18 可以发现，这些指标权重系数基本上都处于 -1~1 之间，仅有 B3 一项略大于 1。这说明测量模型效度检验的结果大体上是满意的。考虑到测量模型效度受到指标数量的影响，指标数量越多，指标权重越低，[2] 且一般来说在测量模型效度检验时很少去除指标，因为效度测量理论要求指标必须完整反映出变量，换句话说，测量模型效度检验让步于前期的理论基础阐述。[3] 因此尽管个别题项的个别指标未在理想范围之内，但该阶段也不删除任何题项。

表 5-16　　　　　　　　　　　各题项 VIF 值统计

题项	VIF	题项	VIF
A1	1.750	B3	3.362
A2	1.301	B4	1.516
A3	1.805	B5	2.114
A4	1.808	B6	3.101
A5	1.831	B7	2.957
A6	1.973	B8	3.009
A7	1.979	B9	2.450
A8	1.632	B10	2.433
B1	3.273	B11	3.711
B2	4.081	B12	3.690

---

①③　Hair J F, Risher J J, Sarstedt M et al. When to use and how to report the results of PLS-SEM [J]. European Business Review, 2019, 31 (1): 2-14.

②　Cenfetelli R T, Bassellier G. Interpretation of formative measurement in information systems research [J]. MIS Quarterly, 2009, 33 (4): 689-708.

续表

题项	VIF	题项	VIF
B13	3.799	E1	2.202
C1	2.855	E2	2.182
C2	3.753	E3	1.424
C3	2.256	E4	2.658
C4	1.916	E5	2.439
C5	2.166	—	—
C6	1.915	—	—
D1	1.732	—	—
D2	1.888	—	—
D3	1.685	—	—
D4	1.499	—	—

资料来源：Smart PLS 统计输出。

表 5 – 17　　　　　　　　　　外部模型载荷

路径	初始样本	样本均值	标准差	T 统计量	P 值
A1→自然地理位置	0.751	0.744	0.038	19.967	0.000
A2→自然地理位置	0.828	0.826	0.039	21.387	0.000
A3→自然地理位置	0.704	0.698	0.041	17.180	0.000
A4→自然地理位置	0.775	0.772	0.040	19.226	0.000
A5→社会信息资产	0.851	0.848	0.032	26.743	0.000
A6→社会信息资产	0.799	0.796	0.035	22.682	0.000
A7→社会信息资产	0.840	0.836	0.029	28.744	0.000
A8→社会信息资产	0.713	0.706	0.041	17.210	0.000
B1→社群规范	0.770	0.657	0.254	3.036	0.003
B2→社群规范	0.721	0.608	0.271	2.657	0.008
B3→社群规范	0.982	0.773	0.292	3.367	0.001
B4→社群信仰	− 0.223	− 0.237	0.109	2.040	0.042
B5→社群信仰	− 0.203	− 0.198	0.098	2.084	0.038
B6→社群信仰	0.029	0.025	0.094	0.308	0.758

路径	初始样本	样本均值	标准差	T 统计量	P 值
B7→社群信仰	-0.131	-0.126	0.091	1.438	0.151
B8→社群信仰	-0.005	-0.005	0.097	0.054	0.957
B9→社群信仰	0.624	0.592	0.087	7.196	0.000
B10→社群信仰	0.243	0.222	0.089	2.716	0.007
B11→社群信仰	0.498	0.469	0.090	5.529	0.000
B12→社群信仰	0.672	0.633	0.088	7.627	0.000
B13→社群信仰	0.750	0.708	0.089	8.455	0.000
C1→个体知识水平	0.795	0.793	0.029	27.087	0.000
C2→个体知识水平	0.899	0.897	0.018	48.706	0.000
C3→个体知识水平	0.956	0.955	0.011	85.213	0.000
C4→个体社会心理	0.818	0.817	0.024	33.724	0.000
C5→个体社会心理	0.888	0.887	0.018	50.594	0.000
C6→个体社会心理	0.894	0.892	0.019	46.230	0.000
D1→个体社会交往模式	0.756	0.752	0.028	27.065	0.000
D2→个体社会交往模式	0.834	0.830	0.024	35.428	0.000
D3→个体社会交往模式	0.713	0.715	0.029	24.186	0.000
D4→个体社会交往模式	0.835	0.836	0.022	37.400	0.000
E1→信息贫困	0.842	0.839	0.021	40.062	0.000
E2→信息贫困	0.833	0.832	0.021	40.297	0.000
E3→信息贫困	0.532	0.564	0.137	3.892	0.000
E4→信息贫困	0.861	0.858	0.019	44.400	0.000
E5→信息贫困	0.810	0.807	0.027	30.535	0.000

资料来源：Smart PLS 统计输出。

表 5-18 　　　　　　　　　　　　外部权重

路径	初始样本	样本均值	标准差	T 统计量	P 值
A1→自然地理位置	0.224	0.218	0.066	3.406	0.001
A2→自然地理位置	0.534	0.536	0.063	8.435	0.000
A3→自然地理位置	0.178	0.175	0.065	2.760	0.006

路径	初始样本	样本均值	标准差	T统计量	P值
A4→自然地理位置	0.340	0.343	0.074	4.596	0.000
A5→社会信息资产	0.441	0.441	0.070	6.333	0.000
A6→社会信息资产	0.213	0.213	0.077	2.774	0.006
A7→社会信息资产	0.333	0.334	0.070	4.743	0.000
A8→社会信息资产	0.245	0.239	0.068	3.620	0.000
B1→社群规范	0.205	0.253	0.653	0.314	0.754
B2→社群规范	−0.374	−0.218	0.783	0.478	0.633
B3→社群规范	1.132	0.758	0.797	1.420	0.156
B4→社群信仰	−0.292	−0.375	0.199	1.464	0.144
B5→社群信仰	−0.092	−0.053	0.140	0.655	0.513
B6→社群信仰	0.167	0.167	0.139	1.207	0.228
B7→社群信仰	−0.321	−0.299	0.128	2.511	0.012
B8→社群信仰	0.015	0.066	0.166	0.089	0.929
B9→社群信仰	0.547	0.545	0.128	4.279	0.000
B10→社群信仰	−0.512	−0.506	0.122	4.192	0.000
B11→社群信仰	−0.257	−0.230	0.156	1.648	0.100
B12→社群信仰	0.445	0.422	0.136	3.277	0.001
B13→社群信仰	0.642	0.588	0.156	4.102	0.000
C1→个体知识水平	0.125	0.125	0.075	1.672	0.095
C2→个体知识水平	0.330	0.328	0.079	4.181	0.000
C3→个体知识水平	0.631	0.632	0.051	12.413	0.000
C4→个体社会心理	0.279	0.277	0.050	5.546	0.000
C5→个体社会心理	0.400	0.402	0.049	8.190	0.000
C6→个体社会心理	0.466	0.465	0.048	9.727	0.000
D1→个体社会交往模式	0.290	0.286	0.043	6.746	0.000
D2→个体社会交往模式	0.336	0.331	0.055	6.078	0.000
D3→个体社会交往模式	0.149	0.153	0.041	3.670	0.000
D4→个体社会交往模式	0.473	0.475	0.044	10.658	0.000
E1→信息贫困	0.305	0.304	0.050	6.078	0.000

路径	初始样本	样本均值	标准差	T统计量	P值
E2→信息贫困	0.311	0.309	0.046	6.700	0.000
E3→信息贫困	0.014	0.027	0.044	0.309	0.757
E4→信息贫困	0.280	0.275	0.047	6.003	0.000
E5→信息贫困	0.292	0.284	0.054	5.373	0.000

资料来源：Smart PLS 统计输出。

2. 结构模型评估

海尔等（2019）认为必须在评估结构模型之前检查其共线性。此过程类似于测量模型的效度分析，但计算的是潜在变量的 VIF 值。理想情况下，VIF 值应接近 3 或更低。根据表 5－19 可以发现内部模型 VIF 值在 2.551 及以下，说明可以对结构模型进行评估。

表 5－19 　　　　　　　内部模型的 VIF 值

变量	自然地理位置	社会信息资产	个体社会心理	社群规范	社群信仰	个体知识水平	个体社会交往模式	信息贫困
自然地理位置	—	—	—	—	—	—	—	1.705
社会信息资产	—	—	—	—	—	—	—	2.056
社群规范	—	—	—	—	—	—	1.003	1.017
社群信仰	—	—	—	—	—	—	1.181	1.232
个体知识水平	—	—	—	—	—	—	1.954	2.168
个体社会心理	—	—	—	—	—	—	1.943	2.551
个体社会交往模式	—	—	—	—	—	—	—	1.871
信息贫困	—	—	—	—	—	—	—	—

资料来源：Smart PLS 统计输出。

结构模型评估的第二步是检测结构模型的解释力，即看内生变量（个体社会交往模式和信息贫困）的 R^2。一般来说 R^2 从 0~1 变化，值越高说明解释力越强。对 R^2 的解释还需放在具体研究之中，通常情况下，R^2 为 0.5 即被认为是合适的。[1] 在本章中，两个内生变量个体社会交往模式和信息贫困的 R^2 值分别为 0.461 和 0.583（表 5-20），说明这二者的方差分别可以被解释 46.1% 和 58.3%。

表 5-20 内生变量的 R^2

变量	R^2	调整后 R^2
个体社会交往模式	0.461	0.459
信息贫困	0.583	0.580

资料来源：Smart PLS 统计输出。

第三步是计算 Q^2，用来表示模型的预测力。Q^2 大于 0 即被认为是有意义的，当值高于 0、0.25 和 0.50 时分别表示 PLS 路径模型的预测精度小、中、大。[2] 在 Smart PLS 中通常利用盲解法（blindfolding）计算 Q^2，[3] 如表 5-21 所示，个体社会交往模式和信息贫困的 Q^2 分别是 0.270 和 0.335，说明 PLS 路径模型预测精度达到中度以上。

表 5-21 变量的 Q^2

变量	SSO	残差平方和（SSE）	Q^2
自然地理位置	4 020.000	4 020.000	—
社会信息资产	4 020.000	4 020.000	—
社群规范	3 015.000	3 015.000	—
社群信仰	10 050.000	10 050.000	—

① Henseler J, Ringle C M, Sinkovics R R. The use of partial least squares path modeling in international marketing [A]. Zou S. Advances in international marketing [M]. Bingley: Emerald JAI Press, 2009: 277-320. Hair J F, Ringle C M, Sarstedt M. PLS-SEM: Indeed a silver bullet [J]. Journal of Marketing Theory and Practice, 2011, 19 (2): 139-151.
② Hair J F, Risher J J, Sarstedt M et al. When to use and how to report the results of PLS-SEM [J]. European Business Review, 2019, 31 (1): 2-14.
③ Sarstedt M, Ringle C M, Henseler J et al. On the emancipation of PLS-SEM: A commentary on Rigdon (2012) [J]. Long Range Planning, 2014, 47 (3): 154-160.

变量	SSO	残差平方和（SSE）	Q^2
个体知识水平	3 015.000	3 015.000	—
个体社会心理	3 015.000	3 015.000	—
个体社会交往模式	4 020.000	2 936.502	0.270
信息贫困	5 025.000	3 344.065	0.335

资料来源：Smart PLS 统计输出。

第四步需要进行 PLS 预测（PLS predict）以说明模型样本外的预测能力（Shmueli et al., 2016），PLS 预测执行的是 k 倍交叉验证（根据已有研究的建议，设置 k 为 10）[①]，利用平均绝对误差（mean absolute error, MAE）和均方根误差（root mean squared error, RMSE）、平均绝对百分误差（mean absolute percentage error, MAPE）等来量化预测误差的数量。其中，MAE 用来测量一组预测中误差的平均大小，RMSE 说明的是预测值与观测值之间的差异，MAPE 是预测结果与真实结果的偏离程度。

PLS 预测的评价基于两个标准，一是看 PLS 预测中 Q^2_predict 的大小，Q^2_predict 大于 0 表示该模型具有良好的预测性能。根据表 5-22 可以发现 Q^2_predict 的值最小为 0.155，表明此模型具有良好的预测性能。二是将 PLS 预测与线性回归模型（LM）预测进行比较，比较标准如下：[②]

如果 PLS 预测中所有 RMSE（或 MAE）值都比 LM 中的值更高，说明该模型缺乏预测能力；

如果 PLS 预测中大部分 RMSE（或 MAE）值比 LM 中的值更高，说明该模型预测能力低；

如果 PLS 预测中少量 RMSE（或 MAE）值比 LM 中的值更高，说明该模型预测能力中等；

如果 PLS 预测中没有 RMSE（或 MAE）值比 LM 中的值更高，说明该模型具有较强的预测能力。

[①] Shmueli G, Ray S, Velasquez Estrada J M et al. The elephant in the room: Evaluating the predictive performance of PLS models [J]. Journal of Business Research, 2016, 69 (10): 4552 - 4564.

[②] Shmueli G, Sarstedt M, Hair J F et al. Predictive model assessment in PLS - SEM: Guidelines for using PLS predict [J]. European Journal of Marketing, 2019, 53 (11): 2322 - 2347.

结合表 5 - 22 和表 5 - 23，可以看出模型对样本外数据的预测能力较低。

表 5 - 22　　　　　　　　　　　　PLS 预测表

样本	RMSE	MAE	MAPE	Q^2_predict
D1	1. 510	1. 224	49. 873	0. 274
D2	1. 511	1. 211	49. 463	0. 309
D3	1. 663	1. 369	53. 750	0. 241
D4	1. 512	1. 238	51. 885	0. 300
E1	1. 463	1. 169	47. 766	0. 351
E2	1. 406	1. 142	43. 544	0. 349
E3	2. 137	1. 259	49. 646	0. 155
E4	1. 440	1. 157	47. 582	0. 398
E5	1. 526	1. 231	52. 349	0. 371

资料来源：Smart PLS 统计输出。

表 5 - 23　　　　　　　　　　　　LM 预测表

样本	RMSE	MAE	MAPE	Q^2_predict
D1	1. 501	1. 189	48. 490	0. 283
D2	1. 490	1. 177	48. 969	0. 328
D3	1. 643	1. 319	52. 022	0. 259
D4	1. 521	1. 243	51. 544	0. 293
E1	1. 453	1. 147	46. 993	0. 360
E2	1. 371	1. 086	41. 675	0. 381
E3	2. 155	1. 267	49. 546	0. 140
E4	1. 442	1. 141	46. 096	0. 397
E5	1. 501	1. 191	49. 378	0. 391

资料来源：Smart PLS 统计输出。

三、模型检验与修正

（一）直接效应检验

从以上对测量模型和结果模型的检验中可以看出，本章研究模型构建合理，可以进行检验分析。研究模型最终检验结果如图 5–3 所示。从图中可以看出，自然地理位置与信息贫困之间的路径系数为 0.174，这说明当自然地理位置这一变量变化一个单位时会推动信息贫困这一变量变动 0.174 个单位。其他系数变量之间的含义以此类推。在所有变量中，个体知识水平对信息贫困的影响最大，达到了 0.272，社群规范和社群信仰对信息贫困的影响较小。

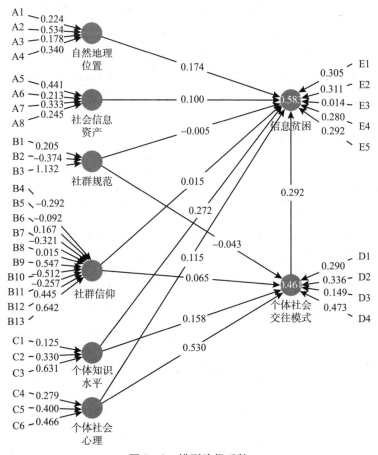

图 5–3 模型路径系数

资料来源：Smart PLS 统计输出。

利用 Bootstrapping 再抽样方法对模型路径系数进行检验和评价，Bootstrapping 是基于数据模拟的统计推断方法，依赖于给定的样本进行推断，不需要增加新的样本。① 根据 Bootstrapping 分析结果（见表 5 - 24）可以看出，初始样本和样本均值大体一致，说明从原始样本中不断提取的新样本所携带的信息与原始样本所携带的信息基本一致，也说明 Bootstrapping 的分析结果是可靠的。根据路径系数（即表 5 - 13 中的初始样本）和 T 统计量、P 值可以判断出各个路径的影响及其显著性。路径系数为正值说明有正向影响，T 值用来分析显著性，一般来说，T 值 > 1.96 则表示显著（5%），T > 2.58 表示极其显著（1%）。②

根据表 5 - 24 可以发现，除 H2a 和 H2b 外，所有路径系数为正值，且 T 值均大于 2.58，P 值均小于 0.01。这说明自然地理位置、社会信息资产、个体知识水平、个体社会心理对信息贫困具有显著正向影响，假设 H1a、H1b、H3a、H3b 均成立。社群规范对信息贫困的影响路径系数为负值且 T 值为 0.148，P 值为 0.882，说明假设 H2a 不成立。社群信仰对信息贫困的影响路径系数虽为正值，但其 T 值仅为 0.552，说明社群信仰对信息贫困的影响微乎其微，假设 H2b 不成立。

表 5 - 24　　　　　　　　　　直接效应路径检验结果

假设	路径关系	初始样本	样本均值	标准差	T 统计量	P 值
H1a	自然地理位置→信息贫困	0.174	0.173	0.031	5.588	0.000
H1b	社会信息资产→信息贫困	0.100	0.101	0.035	2.902	0.004
H2a	社群规范→信息贫困	- 0.005	0.000	0.033	0.148	0.882
H2b	社群信仰→信息贫困	0.015	0.021	0.028	0.552	0.581
H3a	个体知识水平→信息贫困	0.272	0.271	0.034	7.985	0.000
H3b	个体社会心理→信息贫困	0.115	0.113	0.041	2.844	0.005

资料来源：Smart PLS 统计输出。

（二）中介效应检验

凡是 X 通过 M 影响 Y，则 M 为中介变量，中介变量可以分为完全中

---

① 方艺文. 企业家内外控人格特质对创新行为的影响机理研究 [D]. 长春：吉林大学，2016.
② 韩翼. 工作绩效与工作满意度、组织承诺和目标定向的关系 [J]. 心理学报，2008（1）：84 - 91.

介和部分中介。① 当前绝大多数研究均是利用巴伦等（Baron et al., 1986）提出的三步骤对中介变量进行测量，步骤一为测量自变量对因变量的影响是否达到了显著性水平（如果没有则不用继续进行）；步骤二为测量自变量对中介变量的影响是否达到了显著性水平；步骤三为加入中介变量后，自变量、中介变量对因变量的影响。若步骤三中自变量与因变量的路径系数值较步骤一降低，且不显著，则是完全中介（如显著则是部分中介），如果步骤三中自变量与因变量的路径系数值较步骤一提高，则说明中介变量的假设不成立。当然，在这个过程中，需要中介变量与因变量的关系为显著。根据表5－25可知，本章的中介变量——个体社会交往模式与因变量对信息贫困有着显著的正向影响关系（路径系数 = 0.292，T 值 = 8.225，P 值 = 0.000），符合进行中介效应检验的要求。

对于假设 H4a，从表5－26可以看出社群规范对信息贫困并未有显著的正向影响，社群规范对个体社会交往模式的影响也未能达到显著性水平，不能检验个体的社会交往模式对这二者的中介作用，假设 H4a 不成立。同样，如表5－26所示，社群信仰虽对信息贫困有正向影响，但未能达到显著性水平（T 值仅为 0.552），因而同样不能检测个体社会交往模式在社群信仰和信息贫困间的中介作用，假设 H4b 也不成立。相比之下，从表5－26可以看出，个体知识水平对信息贫困和个体社会交往模式的影响均达到了显著性水平，在将个体社会交往模式作为中介变量后，个体知识水平对信息贫困影响的路径系数由 0.272 下降到 0.046，T 值为 3.454，说明个体社会交往模式对个体知识水平和信息贫困起着部分中介作用，假设 H5a 成立。个体社会心理对信息贫困和个体社会交往模式均有显著影响，但将个体社会交往模式作为中介变量后，个体社会心理对信息贫困影响的路径系数由 0.115 上升到 0.154（见表5－26），说明假设 H5b 不成立。

表 5–25　　　　　　　　　　　中介变量相关路径系数

路径关系	初始样本	样本均值	标准差	T 统计量	P 值
社群规范→个体社会交往模式	− 0.043	− 0.045	0.027	1.586	0.113
社群信仰→个体社会交往模式	0.065	0.069	0.030	2.175	0.030

①　程秀芳. 虚拟社区网络口碑对消费者决策行为影响研究 [D]. 徐州：中国矿业大学, 2011.

续表

路径关系	初始样本	样本均值	标准差	T统计量	P值
个体知识水平→个体社会交往模式	0.158	0.158	0.040	3.989	0.000
个体社会心理→个体社会交往模式	0.530	0.529	0.038	13.860	0.000
个体社会交往模式→信息贫困	0.292	0.293	0.035	8.225	0.000

资料来源：Smart PLS 统计输出。

表5-26　　　　　　　个体社会交往模式的中介效应检验

假设	路径	初始样本	样本均值	标准差	T统计量	P值
H4a	社群规范→信息贫困	-0.005	0.000	0.033	0.148	0.882
	社群规范→个体社会交往模式	-0.043	-0.045	0.027	1.586	0.113
	社群规范→个体社会交往模式→信息贫困	-0.013	-0.013	0.008	1.527	0.127
H4b	社群信仰→信息贫困	0.015	0.021	0.028	0.552	0.581
	社群信仰→个体社会交往模式	0.065	0.069	0.030	2.175	0.030
	社群信仰→个体社会交往模式→信息贫困	0.019	0.020	0.009	2.109	0.035
H5a	个体知识水平→信息贫困	0.272	0.271	0.034	7.985	0.000
	个体知识水平→个体社会交往模式	0.158	0.158	0.040	3.989	0.000
	个体知识水平→个体社会交往模式→信息贫困	0.046	0.047	0.013	3.454	0.001
H5b	个体社会心理→信息贫困	0.115	0.113	0.041	2.844	0.005
	个体社会心理→个体社会交往模式	0.530	0.529	0.038	13.860	0.000
	个体社会心理→个体社会交往模式→信息贫困	0.154	0.155	0.023	6.724	0.000

资料来源：Smart PLS 统计输出。

（三）模型修正

根据前文中利用偏最小二乘法对 10 项假设进行路径检验的结果可知，本章中有 5 项假设通过了验证，5 项未通过（见表 5 - 27）。总结起来即为自然地理位置、社会信息资产、个体知识水平、个体社会心理与信息贫困间存在着显著的正相关关系，而社群规范和社群信仰都不显著正向影响信息贫困。个体社会交往模式在个体知识水平对信息贫困的影响中起着部分中介作用，但在社群规范与信息贫困、社群信仰与信息贫困、个体社会心理与信息贫困之间没有部分中介作用。

表 5 - 27　　　　　　　　　　检验结果汇总

编号	假设	检验结果
H1a	自然地理位置对信息贫困有着显著正向影响	成立
H1b	社会信息资产对信息贫困有着显著正向影响	成立
H2a	社群规范对信息贫困有着显著正向影响	不成立
H2b	社群信仰对信息贫困有着显著正向影响	不成立
H3a	个体知识水平对信息贫困有着显著正向影响	成立
H3b	个体社会心理对信息贫困有着显著正向影响	成立
H4a	个体社会交往模式在社群规范与信息贫困间有着部分中介作用	不成立
H4b	个体社会交往模式在社群信仰与信息贫困间有着部分中介作用	不成立
H5a	个体社会交往模式在个体知识水平与信息贫困间有着部分中介作用	成立
H5b	个体社会交往模式在个体社会心理与信息贫困间有着部分中介作用	不成立

资料来源：作者自制。

在删除验证不通过的 5 条假设后，重新对模型进行运算，最终得到模型路径系数（见图 5 - 4），从图中可以看出，虽然自然地理位置对信息贫困的影响降低了 0.001，但社会信息资产、个体知识水平、个体社会心理对信息贫困的影响和显著性均有所上升。结合表 5 - 28 可以发现，修正后所有路径系数的 T 值都大于 1.97，最低值为 2.947，这表明修正后的模型路径系数全部通过检验，且各个路径均呈现较高的显著性。

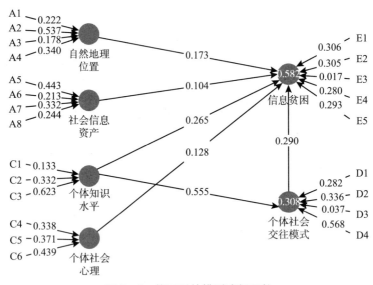

图 5 - 4   修正后的模型路径系数

资料来源：Smart PLS 统计输出。

表 5 - 28   修正后的直接和中介效应检验结果

路径关系	初始样本	样本均值	标准差	T 统计量	P 值
自然地理位置→信息贫困	0.173	0.174	0.032	5.485	0.000
社会信息资产→信息贫困	0.104	0.106	0.035	2.947	0.003
个体知识水平→信息贫困	0.265	0.264	0.033	8.030	0.000
个体社会心理→信息贫困	0.128	0.129	0.039	3.294	0.001
个体知识水平→个体社会交往模式→信息贫困	0.161	0.162	0.022	7.268	0.000

资料来源：Smart PLS 统计输出。

第五节　研究结果讨论

一、外界情境对信息贫困的影响讨论

根据模型检验和修正可以发现外界情境对信息贫困有着显著影响，无论是自然地理位置还是社会信息资产都高度显著影响着信息贫困。在修正前，自然地理位置和信息贫困间的路径系数为 0.174（T 值：5.588，P 值：0.000），社会信息资产和信息贫困间的路径系数为 0.100（T 值：2.902，P 值：0.004）；修正后，自然地理位置的影响为 0.173（T 值：5.485，P 值：0.000），社会信息资产的影响为 0.104（T 值：2.947，P 值：0.003）。谢尔顿（Shelton，2012）指出基础设施为信息流动奠定了物质基础，决定了谁可以成为信息的访问者、谁不能成为信息的访问者，但事实上这些基础设施大都集中在城市。施万嫩等人（Schwanen et al.，2013）承认信息技术的发展缩小了地理位置的限制，但他们强调物理空间以多种方式塑造着网络空间，地理位置加之信息基础设施建设带来了空间维度上的数字鸿沟。从以上研究中可以发现，自然地理位置和信息基础设施建设影响了人们在数字鸿沟中的角色，也说明在自然地理位置和社会信息资产中处于劣势的人们信息贫困的程度会更深。

西南民族村落的人们大多居住在位置偏远、自然环境恶劣的山区，地理位置和地形限制导致当地难以建立便利的交通，而交通的不便又极大地增加了信息获取的成本，为本地人和外界之间的交流带来了巨大的物理障碍。本书研究团队在对四川省甘孜藏族自治州调研过程中发现，即使州府的文化馆、图书馆的工作人员自身希望也愿意亲自去民族村落中宣传文化知识，但民族村落与州府相距甚远，从而使得这些工作人员不得不经受长时间的舟车劳顿。长达数天的车程、颠簸起伏的路段、频发的交通事故使得他们不得不减少访问民族村落的频次。同时，对于少数民族自身来说，地理位置也时常限制着他们接触外界的人与事。例如，对于居住在四川省阿坝藏族羌族自治州萝卜寨中的羌族人来说，以前需要花费整整一天的时间才能从自己居住的山顶到达山脚，即使当前新修了公路，他们也需数小时的车程。对于这些羌族人来说，仅从居住的山顶到达山脚尚需这么长时间，到达更加发达的地区需要花费的时间精力不言而喻。对于西南民族村落中的人们而言，自然地理位置极大限制了他们的空间可及范围，他们无法"走出去"，外界的信息亦"进不来"。

随着科技的发展，人们倾向于认为空间位置的束缚会降低。手机、电话、电脑等使得原本物理上被束缚的人们可以便捷地获取信息，信息基础设施可及之处将是海量的信息。结合西南民族村落的实际，可以进一步论证包括信息基础设施建设在内的社会信息资产对信息贫困的显著影响。对于西藏阿里地区普兰县普兰镇多油乡德拉林村的藏族人民来说，以往信息的传播全靠村长一家一户地通知，而如今，他们大多拥有了智能手机，开始使用微信，信息通知以微信传播为主，大大便利了藏民们对村务信息的接收，这说明信息基础设施建设越好，信息贫困程度越低。在贵州省铜仁市桃松苗族自治县的苗族村落的调研发现卫生室、图书室、活动室等设施在当地显著缺乏，因此当地人们反映当自己遇到问题时不知该从何处寻找解决之道，亦觉得无人帮他们答疑解惑。

二、社会关系对信息贫困的影响讨论

查特曼的小世界理论认为穷人生活的小世界是一个由社会规范或道德观念规定了什么重要什么不重要的小世界。社群规范调节着人与人之间的关系，[①] 规定着人们是否可以接触、利用信息，也因此在一定程度上决定了人们是信息贫困或是信息富有。例如，文卡特什（Venkatesh，2017）在对印度农村地区的实证研究中发现，在种姓和阶级制度影响下，印度男性拥有绝对权力，因而更易接触到信息基础设施，相反，女性对ICT的使用却受到了诸多限制。因此，本章预先假设社群规范会影响信息贫困。但在实证研究中，这一假设并未得到支持。根据模型检验结果，社群规范与信息贫困之间的路径系数是 -0.05，T值为 0.148，P值为 0.882，说明社群规范并不显著影响信息贫困。对重庆西阳土家族苗族自治县板溪镇三角村的调查发现，高达一半以上的村民表示知道并十分认可村子里面的村规村约，也很愿意按照这些村规村约来办事情。但如今，民族地区村规村约已与外部世界的规章制度无异，大多包含的是村民道德、环境卫生、社会治安、教育等概括性内容，倡导科学、文明、健康生活方式，增强与提升精神文明素养。在新时代村规村约的影响下，人们对外界怀有更高的包容度，也在思想上与主流社会更加接近，愿意去接触外界信息，进而使得当地原有信息封闭落后的状况得以改善。

路易斯的贫困文化理论认为处在贫困之中的人们脱离了主流文化，形成自己内部封闭且代代相传的亚文化，且亚文化内部独特的风俗习惯、精

---

① 李良栋. 坚持法律的规范作用与道德的教化作用相结合 [J]. 社会科学研究，2015（2）：10-13.

神信仰影响着人们对外部世界的感知和对信息的接受。帕拉－卡多纳等（Parra-Cardona et al., 2016）指出拉丁裔美国人处于数字鸿沟弱势一端，他们在遇到心理疾病时倾向于民间医治人员的帮助，而不单求助于诸如精神科医生、心理学家等专业人士。米德尔顿（Middleton，2010）发现免费使用 Wi－Fi 系统上存在着种族差异，与非西班牙裔白人相比，愿意使用 Wi－Fi 的西班牙裔美国人更少。因此，本章预先假设社群信仰会对信息贫困产生显著正向影响。在用偏最小二乘法对假设进行检验的过程中发现，社群信仰与信息贫困之间的路径系数是 0.015，T 值为 0.552，P 值为 0.581，说明社群信仰虽对信息贫困有正向影响，但这种影响并未达到显著水平。社群信仰是少数民族在长期生活过程中逐渐形成的具有民族特色的精神文化，对于少数民族来说，负责祭祀、信仰的人或者其他德高望重的人在民族村落内部具有举足轻重的地位。但随着近些年的发展，这些人在民族村落中的影响力有所下降。例如，对于云南省怒江州兰坪县城啦井镇布场村的白族人来说，原本全民信奉的本主神——武增在老一辈人的眼里是一个很重要的角色，但对于年轻一辈来说，武增近乎是一个可有可无的角色。同样，在对贵州省贵阳市黔东南凯里市、贵州省铜仁市松桃苗族自治县等地苗族人的调查中发现，巫师这个名字也只会出现在爷爷奶奶辈人的口中，是近似"历史产物"般的存在了。尽管如此，其他"社会领袖"如"家长"、村干部的影响依然存在。例如，对西藏日喀则市康马县南尼乡巴旺村藏族群众的调查发现，老人和小孩等都不太关注村里的事务，遇事主要听家族负责人的安排，或由家族负责人出面向村干部求助。

三、个体情境对信息贫困的影响讨论

通过模型检验和修正可以发现个体情境对信息贫困有着显著的正向影响，其中，个体知识水平对信息贫困的影响在直接检验时为 0.272（T 值：7.985，P 值：0.000），在进行模型修正后，个体知识水平对信息贫困的影响为 0.265（T 值：8.030，P 值：0.000），这二者说明个体知识水平对信息贫困有着极其显著的正向影响。个人是否处于信息贫困之中与个体知识水平密切相关。国外一项对父母进行的研究发现，有 44% 的说西班牙语的父母使用计算机来查找健康或医疗信息，而有 60% 的说英语的父母使用过计算机，[①] 这说明语言能力很大程度上影响着人们对互联网的使用。还有学者认为第一层次的数字鸿沟是获取鸿沟，第二层次的数字鸿沟是能力鸿沟，指开发信息资源的能力的不平等，而第三层数字鸿沟是成果鸿沟，是指特定情境下利用信息资源的结果（例如学习和生产力）的不平等[②]。在对云南省怒江州兰坪县营盘镇恩琪村、通甸镇丰华村、老地盘村、马道子村、西菜园村的调查过程中，本书研究团队发现这些村落里面的绝大多数白族人受教育程度为小学或初中，还有部分未接受过教育，他们在语言表达上大体清晰，但部分人还是不会说普通话。对四川凉山州布拖县拖觉镇拉达乡调查时，当地的彝族受访者们表示自己容易听信关于外部世界的诸多谣言，他们觉得别人说的话应该都是真的，自己不会去判断和思考。以上均论证了个体知识水平对信息贫困的显著影响。

个体社会心理对信息贫困的影响在直接检验时为 0.115（T 值：2.844，P 值：0.005），模型修正后提高到 0.128（T 值：3.294，P 值：0.001），这说明个体社会心理对信息贫困有着显著的正向影响。格雷森等人（Greyson et al.，2018）调查了人口健康信息干预措施（Population Health Information Interventions，PHIIs）推行过程中的伦理和道德问题，在他们看来，虽然 PHIIs 可以将信息推送给目标用户，进而提升人们的健康水平，但人们对 PHIIs 使用中对自身安全感、自尊感、自主权的考虑影响着这一措施的效果。马龙等人（Malone et al.，2017）发现对电子健康信息可信度的怀疑、对隐私的担忧都影响着人们在线获取健康信息。因此，本章认为少数民族对信息的接受、传播、使用会受到其社会心理的影响。例如，在对重庆西阳土家族苗族自治县调查过程中发现，这些地方的人愿意主动接触外界，愿意出去赚钱，因此主动去与外人交流，信息贫困程度低。相反，在传统观念的影响下，有些少数民族群众对信息反映不积极，缺乏利用信息的内生动力，排斥现代社会文明。例如，四川省凉山彝族自治州雷波县松树乡大坪村的彝族人大部分表示自己不太敢相信外人。这些人大部分不愿意走出自己的村子，也没有怎么接触过外界，有些年龄大的人甚至表示一辈子都没有去过周边的县城。此外，这些村民表示自己文化

① Hambidge S J, Phibbs S, Beck A et al. Internet-based developmental screening: A digital divide between english-and spanish-speaking parents [J]. Pediatrics, 2011, 128（4）: 939 – 946.

② Wei K K, Teo H H, Chan H C et al. Conceptualizing and testing a social cognitive model of the digital divide [J]. Information Systems Research, 2011, 22（1）: 170 – 87.

水平低，害怕与外人交流被骗。在这种心理影响下，当地彝族群众将自己封闭在村落之中，不愿意也不敢接触新信息。

四、个体社会交往模式的中介作用讨论

查特曼的信息贫困理论认为个体的欺骗、隐秘等自我保护行为都是用来回应社会规范的，在这些行为影响下，人们认为没有可以帮助自己的信息源，认为自己处于贫困之中。加济阿诺等（Gaziano et al., 1998）同样发现社会规范影响了人们对信息意义的建构以及对信息的选择。以上研究关注到个体社会交往模式在社群规范与信息贫困之间的中介作用。但在实证研究过程中，社群规范并未显著影响信息贫困，因而个体社会交往模式的中介作用并未得以支撑。在社群信仰方面，以格兰诺维特为代表的社会网络理论研究认为个人所处的社会网络决定个人处于信息优势或信息劣势，认为人们与亲戚、邻居、熟人的互动使得人们的信息获取局限在小范围的熟人网络之内，导致这些人无法从外界获取更丰富的信息。因此，本章预先假设个体社会交往模式在社群信仰与信息贫困间起着中介作用，但模型检验过程发现社群信仰与信息贫困的直接效应仅有 0.015（T 值：0.552，P 值：0.581），无法达到显著性水平，进而无法检验个体社会交往模式在二者间的中介作用。

有学者指出人类的心理和能力决定了他们对技术的使用（Seong, 2019），还有学者发现，心理、认知等使得农民工在物质、认知、动机、社会获取上受到限制，进而使得他们经历信息贫困（Yu et al., 2016）。因此，可以认为个体社会交往模式在个体知识水平与信息贫困以及个体社会心理与信息贫困之间起到了部分中介作用。实证研究发现，尽管个体社会心理对信息贫困有着显著的正向影响（路径系数为 0.115，T 值为 2.844，P 值为 0.005），但在加入个体社会交往模式这一中介变量后，路径系数反而有所上升，说明个体社会交往模式并未在二者间起到中介作用。相比之下，实证研究过程仅支持了个体社会交往模式对个体知识水平和信息贫困的部分中介作用。在加入中介变量前，个体知识水平对信息贫困的影响路径系数为 0.272，T 值为 7.985，P 值为 0.000，而在加入中介变量后，个体知识水平对信息贫困的影响路径系数下降了 0.226，这说明个体社会交往模式在个体知识水平和信息贫困间起到了部分中介作用。在对西南民族

村落调研过程中，西藏山南市贡嘎县岗堆镇雪村、托嘎村的藏民们表示自己虽然愿意去外面打拼赚钱，但由于不识字、不会用电脑等原因，只能依靠熟人介绍工作，而不会去利用其他可以获取工作信息的渠道。对于四川省甘孜藏族自治州的游牧民族来说，因为自身识字能力有限，他们不会去看文化部门免费提供的书籍，农家书屋在他们眼里也不过是百无一用而已。而对于四川省凉山州布拖县的彝族来说，父辈受教育程度低下导致当地村民对孩子教育的普遍不重视，儿童上学晚且辍学早，在这种整体教育水平无法提升的情况下，当地摆脱信息贫困更是难上加难。

第六章

基于彝族村落的信息贫困质性研究

第一节　调研对象

一、调研对象的选择

基于变量关系的定量研究，通过四川、云南、贵州、重庆、西藏五个省区市的调查样本，表明小世界生活情境对西南民族村落信息贫困存在影响。在调查中也可以发现，在不同区域，小世界生活情境对信息贫困的影响是存在差异的。为了更好地对研究进行深化，本章将选择更为具体的区域，探究具体区域的信息世界中有哪些小世界生活情境要素影响了当地群体的信息实践。

当前，我国社会主要矛盾已经转化为人民日益增长的美好生活需要和不平衡不充分的发展之间的矛盾，不平衡不充分的发展问题已成为党和政府的关注重点，也是实现中华民族伟大复兴必须要思考解决的问题。党的十九大后，习近平同志在2018年春节前夕走进了四川省凉山彝族自治州昭觉县三岔河乡三河村、解放乡火普村，一一走访贫困户，对破解深度贫困问题进行调研。习近平总书记在调研过程中指出，要实施网络扶贫行动，充分发挥互联网在助推脱贫攻坚中的作用，推进精准扶贫、精准脱贫，让更多困难群众用上互联网，让农产品通过互联网走出乡村，让山沟里的孩子也能接受优质教育。[①] 济困扶贫，网络先行，要打好精准脱贫攻坚战，更需网络助攻。网

---

① 中央网信办. 习近平看望凉山地区群众并主持召开脱贫攻坚座谈会 心系人民彰显不变初心网络助力决战脱贫攻坚［EB/OL］. http：//www. cac. gov. cn/2018 - 05/14/c_1122776187. htm.

络扶贫一直以来也是我国政府扶贫工作的重点，早在 2016 年 7 月中共中央办公厅和国务院办公厅发布的《国家信息化发展战略纲要》（以下简称《纲要》）中，就提出要实施网络扶贫行动，构建网络信息扶贫体系。《纲要》中指出，实施网络扶贫行动计划，构建网络扶贫信息服务体系，加快贫困地区互联网建设步伐，扩大光纤网、宽带网有效覆盖。开展网络公益扶贫宣传，鼓励网信企业与贫困地区结对帮扶，开发适合民族边远地区特点和需求的移动应用，建立扶贫跟踪监测和评估信息系统。① 可见，通过网络扶贫、信息扶贫来解决边远民族地区的脱贫问题是我国政府扶贫工作的突破口，是破解深度贫困问题的有效方案，更是充满智慧的中国方略。

习近平同志所调研的四川省凉山彝族自治州是全国最大的彝族聚集区，作为全国连片深度贫困地区，也是我国实现全面精准脱贫的重点难点地区。凉山州位于四川省西南部，这里山高谷深，群峰林立，交通闭塞。凉山州长期以来自然条件恶劣，自然灾害频发，生产方式和思想观念传统，劳动力素质较低，造成该地区贫困问题较为严峻，尤其是凉山州腹心地带的美姑县、布拖县、昭觉县等地，贫困情况更为严重。曾有媒体这样评价"如果将脱贫攻坚比作一个通关游戏，那么四川的凉山州绝对是全 S 级难度的存在"。② 凉山州的贫困问题涉及方面较多，经济贫困、文化贫困、精神贫困相交织，具有其独特性和复杂性。要破解凉山州的贫困难题，实现精准脱贫，就必须对当地的贫困问题进行精准分析与解读。信息贫困问题深深困扰着当地人民，亟待关注与解决。党和政府将网络扶贫、信息扶贫作为凉山州地区脱贫扶贫问题的突破口，也进一步说明了深入认识与分析该地区的信息贫困问题的必要性和紧迫性。

鉴于此，本章选择四川省凉山彝族自治州的民族村落作为研究对象，以小世界生活情境为研究视角，具体探究凉山彝族自治州民族村落信息贫困的小世界生活情境影响要素。本章将通过人种志、扎根理论等质性研究方法，揭示当地信息贫困的小世界生活情境影响要素，以充实和丰富现有信息贫困的相关研究，为民族地区信息贫困问题的解决提供素材。

① 新华社. 中共中央办公厅、国务院办公厅印发《国家信息化发展战略纲要》[EB/OL]. http://www.gov.cn/gongbao/content/2016/content_5100032.htm.
② 中国军网. 这些年的春节主席都去了哪里 [EB/OL]. http://www.chinamil.com.cn/jmywyl/2018 – 02/16/content_7946395.htm.

二、凉山州概况

四川省凉山彝族自治州（下称凉山州）位于四川省西南部，北起大渡河，与雅安市、甘孜州接壤，南至金沙江与云南省相望，东临云南省昭通市和四川省宜宾市、乐山市，西连甘孜州。凉山州是全国最大的彝族聚居区、四川民族类别和少数民族人口最多的地区，境内有彝族、汉族、藏族、回族、蒙古族等 14 个世居民族，总人口 529.94 万，其中彝族占 53.62%。① 本章的调研主要针对其下辖的布拖县和昭觉县两个县区开展。

凉山州是我国的集中连片深度贫困地区，其财政自给率、人均财政支出、公用经费保障水平均远低于四川省其他市州标准。2017 年，全州人均财政收入 2 578 元，其中 11 个贫困县仅为 1 172 元，最低的美姑县为 306 元。农业是凉山州彝族地区的支柱性产业，农业人口占全州总人口数的 88%；居民收入以农牧业生产为主，主要农业作物有土豆、玉米和荞麦等，畜牧业以猪、牛、羊等为主。农业生产方式基本以小农生产、粗放经营的方式进行。畜牧业生产管理也较为粗放，处于家庭放养的自然生产状态，没有实现大规模集约化养殖经营。长期以来凉山州地区生产力相对落后，人民经济来源微薄单一。此外，当地人民市场经济意识缺乏，基本维持着一种自给自足的生产经营状态，赶集是凉山地区农民常用的物品交易采购方式，交易的商品主要是当地的农牧产品和手工艺品，交易形式简单，市场商业化程度较低。

凉山地区的自然环境也十分恶劣，全州地形以山地为主，丘陵、冲积平原、河谷及断陷盆地等仅占全州总面积的 10%，境内河谷纵横、大山林立。尤其是农牧民生活的高寒山区，山陡地险，干旱、低温、泥石流等自然灾害频发，农业生产条件差。恶劣的自然环境除了影响农业生产，也严重影响着当地的交通状况。2017 年普查数据显示，截至 2017 年全州公路总里程为 2.7 万千米，全州等级公路比重仅为 79.6%，低于全省 6.5 个百分点；高速公路通车里程占公路总里程的比例仅为 0.78%，列全省倒数第三；全州公路密度仅为每百平方千米 44.95 千米，低于全省平均水平 22 千米。② 而当前剩

① 凉山州政府网. 凉山概况［EB/OL］. http：//www.lsz.gov.cn/wcls/lsgk/lsgk_21388/201806/t20180619_602897.html.
② 凉山州政府网. 五彩凉山［EB/OL］. http：//www.lsz.gov.cn/lszrmzf_new/lsgk15/6025145/index.shtml.

余未开发的交通项目基本都是难啃的"硬骨头"，建设难度大、回报低，因此独特的自然环境和地形成为凉山地区交通发展的刚性约束，全州的交通建设情况不容乐观。

生活于凉山州的彝族人口有其独特的民族文化和生活习惯，并且传统文化保存和传承较为完整。彝族居民有自己的宗教信仰，他们有着自然崇拜、图腾崇拜、祖先崇拜和万物有灵的观念。毕摩在彝族传统中除了诵经祈福、主持神判仪式外，还兼治病救人等。彝族拥有自己的语言和文字，彝文基本为当地的毕摩所掌握，并世代相传，普通的彝族村民基本不认识彝文，相较于彝文的垄断性，彝语则被彝族人广泛使用，是彝族人的母语。其次，彝族还有很多本民族的传统观念和生活习俗。彝族存在以家支为本位的传统道德价值观，在社会生活中"重人际、轻功利"，在生活中秉持知足常乐、重畜轻商的生活观，有自己民族特定的行为准则和处事方式。

本章所调查的布拖县、昭觉县都是彝族人口较为集中的县区，截至2019年，布拖县彝族人口占96.3%，昭觉县彝族人口占97.94%。布拖县地处凉山州东南部，是一个彝族聚居的高寒山区半农半牧县，也是国家扶贫开发工作重点县，农业人口占全县总人口的92.5%；昭觉县位于凉山州中部偏东，地处大凉山腹心地带，全县地形以山原为主，境内山高谷深，立体气候明显，农作物以马铃薯、荞麦、燕麦、玉米为主，气候干旱，冰雹、洪涝等自然灾害严重，较为贫困。

第二节　研究设计

一、基本情况调查

（一）信息基础设施情况

通过调查当地的政府文件、数据公报，搜集当地的年鉴、县志、村规民约等，可以初步了解布拖县、昭觉县的村落信息基础设施建设情况和文化教育现状，了解具体地区的社会发展程度，同时也能较准确地了解该地

区的信息化发展程度。2018 年的统计数据显示，布拖县城镇化率为
21.69%，昭觉县城镇化率为 23.10%。① 表 6 - 1 是这两个县区及凉山州、
四川省、全国的信息基础设施服务情况对比，主要涉及广播电视业、邮电
通信业及交通运输业。

表 6 - 1　　　　　　　广播电视业、邮电通信业、交通运输业情况

指标	布拖县	昭觉县	凉山州	四川省	全国
广播电视业					
广播覆盖率（%）	82.20	75.00	81.03	97.19	98.37
电视覆盖率（%）	82.10	80.00	94.02	98.29	98.88
邮电通信业					
移动电话普及率（%）	34.47	39.91	71.99	88.30	95.60
互联网普及率（%）	1.54	2.01	12.66	22.40	52.89
人均邮电业务量（元）	217.97	279.77	513.77	2 263.98	1 664.43
交通运输业					
公路网密度（千米/平方千米）	0.64	0.47	0.45	0.67	0.49
等级公路里程占公路总里程（%）	62.42	92.46	79.63	86.14	90

注：因数据获取困难，表中数据主要以 2017 年为主，部分数据采用了 2016 年或其他年份
数据。

资料来源：根据《布拖县 2016 年国民经济和社会发展统计公报》《四川统计年鉴 2017》《昭觉
统计年鉴 2016》《2017 年凉山州国民经济和社会发展统计公报》《中国统计年鉴 2017》等相关资
料整理。

从表 6 - 1 中数据可以看到，本章所调查的两个县在信息基础设施建
设方面远低于四川省及全国的平均水平。相较之下广播电视覆盖率情况较
好，但由于大部分彝族村民的语言障碍及文化水平限制，广播电视设施在
当地发挥的作用大打折扣。而差距最明显的是邮电通信等信息化产业，其
中互联网普及率直接反映和影响一个地区的信息化水平、村民的信息化程
度。从表 6 - 1 的统计数据可以看到，在互联网普及率方面，两个县区与
全国的平均水平相差约 51 个百分点。如此之低的互联网普及程度，严重

① 凉山州住建局.2018 年各县市常住人口和城镇化率 [EB/OL]. http：//zjj. lsz. gov. cn/
xxfb/jbxx/zwdt/sjtj/201904/t20190424_1160473. html.

影响和制约了当地的信息化发展，同时也影响了当地村民信息获取以及信息交流的渠道和效率。在交通运输业方面，虽然这两个县区的公路网密度较大，但主要是县内通乡、通村公路及专用公路，对外公路和达到一定标准的等级公路、高速公路里程占比相当低。以布拖县为例，2016 年末县内公路通车里程为 1 075 千米，[①] 但其中绝大多数是通乡公路和通村公路，等级公路里程占公路总里程仅 62.42%。此外，这两个县区境内几乎没有铁路、水运等其他交通运输线路。因此，布拖县和昭觉县的对外等级公路缺乏且交通运输方式相对单一，当地与外界交流和经济发展受到一定影响。

2015 年全国第三次经济普查结果显示，布拖县至 2013 年末，全县无信息传输、软件和信息技术服务业，无科学研究和技术服务业法人单位，全县共有交通运输、仓储和邮政业企业法人单位 2 个。[②] 2013 年末，昭觉县全县共有信息传输、软件和信息技术服务业企业法人单位 1 个，从业人员 4 人，主要是电信、广播电视和卫星传输服务业，互联网和相关信息技术服务业企业为零；全县共有科学研究和技术服务业企业法人单位 1 个，从业人员 6 人；共有交通运输、仓储和邮政业企业法人单位 3 个。[③]

从上述统计资料可知这两个县区的信息传输、信息技术服务业发展严重滞后，信息设施设备的配置和使用情况不容乐观，对信息技术和服务的需求无法得到充分满足，科研技术服务单位的缺乏也阻碍了当地科技的进步。由以上统计数据和资料可见，彝族村落居民所生活的社会环境中，信息化基础设施建设情况及相关信息服务的发展情况较为落后，社会信息化水平较低。

（二）教育文化服务情况

在公共文化服务单位方面，2017 年，凉山州共有文体馆 53 个，其中美术馆 11 个、体育馆 7 个、文化馆 15 个、图书馆 16 个、纪念馆 4 个。其中 1/5 的文体馆位于首府西昌市，[④] 而布拖县、昭觉县分别只有一个公共

---

① 四川省统计局. 四川统计年鉴 2017 [EB/OL]. http：//tjj. sc. gov. cn/tjcbw/tjnj/2017/zk/indexch. htm.

② 凉山州统计局. 布拖县第三次全国经济普查主要数据公报（第三号）[EB/OL]. http：//www. lsz. gov. cn/lszrmzf_new/jjpcgb50/3616247/index. shtml.

③ 凉山州统计局. 昭觉县第三次全国经济普查主要数据公报（第三号）[EB/OL]. http：//www. lsz. gov. cn/lszrmzf_new/jjpcgb50/3579321/index. shtml.

④ 凉山州政府网. 五彩凉山 [EB/OL]. http：//www. lsz. gov. cn/lszrmzf_new/jykj/index. shtml.

图书馆、一个文化馆。在基础教育方面，2017 年，昭觉县有小学 62 所，普通中学 12 所，中等职业教育学校 1 所，"一村一幼"幼教点 282 所，小学专任教师 1 630 人，普通中学专任教师 478 人，在校学生 50 409 人。[①] 2018 年布拖县全县学前在园幼儿 15 386 人，入园率 79.78%；小学在校学生 35 328 人，入学率 93.04%；初中在校学生 6 145 人，入学率 87.77%。[②] 表 6-2 是布拖县和昭觉县的部分教育、图书馆产业与凉山州、四川省、全国的对比情况。

表 6-2 　　　　　　　　　部分教育、图书馆产业相关情况

指标	布拖县	昭觉县	凉山州	四川省	全国
小学入学率（%）	93.040	99.240	99.720	99.830	99.910
教育行业从业人员比例（%）	0.770	0.710	1.000	1.310	1.470
人均拥有图书馆馆藏量（册）	0.075	0.100	0.260	0.430	0.650

注：因数据获取困难，表中数据主要以 2017 年为主，部分数据采用了 2016 年或其他年份数据。

资料来源：根据《布拖县政府工作报告 2019》《四川省统计年鉴 2017》《布拖县年鉴 2016》《昭觉统计年鉴 2016》《2017 年凉山州国民经济和社会发展统计公报》《凉山州统计年鉴 2016》《凉山州季度数据——2016 年四季度》《2017 年教育统计数据——各省基本情况》《2017 年四川省教育事业基本情况》《2017 年全国教育事业发展统计公报》《2017 年教育统计数据——全国基本情况》《中国统计年鉴 2017》等相关资料整理。

在教育普及率方面，布拖县 2018 年的小学入学率为 93.04%，远低于 2016 年全国及四川省的小学入学率，而布拖县及昭觉县的初中、高中入学情况同样不容乐观，辍学现象严重。彝族村民对教育重要性的认知严重不足，缺乏支持子女接受教育及深造学习的意识。虽然当地一些适龄儿童会在外界资助下接受教育，但由于部分资助缺乏连续性，也导致了儿童失学。其次，初中及高中学校数量较少，相应地，当地学生接受较高层次教育的机会也较少。最后，受限于当地的经济发展水平，难以吸引到外界的教育人才，导致这两个县区的教育行业从业人员比例也低于全国、四川及凉山州的平均水平。在文化建设方面，从表 6-2 中的人均馆藏量、教育

---

① 昭觉县政府网.2017 年昭觉县国民经济和社会发展统计公报［EB/OL］.http：//www.zhaojue.gov.cn/zhaojue/jjpcgb4/6226107/index.html.

② 布拖县政府网.2019 年政府工作报告［EB/OL］.http：//www.zhaojue.gov.cn/zhaojue/jjpcgb4/6226107/index.html.

行业从业人员比例等数据可以看出，布拖县和昭觉县的文化教育资源较为匮乏。全国的人均拥有图书馆馆藏量是布拖县人均馆藏量的 8.67 倍，是昭觉县人均馆藏量的 6.5 倍。而布拖县和昭觉县的公共文化服务资源和设施也严重缺乏，无法为村民提供基本的文化服务，居高不下的辍学率又导致很多村民的文化水平处于近乎文盲的状态。虽然当地政府也一直在积极推行辍控保学等政策，但教育观念的转变是一个长期、艰巨的过程。

彝族村民的消费结构在一定程度上也反映了当地的信息化水平。2016年布拖县居民交通通信支出占可支配收入的 3.91%，[①] 而全国的平均水平为 9.81%，[②] 凉山州为 8.06%；[③] 教育文娱支出占可支配收入的 2.35%，而全国平均水平为 8.04%。由此可见，布拖县居民在交通、通信及教育文娱方面的支出与凉山州、全国的平均水平差距较大，尤其是文化娱乐和教育方面的消费，与全国平均消费水平差距明显。彝族村民对于文化教育及信息产业的消费投入较少，重视程度较低，其日常生活中能够获得的文化资源和通信服务较为匮乏，当地居民整体的信息化水平也就相应低下。

二、田野调查

凉山州彝族村落的田野调查，主要通过深度访谈、小组访谈、参与观察等方式进行，调查区域为四川省凉山彝族自治州布拖县、昭觉县下属的 4 个村庄，共走访了 22 户村民，41 位单独访问对象，进行了 26 个小组访问，调研事件 17 起。调研具体人群涉及老人、中年人、青年及小孩等各个年龄层，在人员的职业分布方面也特别注意，被采访者有当地村干部、学生、外出打工者、当地农民等，调研对象的年龄和职业覆盖面较为广泛。

访谈及提问大多数采用的是开放式问题，引入一个话题然后由被调查

① 布拖县史志办公室. 布拖年鉴 2016 [M]. 北京：开明出版社，2017.

② 中国国家统计局. 中国统计年鉴 2017 [EB/OL]. http：//www. stats. gov. cn/tjsj/ndsj/2017/indexch. htm.

③ 四川统计局. 四川省统计年鉴 2017 [EB/OL]. http：//tjj. sc. gov. cn/tjcbw/tjnj/2017/zk/indexch. htm.

者自由阐述且在过程中不加任何干涉，但部分采访时考虑到当地的人口素质以及需要深度了解的问题等因素，采用了半结构化的访谈。小组访谈以入户访问的形式进行，调查的问题主要为家庭的基本情况、基本的文化素养情况等，从被调查者比较关心的问题入手调查其信息需求以及信息获取等的大致情况。对于深度访谈，主要通过比较具体和深入的问题，调查其有记忆的一次信息实践的具体情况，从信息素养和信息能力，以及其遭遇的信息阻碍和对信息活动的认知及态度等方面展开访问。对于观察形式的调查，则通过跟踪村民具体的信息实践来进行，观察并记录其对信息的获取、处理、利用和反馈等情况。[①]

由于考察内容主要是为了探究凉山州彝族村落信息贫困的影响要素，所以考察的数据搜集主要以连续性的事件或活动为主，主要调查分析村民们如何在小世界生活情境影响下形成信息贫困。调查主要从村民日常的生活事件切入，比如，邀请当地村民分享一次涉及教育、交通出行、医疗卫生、就业择业以及其从事的农业或商业活动等，在这些村民分享过程中着重关注其在具体活动中的信息实践以及最终结果，再进一步以此来挖掘和探寻其背后的原因及影响等等，最后形成一个完整的事件链。调查者实际观察的事件是本章研究的重点内容，对于跟踪观察事件，则毫无保留地观察记录其全部行为和过程，以充实和完备本书的调查资料，以免遗漏某些要素，影响整个研究的完备性，最终达到对信息贫困的小世界生活情境影响要素进行全面深入研究。

三、扎根理论方法应用

本章主要采用扎根理论的方法来分析凉山州彝族村落信息贫困的小世界生活情境影响要素。扎根理论研究方法的正式提出，始于巴尼和安瑟姆（Barney and Anselm，1967）于1967年出版的著作（*The Discovery of Ground Theory：Strategies for Qualitative Research*）。安瑟姆（1967）将扎根理论定义为：一种运用体系化的程序，针对某一现象来发展并归纳式地引导出扎根理论的质性研究方法。扎根理论的特点是立足于事实材料本身，最大程度

---

① 张月琴，张小倩，杨峰. 民族村落信息贫困形成机理研究——以四川凉山州彝族村落为例 [J]. 图书馆论坛，2018，38（8）：40-46.

地用概念和范畴来反映材料的内容。

扎根理论作为社会科学的一种重要研究方法，在许多质性研究中被采用，近年来国内也有相关学者们使用扎根理论进行信息行为、信息服务等相关领域的研究。在数字鸿沟、信息贫困领域的扎根理论研究方面，学者于良芝在文章《"个人信息世界"——一个信息不平等概念的发现及阐释》一文中使用了扎根理论的研究方法，基于 40 位访谈对象的信息实践数据，通过扎根理论分析，发现了个人信息世界的界定要素：内容、动力和边界。① 刘济群等运用扎根理论方法开展了对农村女性居民信息搜寻行为的研究，并构建了农村女性居民的信息搜寻行为模型。② 闫慧等在其关于农民数字化贫困的自我归因分析及启示中，通过对三地农民的数字化贫困的扎根理论的质性研究，发现了农民数字化贫困的常见归因和数字化能力缺失的四种情况。③ 上述研究表明扎根理论开展信息贫困的研究有着很好的应用，是对田野数据进行分析的一种有效方式。一般认为，扎根理论主要包括收集资料与整理、编码分析和理论生成这三个过程。

（一）资料收集与整理

扎根理论的开展需要大量实地调查资料做支撑，除了研究所必需的田野调查数据外，文献资料、视频资料、地区历史人文社情等资料也必不可少。当资料收集完备以后，在正式的编码分析进行之前，还有至关重要的一步，就是对相关资料做整理统计。在研究进行的第一阶段，就是对这些数据资料进行整理，将音频资料翻译为文本资料，并对其形式进行大致分类，确保资料完整集中，并将视频、图片等多媒体资料进行适当的标注和分类。最后是对收集到的文献资料进行整理和质证，确认资料数据的真实可靠性。

---

① 于良芝. "个人信息世界"——一个信息不平等概念的发现及阐释 [J]. 中国图书馆学报, 2013, 39（1）: 4-12.

② 刘济群, 闫慧. 农村女性居民信息搜寻行为研究——甘皖津三地的田野发现 [J]. 图书情报知识, 2015（1）: 4-13.

③ 闫慧, 闫希敏. 农民数字化贫困自我归因分析及启示——来自皖甘津的田野调查 [J]. 中国图书馆学报, 2014, 40（5）: 68-81.

（二）编码分析

扎根理论分析的关键环节是对资料进行编码分析，主要有开放性编码、主轴性编码、选择性编码三个阶段。这三个编码阶段在实际研究过程中是交错、来回进行的，直至理论饱和为止。在开放性编码阶段，主要任务是发现概念，形成初步的范畴，将具有显著性且彼此相关的资料聚在一起并抽象出概念，然后将概念合并与归类，最后形成初步范畴，该阶段主要是消化与解读资料。主轴性编码阶段主要是对开放性编码得到的范畴进行进一步完善与重新组合，发现开放编码中各个副范畴之间潜在的逻辑关系，形成主轴性编码阶段的主范畴。主轴编码阶段形成的主范畴与开放编码阶段产生的副范畴主要是包含与被包含的关系。选择性编码的主要任务是归纳出问题研究的核心范畴，并以故事线的形式将各范畴连接在一起。扎根理论的具体编码过程见图6-1。

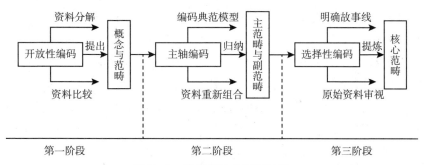

图6-1　扎根理论的编码过程

资料来源：作者自制。

（三）理论生成

在扎根理论的编码程序完成之后，便会清晰地呈现各个范畴之间的脉络，主、副范畴之间的联系，研究者在此基础上便可构建出新发现的理论和模型。为了确保理论的正确性和完整性，往往还需要采用预留的材料进行进一步的理论饱和度检验，直至没有新的概念和范畴出现。至此，构建的理论才算饱和完整，扎根理论的研究过程才算完整结束。

第三节　扎根理论分析

一、开放性编码

2017～2019 年，本书研究人员多次深入凉山州布拖县、昭觉县的民族村落，进行了大量的调研。在搜集到调研资料后，对资料进行清洗和整理，将全部录音资料誊写为有序的文字资料，对观察到的案例事件进行梳理，最后共形成了 28 148 字的有效文字资料和 34 份有效照片、视频、录音等资料。鉴于资料种类丰富、数据量较大，首先对资料进行分类并编码，基本的编码规则为：资料类型（或来源）- 被访者姓名（案例类资料没有此项）- 资料次序。例如，某普通访谈中的第五句话，编码为 FT - ZX - 05。将资料进行分类、分级编码以后，即可进行资料分析，也就是概念界定和范畴提取。

开放性编码是将之前所收集的资料进行初步整理和归纳，将资料按照既定的编码方式进行编码，然后对编码后的资料内容进行分析，析出初步概念，再对概念进行进一步的整理和提炼，得到基于概念的范畴，实现概念的范畴化。概念化是把现有的资料进行细化和拆分，而得出概念；范畴化是将性质与内容相近的现象和概念重新归集起来形成范畴。本书在开放性编码阶段一共形成了 35 个范畴。表 6 - 3 展示了开放性编码阶段的部分编码过程示例，表 6 - 4 为开放性编码阶段形成的 35 个范畴内容。

表 6 - 3　　　　　　　　　　开放性编码示例

原始语句	概念化	范畴
广播站几个村有一个，但是基本上没有用过。我们通知大家一般是县上通知到镇上，镇上通知到组里，组里的干部通知小组长，小组长一户户地去通知，这种比较麻烦，但是没办法，因为我们这里人大多不识字，不会说普通话。要办事也是小组长去弄	信息传递方式过于传统、过程慢、程序多	A1 信息传递效率

原始语句	概念化	范畴
在外面打工，主要是在新疆、哈尔滨这些地方，我跟着我二哥一起干，他普通话比我好，识字比我多一些，但是二哥有事不在的时候，就比较麻烦。我记性没有他好，我自己独立做的时候，那个图纸就没记住、看不懂，以前师傅教过，但是我也没有学会，那个对我来说很难，这个时候我就只能拍视频给我二哥，他告诉我怎么做 　学技术也想过，之前村里开会，组织干部培训，但是没有学会。没文化，学不会是一方面，组织也是一方面，那些人没有细心教，后来也就不了了之，也没有落实	文化程度、受教育水平低	A2 受教育水平
没有收音机什么的，电脑也没有，手机有，一般都是那种棒棒机（按键手机），电话也不怎么打，因为我们村信号不好，有时候可以，有时候要走很远才有信号。有的人就觉得自己不会用智能机，有的人也想用，但是那个太贵了，棒棒机只要 100 块钱 　电视是有的，有时候也看，但是这两天不能看电视，因为这两天电压不稳，很多电视都被烧坏了，变压器有个零件烧掉了，所以电压就高了，电视就被烧了 　今年才有的 4G 信号，但是网络有时候好有时候不好	信息设备简单、使用信息设备的技能不足 　个人经济条件不足 　基础设施建设不到位	A3 信息设施设备配置 A4 经济条件 A5 基础设施建设
消息我基本都是从朋友那里得到，其他地方嘛，基本都是骗子，我不太相信，而且我没有亲眼看见，我还是相信我亲眼见到的，因为我朋友被骗过 　我们不网购，我付了钱以后，他没有给我东西，把我的钱骗走了怎么办呢	对外界其他信息有排斥心理 　对使用网购的信任度低	A6 排斥外来信息 A7 不信任心理
用手机主要是用微信，还有打游戏、买东西，有时候也查地图什么的，简单的我还是会手写，有时候也用拼音，但是一些复杂的就不会，基本不怎么查东西（生活中遇到的问题），没想到那些	信息设备的使用技能不足	A8 信息设施设备使用技能
（指着身边的一个 6、7 岁的小孩说），这边有一个习惯，孩子一般要在家里出生，所以没有出生医学证明。前几个月有规定，得有出生医学证明，才能上户口，但他们并没有超生，如果不做亲子鉴定，拿不到出生医学证明，就上不了户口，就不能上学。没有 3 000 块钱（亲子鉴定价格），户口就解决不了，就上不了学。尽管在医院生更安全，村上也给他们说过，但他们没有那种观念，祖祖辈辈传下来就是在家里生的 　政府正在进行精准扶贫，组织大家去广东工作，但是大家不乐意，因为有的人考虑，去外面工作的话，我们彝族是这种比较重视人情什么的，你如果走了，那村里面办事的话，你不参加，那以后你们家办事的话，也没有人来参加，所以就不想出去 　妇女的话定期会帮助他们检查身体卫生什么的，进行妇女健康卫生知识的科普，医生来检查的时候会告诉他们说，但是就是长久不了，过一段时间就还是老样子	外界资源难以产生实际效用 　易受传统观念、风俗习惯影响	A9 资源效用 A10 风俗习惯

原始语句	概念化	范畴
我刚出来打工的时候去报纸厂，比较害羞，不懂汉话，跟别人沟通很难，我也想问他们，让他们教我，但是我说他们也听不懂，他们说我也听不懂，就很难办，我就辞职了 就是家长会的时候比较麻烦，我不会汉话，家长会我有时候听不懂，老师们讲的汉话，我也不好意思问其他能听懂的家长 还是有（沟通表达困难），我们这边的方言都不一样，大家都互相听不懂	信息沟通表达困难 语言障碍影响沟通	A11 信息沟通表达 A12 汉语言能力
我也没想过去做其他的（没有想过学个技术什么的），不知道（学个技术可以改变现状），我们就是打工啊，种田啊，培训没听过 我去过博物馆，跟朋友一起去的，不想再去了，因为没什么收获，我已经去过了，就不想去了	对信息重要性认知不足	A13 信息重要性认知
我有一个朋友是搞服装的，我就跟着他们做服装，也想过找个工资更多的工作，但是我认识的人也不多，外面的人都不认识，不知道哪里有更好的事情可以去做 在工地上的话，其他东西我还是想学习一下，没有这种地方，条件不允许，文化也不够，学习不来，也就放弃了	信息渠道单一 信息需求得不到满足	A14 信息获取渠道 A15 信息需求满足
这个政策问题就要经常给他们讲，但是有的人还是理解不了。我们这里都在交医疗保险，但是有个村民，他们家就没有交，今年他儿子打工的时候受伤了，治疗花了很多钱，但是因为没有交医疗保险，没办法报销，现在就很后悔。可能是当时没有跟他说清楚，也可能是他觉得要交钱，就没有弄。很多时候他们都不听劝，这个工作还是很难开展的，我在这边待了一年，什么问题都遇到过，但是没什么办法	信息吸收、理解能力差 信息服务不到位 经济条件影响	A16 信息吸收理解
我们馆人员很少，正式编制的只有三个，我们属于文化局的下属单位，文化局征走了两个，又调配了一个过来，所以现在只有两个正式编制，那个人负责借阅，我负责全馆的运营和材料。所以，只要她有事或我有事，馆就关门，但我们这儿九月底情况就会改变 县上好像搞了一个电商平台。这个电商平台只是一个形象工程，里面也没有人去弄，村民们也就不知道这个（电商平台）	信息化人才、服务缺乏 政策落实不到位	A17 信息化人才、服务 A18 政策落实

原始语句	概念化	范畴
我在家主要就是种地、照顾小孩，还有喂猪什么的。我生活中也没什么难处，有什么问题，我就问我老公，他在外面打工，见识多些 不知道这种补贴（学校减免学费），也没人跟我说过，没有（问老师），我没有时间，也没有太多的精力去关心这个 我不会去问的，他们（村干部）也不懂汉话，他们自己也不知道，问了也白问 对于卖花椒来说不存在这种情况（信息不够），我们这个花椒市场足够我用了，我也不需要其他的外面的信息 种庄稼的话自然灾害没有，但虫病还是有的，我会买药来治虫病，自己去街上买就行了，也不用去咨询别人，我们这边也没有这种提供咨询的人，我就自己估量一下买就行了 没有（想要其他的信息设备），手机就够了，电脑什么的跟手机差不多	缺乏信息获取、使用的动机 对自己的信息需求认识不足，误认为自己不需要信息	A19 信息活动动机 A20 信息需求认识
我们这个共享工程在刚刚开始的时候，图书馆和文化馆没有分开，现在文化馆电子阅览室的所有信息，就是按照共享工程来做的，而我们这个馆在共享工程建成后，还没有建好，所以数据库目前还有欠缺，而文化馆的那台机器是省上根据共享工程配置下来的，我打算在那一块添加一些触摸屏的小机器，重新把少儿区规划一下，但目前经费可能有点吃紧	配套资金缺乏	A21 资金支持
那里面的书都是省上配的或者是州上配的，农村书屋里面的书我也大概去了解过，都是少儿图书，文学方面的，也有关于养殖、种植这些，但是用汉语的多，他们都看不懂。我们下去唯一对他们的指导就是把这些书分类，把标签给它贴好。农村书屋没有专业人员去管理，比如在一个乡镇上的，乡镇上的人都很忙，那些书就在那里放起，也没什么人看，书屋是比较多的，书也是够的，但它没有发挥应有的功能	可用的信息资源较少	A22 可用信息资源
遇到事情我还是首先找家支①里面的人商议，家支里面会有那种负责的人，就大家一起商议解决，如果跟大家意见不一样，商议后我还是听他们的，以大家的观点为主。我们家支里面会有那种办事能力比较好的，我们都是这样的，大家讨论以后，就听他们的； 我们一般获取信息就是大家聊天的时候，聊天说什么都聊，聊家常嘛，有时候也会有真正有用的信息。比如我家孩子要出去打工了，就听别人说谁在外面挣钱多，就跟着他出去挣钱	家支影响，消息主要来自熟人、朋友	A23 人际依赖

---

① 家支是彝族社会以父系血缘为纽带的社会集团组织，它保留有原始氏族组织的躯壳，内部严禁通婚并以父子联名的系谱作为一根链条贯穿起来的父系血缘集团组织。刘正发．凉山彝族家支文化传承的教育人类学研究——以云南省宁蒗彝族自治县金古忍石家支为个案［D］.北京：中央民族大学，2007.

原始语句	概念化	范畴
村里有那个精准扶贫，建档立卡嘛，就让我们全家出去到山东那里打工，爸爸也想出去，但是妈妈不愿意，觉得太远了，不了解外面，觉得外面挺不好的。妹妹觉得可以，认为政府还是可以相信的，但是妈妈就觉得外面不好，都是骗人的，还是有顾虑	接收的信息较为片面 对信息的判断、甄别不到位	A24 信息甄别判断
我们也没那么想过（为土豆找其他的销路，卖到外面去），就算有，也不知道去哪里卖，而且我带土豆出去嘛，我不知道能不能卖完，太远了，土豆从山上弄下来，不好弄。有时候也会有人来买，但是来的时候，大家都去卖，他们就把价格压得很低，就没办法，还不如去集市上卖 跟外面交流很少的，以前我们这里不通公路，今年才通的，因为离县城比较远，我们很少出去。不怎么了解外面的世界，想出去打工别人也不要。我们就主要种庄稼、养牲畜，然后这里有的人就买了去卖给外面的人，偶尔会有生意人来买	地理环境影响交通 商业信息流通数量少	A25 交通条件 A26 信息流量
我初中是在布拖读的，因为我们班是女子班，全班只有女生，有一些外面城市的叔叔阿姨来资助我们读书。然后毕业的时候她们帮我们找学校，身高够的、面试过关的就可以去一个铁路学校，就是地铁里面的服务员。毕业以后直接包工作，但是要在上海读2年，在北京读1年，这段时间不可以回家，而且凉山又没有高铁，爸妈觉得离得远所以不让我去。其实我还挺喜欢的，面试也过关了，但是家里面有六个孩子，我最大。家里面又不富裕，我有四个弟弟，我们这边娶老婆要给很多彩礼钱，她们觉得我以后出去了不经常回家，就像不再是她们的孩子一样，而且出去了嫁人之类的肯定也没有钱，我弟弟们以后娶老婆也没有钱。等我嫁人了有钱就可以帮弟弟娶到媳妇，所以爸妈觉得出去不好，我虽然也想去，但是最后还是放弃了	当地重男轻女的价值观	A27 价值观
如果有人生病了还是先在家里治，因为这个有时候还是管用的。人如果很严重了，再去医院，但是有时候医生治不好，毕摩就可以。我有时候还是愿意相信毕摩的	毕摩治病、祈福的影响	A28 毕摩文化
没想过用机械化什么的，也没有人去搞那些，就正常的种植就行	生产力水平低	A29 生产力水平
我要弄什么东西就委托那些打工的人弄，要去医院的话就跟大家一起，我们一起去，医生有时候说的也听不太懂，还是大家一起比较好 最害怕的就是生病，生病不知道什么原因，就怕是很严重的病 图书馆没去过，博物馆跟朋友去过，没什么收获，不想再去了，我已经去过了	自身能力得不到发展 不能有效利用机会学习	A30 利用资源进行自我发展

原始语句	概念化	范畴
书、报纸那些是没有的，有我也看不懂，就有时候看看电视，有的时候能看懂，有时候看不懂，能看懂那些动画 农村书屋，我没听说过，我也没去过 图书馆我们没怎么去，有时候老师会组织学生去看，村里面的年轻人和上了年纪的人是不会去看的	信息交流活动少 资源没有发挥作用	A31 信息交流活动
还是想了解更多的信息。但我不知道哪里有，也没人告诉我，我自己在农村，没办法跟外面的人接触，我也不知道怎么了解 我也想过学习一些技术什么的提高收入，挣点钱，但是我们这里没人教，要去外面，外面很大，不了解，不想出去	与外界信息源的接触、交流较少	A32 信息源接触
我们这里土地不好种，有时候又怕干旱，没有水就完了，所以不种那些庄稼，也没有去了解这个政策	自然环境恶劣，影响农业科技信息需求	A33 自然环境
学习不好，以后也不会怎么样，还不如现在就去打工，还可以补贴一些家用，挣一些钱。有的考试很花钱，学不出来啥，家长觉得是骗人的。对于读书，理解的都是以后做老师、做护士，才是好的工作，其他的艺体什么的不认同	个人认知水平不足	A34 个人认知水平
我是彝族人嘛，那我肯定还是按照我们彝族的规矩来（离婚事情），肯定是相信我们彝族人，不相信外面的	彝族的情感归属	A35 情感归属

注：原始语句源自实地访谈记录，难免包含一些口语化的表达。
资料来源：本书研究团队实地调研。

表6-4　　　　彝族村落信息贫困形成机理开放性编码结果

编码	范畴	编码	范畴
A1	信息传递效率	A13	信息重要性认知
A2	受教育水平	A14	信息获取渠道
A3	信息设施设备配置	A15	信息需求满足
A4	经济条件	A16	信息吸收理解
A5	基础设施建设	A17	信息化人才、服务
A6	排斥外来信息	A18	政策落实
A7	不信任心理	A19	信息活动动机
A8	信息设施设备使用技能	A20	信息需求认识
A9	资源效用	A21	资金支持
A10	风俗习惯	A22	可用信息资源
A11	信息沟通表达	A23	人际依赖
A12	汉语言能力	A24	信息甄别判断

编码	范畴	编码	范畴
A25	交通条件	A31	信息交流活动
A26	信息流量	A32	信息源接触
A27	价值观	A33	自然环境
A28	毕摩文化	A34	个人认知水平
A29	生产力水平	A35	情感归属
A30	利用资源进行自我发展	—	—

资料来源：作者自制。

二、主轴性编码

主轴性编码是对开放性编码阶段的编码结果进行进一步分析和提炼的过程，在该过程中，研究者需要归纳、提炼范畴，同时还需要梳理各范畴之间的内在联系。在对开放性编码阶段形成的副范畴进行关联性分析时，研究者不仅要考虑这些副范畴本身之间的关联，而且要探寻表达这些副范畴的被研究者的意图和动机，将他们的言语放到当时的语境以及他们所处的社会文化背景中加以考虑，以形成主轴性编码阶段的主范畴。结合彝族村民所处的当地社会生活背景和被访者当时的具体语境综合分析，对开放性编码阶段得出的 35 个副范畴再进行进一步的编码，形成主轴性编码阶段的 10 个主范畴（见表 6 - 5）。

表 6 - 5　　　　　　　　　　主轴性编码结果

对应副范畴	主范畴	对应副范畴	主范畴
A25 交通条件 A33 自然环境	B1 自然地理	A6 排斥外来信息 A7 不信任心理 A23 人际依赖 A35 情感归属	B6 个人心理
A2 受教育水平 A12 汉语言能力 A34 个人认知水平	B2 文化素养	A13 信息重要性认知 A19 信息活动动机 A20 信息需求认识 A30 利用资源进行自我发展	B7 信息意识

对应副范畴	主范畴	对应副范畴	主范畴
A4 经济条件 A29 生产力水平	B3 物质条件	A3 信息设施设备配置 A9 资源效用 A15 信息需求满足 A17 信息化人才、服务 A22 可用信息资源	B8 资源支撑
A5 基础设施建设 A18 政策落实 A21 资金支持	B4 社会支持	A1 信息传递效率 A14 信息获取渠道 A26 信息流量 A31 信息交流活动 A32 信息源接触	B9 信息流通
A10 风俗习惯 A27 价值观 A28 毕摩文化	B5 社群规范	A8 信息设施设备使用技能 A11 信息沟通表达 A16 信息吸收理解 A24 信息甄别判断	B10 信息技能

资料来源：作者自制。

三、选择性编码

选择性编码步骤主要是在系统分析所有已发现的范畴基础上选择一些核心范畴，核心范畴应该具有集中和囊括各范畴的功能，能够最大程度地包含和联系其他各个范畴，对各个分散的范畴内容具有统领性。在主轴性编码的基础上，通过选择性编码，分析出影响彝族村落信息贫困的小世界生活情境的核心范畴为自然物质环境、社会文化环境、个体心理情境（见表6-6）。基于这三个核心范畴，结合主轴性编码阶段的具体内容，就可以将各范畴以故事线的形式连接起来，并利用资料中的事件进行进一步的推导和验证。

表6-6　　　　　　　　　　选择性编码结果

核心范畴	主范畴
自然物质环境	B1 自然地理 B3 物质条件 B9 信息流通
社会文化环境	B4 社会支持 B5 社群规范 B8 资源支撑
个体心理情境	B2 文化素养 B6 个人心理 B7 信息意识 B10 信息技能

资料来源：作者自制。

（一）自然物质环境核心范畴的案例

案例1　果木村村民又其（化名）在布拖县县城经营一家粮食门店，主要是对粮食进行初加工，然后卖给需要的农户，又其在几年前就想到了要经营一个杂货店，以此来维持生计，但是因为当时家里小孩比较小，自己也一时不知道去哪里进货，就一直搁置，没有实现想法。直到今年5月份，一个亲戚，算是家支里面发展比较好的提出一起做粮食生意，又其就加入了他的队伍，正式开始以后，又其在县城看好了地段，因为要涉及搬运粮食，所以选择了一个好搬运粮食、人口流动比较大的地方。租好地方以后就开始进货卖，他最难的就是当时找不到货源，因为有的粮食当地不生产，又找不到更好的货源。他就托一个亲戚在宜宾找，因为她比较熟悉宜宾，在宜宾找到以后就一直从宜宾进货，但是对于宜宾这个货源又其也并不太满意，第一是主要从宜宾进货，只有那一两家货主，他们把价格抬得很高；第二是自己没有车，进货很不方便。这期间他想过去其他进价更实惠的地方进货，可是没有什么途径，唯一的途径是在自己的有限人脉内打听，所以一直没有找到更好的货源。他介绍，因为对外面不熟，并且不识字，很难亲自外出到其他没有熟人的地方，自然就不清楚外面的情况。消息一般就是以电话、微信或者是面对面向知道的亲朋好友咨询获得，由于一开始不熟悉市场情况，主要卖谷子和玉米，但是经过一段时间后发现，大家对玉米粉和豆粉的需求比较多，于是就去进了豆粉，并且买了一个机器，用来打豆粉和玉米粉。又其表示，自己有进一步扩大经营的打算，因为他认为这边的需求还是有，并且目前县城里还没有竞争对手，生意比较好做，他希望能买台车，这样就可以把粮食拉到更远的地方，去那些远处的村里面卖，这样就能卖得更多。被问及是否向政府申请过有关资助，政府对于这种自主创业有一定的补贴时，他说自己没有去了解过，不知道。当调研人员说了以后，又其又产生了另外的问题，即他自己人脉有限，在政府部门里面没有相关亲戚和人脉，政府不一定会资助他。

在经营粮食门店案例中，村民又其投资经营活动的积极性很高，但在此过程中由于找不到好的货源、不熟悉市场情况、不了解政策信息等，经营活动几次受阻。他没钱买车进货很不方便，希望能买台车来扩大粮食的销售范围，这说明在当地，交通条件、个人经济条件一定程度上会影响与外界的货物、信息交换。村落内交通条件不便，村民如果没有一定的经济条件购买车辆，与外界的货物运输、信息流通的效率就会受限，尤其是对时效性、准确性需求较高的市场信息。正如又其一开始不熟悉市场情况以为应该卖谷子和玉米，经过一段时间才发现，大家对玉米粉和豆粉的需求比较多。说明村落内信息流通不畅，村民很难及时准确地掌握外界的供货、市场、政策等方面的信息，对生产经营活动影响很大。

　　本章所指的自然物质环境是指人们生活的自然地理环境、外在的物质条件，以及仅凭个人能力所不能改变的相对稳定的外在信息环境。自然地理环境是信息贫困形成的主要客观因素之一，交通闭塞与特殊的地形地貌等因素影响了信息主体与外界环境的信息往来与沟通，造成了信息主体在信息交流、信息传递、信息接触方面的贫困。在调查中发现，交通及地理位置严重限制了村民与外界的信息沟通及交流，村民外出困难，遥远艰苦的路途也使得外界人员及服务很少涉足村落，他们的信息源主要是村干部以及周围的亲戚朋友，很难获取高价值的有效信息。并且在彝族村落中，村民往往是分散而居，这样的居住状态一方面影响了村落内部的信息交流，另一方面也不利于信息设施的铺设、信息服务的开展等。

　　除上述因素外，经济条件等物质条件也是导致信息贫困的主要因素，对民族村落信息主体的信息贫困状态产生了持久的影响。在调查中这一点也屡次被证实：经济条件不足而无法支持其购买现代化的信息设施设备，享受更好的信息服务，例如一些老年人连最基本的智能手机都没有能力购买，村民们在信息活动中长期处于弱势状态。

　　最后在上述多重因素影响下，生活于村落中的信息主体所能接触和接收到的商业信息、生活信息以及他们很关心的工作信息等相对较少，并且信息传递效率低下，信息获取渠道单一，最终形成了村落信息主体从信息硬件设施到信息资源内容再到信息服务等全方位的信息贫困状态。

（二）社会文化环境核心范畴的案例

　　案例2　在昭觉县且莫乡，当地政府组织了夜读活动，夜读主要在白天农活忙完以后，利用晚上休闲的时间组织大家进行文化学习活动，主要是以视频的形式播放给大家观看，内容有汉语讲述的内容也有彝语讲述的，主要以文化科普类为主。但是村民们对此活动反应一般，不太愿意去观看学习，因为在大家眼里这类似于村上开会，而开会是村民们最不乐意参与的活动，此外，政府组织的这个夜读活动不给钱，不会给村民带来最直接实际的收益。村民们说：又不给钱，还占用大家的时间，谁愿意去嘛。有时间还是愿意跟朋友们一起喝着啤酒聊天。该活动组织了一段时间以后，政府就停止了这类活动，据小组长描述，是因为村上要开始精准扶贫的事情，修路、盖房子，事情太多，村上的组织人员忙不过来，村民们参与度也不高，就放弃了夜读活动的推行。

在这个案例中，当地政府组织的文化学习活动没有有效地开展下去，发挥其应有的功效，主要受到了村民风俗习惯、价值观及政策落实等方面的影响。首先，政府组织的夜读活动与村民原有的风俗习惯不符，村民在白天农活忙完以后更习惯于彝族传统的娱乐消遣方式，即围坐一团，喝啤酒聊天，而不是被组织起来，像开会一样看视频；另一方面，大多数彝族村民的价值观是看到最直接实际的经济收益才会参加政府组织的活动，认为夜读活动又不给钱还占用时间，因此参加夜读活动的积极性很低，很难意识到文化学习活动能为自己带来隐形收益。

此外，当地政府的活动组织方式缺乏持续性，政策落实不够到位也是这次夜读活动没有开展下去的一个重要原因。在村民对夜读活动响应不积极时，组织者没有仔细分析原因，采取一些激励措施来促进活动的开展，或是主动了解村民的信息需求，改变活动形式，却因为村上其他工作缺人手就放弃了。相比于能够主动组织和参与信息活动的城市居民，彝族村民一开始可能并不明白参与信息活动的意义，能够给自己带来什么未来收益。在这种情况下政府和活动的组织者应该积极引导，充分了解村民的实际需求，提供与村民日常生产生活密切相关的信息资源供村民学习，提高资源和服务的效用。

案例3 布拖县执行落实精准扶贫的相关政策，组织带领一批精准扶贫家庭有劳动力的家庭成员出去打工挣钱，布拖县特木里镇，居民呷若（化名）家收到来自县里工作人员的通知，通知的大致内容就是带呷若及其家人去山东打工挣钱，呷若本人认为，自己平时也就是在家里种田，偶尔买卖牲畜，没有出过远门，想着去大城市挣钱，可以挣钱供子女读书，挺好的。但是家里人对此持反对意见，首先是呷若的妻子，妻子觉得外面的世界很大，而且很远，听周围人说的滴滴打车事件给妻子留下了很深的印象，她觉得外面的世界充满了欺骗，存在各种陷阱，是非常危险的，不愿意一家外出去打工。家里的小女儿认为政府组织的活动是可以信任的。同时，一家人还有一个顾虑，就是村里的人情往来问题，据呷若描述，我们彝族是这种比较重视人情什么的，你如果走了，那村落里面办事的话，你不参加，那以后你们家办事的话，也没有人来参加，所以也不怎么想出去了。最后，呷若一家放弃了政府组织的外出打工，选择留在村里。

在这个案例中，当地政府政策落实不够到位，以及村落内部风俗习惯、人情往来等因素的影响，导致政策资源和就业信息都没有发挥应有的效用。一方面，布拖县政府的精准扶贫政策落实到基层时不够到位。呷若一家对于外面的社会存在不信任和畏惧的心理，而县里工作人员仅仅下发了通知，没有上门进行政策宣传，是很难让村民相信和了解具体信息的。另一方面，在彝族内部，受到家支文化和人际依赖的影响，彝族村民更愿意听从家支中权威人士说的话，他们外出打工也更愿意选择跟随亲戚朋友，而不是相信政府组织的形式。同时，村民不愿外出打工还有一个顾虑，就是村落的人情往来问题，这也体现了风俗习惯在彝族村落中的影响力，为了维系村落中的人情关系，村民更愿意待在村里，不相信外面的世界，使得外界资源在村落内部发挥不了真正的作用。

案例4　布拖县图书馆在2016年才完全建成并投入使用，它的前身是吉狄马加私塾馆，在2016年建成新馆以后，吉狄马加将其部分私人书籍捐赠给了图书馆，并将图书馆正式改名为布拖县图书馆，全馆藏书三万五千多册。其中以汉文书籍，彝文书籍较少，图书馆的藏书主要是文学类和教辅类书籍，专业书籍较少，古籍和工具书也没有，并且书籍多是三月份购进的新书，图书馆人员反映，图书馆甚至连一些出版年份较早的书籍都没有。图书馆的电子阅览室有计算机二十余台，但是由于对接出了差错，没有接入四川省配套的共享工程，数据库无法使用。新媒体相关设施也没有开通，因为利用率不高，而维护需要大量的资金和一定水平的专业人员。图书馆正式编制人员只有两名，一人负责借阅，另一人负责全馆的运营和材料，只要其中一人有事，图书馆就要闭馆。图书馆其中一个负责人介绍，其打算增添些儿童电子设备，采购些彝文书籍，但是经费有限，目前也只能搁置。每年图书馆的经费来源主要是四川省配套的免费开放经费，而县级和其他的文化单位的经费支持几乎没有，并且该经费的使用和申请流程复杂，要求严苛。所以经费和人员不足是布拖县图书馆目前面临的主要问题。此外，图书馆还兼负责对农村书屋的管理，主要是书籍分类以及贴标签等工作。但是没有人维持农村书屋的日常运营，农村书屋的书几乎全都是汉文书籍，只有领导视察的时候会开放，平时就只是摆设。

本案例中，可以发现，政策落实不够到位、资金支持缺乏，都导致了布拖县公共文化资源和服务的效用较低。首先，虽然政府投资建设了布拖县图书馆和农村书屋，但落地情况不容乐观。图书馆电子阅览室的计算机与数据库对接出错，新媒体相关设施也没有开通；基本没有人维持农村书屋的日常运营。这些政策落实问题都导致图书馆和农村书屋虚有其表，无法让村民有效利用。其次，图书馆的人员配备和资金支持方面也存在问题，图书馆正式编制人员只有两名，一人有事图书馆就要闭馆，而且经费有限且申请流程复杂，图书馆增添儿童电子设备和彝文书籍的计划只能搁置。这些社会支持方面的因素导致图书馆、农村书屋等公共文化服务单位无法提供切实有效的信息服务，资源也无法真正对接到村民，村民可用的资源数量和质量有限。信息设施设备的缺乏、信息服务及资源的不到位都造成了当地彝族村民处于一个较为贫困的信息环境中，无法满足其信息需求和个人发展。

社会支持、社群规范以及村民可及的信息源与信息服务等资源支撑条件共同构成了彝族村落的社会文化环境。社会支持主要是指信息基础设施的建设状况、政府及组织的政策落实状况以及资金支持情况等。社群规范是本书所调查的彝族村落村民信息贫困的一个主要且十分独特的信息贫困影响因素，包括信息主体的价值观、风俗习惯及宗教文化等内容。资源支撑主要指村民可及的信息资源以及村落内的信息化人才、现代化的信息服务等内容。

在调查中发现，彝族村落当地的信息基础设施建设情况较差，村落的电力和网络覆盖率不足，信息化设备拥有量少，无法保证正常信息活动所需的网络及设施设备等。此外，在访谈及案例跟踪中都发现政府采取了一些政策措施来提高当地村民的文化信息素养，但是具体实施落地情况不容乐观，会因种种因素而停办或取消，信息惠民政策并没有很好地发挥作用。这些政策落实不到位还有一个重要原因就是相关资金的缺乏，村落的社会状况较为贫困，以布拖县图书馆为例，负责人有购买信息设备和书籍的想法，但因资金缺乏而不能有效实施。

在经济贫困、地理较为闭塞且民族文化浓郁的地区，当地群体往往有自己的处世价值，有自己独特的风俗文化，尤其在自我民族认同感特别强烈的民族地区这种情况更为显著。他们的行为和人际交往习惯有自己一套约定俗成的规定，并且有相对稳定的价值观念体系，所以外界的文化以及带有外界思维方式的信息很难被他们接受、吸收。在彝族村落，村民们遇到纠纷及一些重要的人生大事，往往是请家支成员来解决，很少借助政府机构等相对权威的部门来处理。

在社会支持和社群规范的共同作用下，形成了当地信息资源支撑相对贫乏的状态，调研过程中也发现，当地几乎没有任何其他的社会组织服务机构，公共服务机构也处于停摆状态，专业的信息化人才及信息服务十分缺乏。同时由于受到社群规范的约束，村民也很难接受和理解外部信息，所以村民能够利用的信息资源及信息服务非常有限，甚至没有接触过真正意义上的信息服务。

（三）　个体心理情境核心范畴的案例

案例5　阿且（化名）和阿妞（化名）在阿妞17岁的时候就结婚了，在媒婆的介绍下，双方家里人都觉得门当户对，谈妥了礼金后，两人去街上见了一面就结婚了。但是在结婚几年以后阿且（男）慢慢发现自己不喜欢阿妞（女）了，于是想离婚，但是他不想自己提出离婚，因为这样的话，男方需要赔偿给女方一些钱。所以，阿且就经常不回家，不待见阿妞，阿妞慢慢发现阿且不喜欢她，并且在阿且家也不受待见，日子过得比较辛苦，所以，阿妞提出了离婚。经过双方家人及专门的调解人员的调解以后，阿妞家赔了阿且十万块钱，并且阿妞的两个孩子要全部留给阿且家。通过进一步访问发现，阿妞根本就不知道法律可以帮她解决她的问题，从来没有想过遇到这种问题的时候还可以找法律来解决。当采访人员介绍了相关法律后，阿妞认为自己不一定会采用汉族的解决方式，因为自己和家人是认同这样一种做法的，赔钱给阿且家有一个重要的原因是按照当地旧俗，如果要男方赔钱给女方就意味着是男方把女方推出去的，这样阿妞再结婚就会有些困难。还有一个原因是，就算阿妞自己采用汉族的方式解决，去法院申请离婚裁决，男方也不会同意，不会执行法院的那一套，他们周围的人也不会接受，所以也是行不通的。自己是彝族人，所以采用彝族的做法也是合情合理的。

在这个案例中，阿妞有限的文化素养和排斥外界帮助的个人心理，导致了其信息意识薄弱，不懂得运用合理的手段来维护自己的权益。首先，阿妞的个人认知水平有限，不知道存在法律和司法途径可以帮助她解决问题。其次，彝族村民一定程度上对外来信息存在盲目的排斥心理，不是很认同采用外界的方式来解决自己的事，认为彝族人采用彝族的做法才是合理的处理方式。在这些因素的综合影响下，村民们没有能力和意识去获取外界信息、利用外部资源。

案例6 家长认为孩子学习不好，以后也不会有出息，还不如现在就去打工，还可以补贴一些家用，挣一些钱。有的考试很花钱，家长会觉得是骗人的。对于读完书，理解的都是做老师，做护士，这才是好工作，对其他的工作不认同。马惹（代称）家的女孩，在高中毕业后想要进入艺术学校学习，但是父母不同意，好心人推荐孩子去铁路学校，父母仍然坚持自己的观点，希望孩子去学习护理或者现在直接找工作，因为家里还有两个弟弟，家里需要女孩的帮助，最后在铁路学校学到半途的女孩被父母带回了家，在当地随便找了工作，开始补贴家用，挣钱供弟弟们娶媳妇，放弃了自己的上艺术学校的梦想。

在该案例中，由于自身认知水平有限，以及排斥其他与传统观念相悖的信息，马惹的家长的信息意识薄弱，不懂得如何接受和利用新信息来促进孩子的未来发展。首先，由于固有的落后的教育观念，以及自身认知水平有限，马惹的家长接受与利用外界教育信息的积极性不足，坚持固有的观念，认为女孩做老师、做护士才是好的工作，对于爱心人士提供的铁路学校的信息，没有坚持尝试，还未见成效就放弃了。其次，马惹家认为赚钱帮弟弟们娶媳妇比女孩的未来发展更重要，排斥外界对女孩的帮助，不愿接受其他与女孩个人发展有关的信息。越排斥外界新的信息就越无法改变原有的观念，思想始终固化，进而也影响了后代的教育观念。在传统观念和排斥外来信息等心理的影响下，村民长期处于较为封闭的信息环境中，有关教育以及其他有利于个人发展的信息无法获得，或是得到新信息也不愿意去尝试和利用，始终无法获得信息带来的收益。

个人心理情境因素是村民信息贫困的重要成因之一，个体心理情境主要包含个人文化素养、个人心理、信息意识和信息技能等因素。相比外在的自然环境及社会环境因素，个人心理情境因素是信息主体内在的一些个人特质和心理，具有一定的顽固性和隐蔽性，其虽然是无形的，但对信息主体的影响却是实在的。并非所有的信息源对所有信息主体而言都是同样可及的，很多因素会限制信息源对特定信息主体的可及性，个人心理情境就是作用最明显的要素之一。在本书的调查样本中，生活于村落的彝族村民由于个人语言能力问题和个人文化水平限制，无法阅读和理解汉文字信息，一些以汉字为载体的信息自然也就无法被他们所接收和利用。有限的文化素养也限制了他们外出谋求个人发展，只能继续生活在信息相对匮乏的村落。

此外，对于彝族村民信息贫困影响最为隐蔽、最难以改变的是他们基于本民族或封闭环境而产生的一些个人心理，如对外排斥心理、不信任心理、人际依赖心理、宗族认同心理等。这些心理因素对他们生活及信息活动的影响在观察案例中体现得最为明显，深受家支文化影响的彝族村民，在信息活动中对家支成员的依赖度和信任度极高，并且生活于较为封闭环境中的他们，对外面的世界持一定的排斥态度，对外界信息存在盲目的不信任心理。如案例所示，在村落中，最基本的法律信息、教育信息也不能被有效接收与应用。心理因素限定了当地村民的信息经历和信息活动，其对于信息的判断和使用等信息能力也得不到发展。

村民们的信息意识不足、信息技能缺乏等个人特质，也使得他们无法有效发现信息、理解信息、利用信息。在这些个人心理情境的综合影响下，村民个人的信息经历和体验有限，无法从信息体验中获益，最终导致村民长期处于较为封闭被动的信息环境中。对于贫困地区的人们来说，信息与知识的匮乏与物质贫困相互叠加，加剧了文化、习俗和语境对贫困的影响。[①]

四、理论饱和度检验

为了保证研究的效度，本章采用预留的 10 个受访者的原始采访结果进行理论饱和度检验，按照开放性编码、主轴性编码、选择性编码的次序依次进行编码分析（理论饱和度检验示例见表 6-7）。通过分析，没有发现新的概念与范畴出现，可以认为本章所提出的彝族村落信息贫困的小世界生活情境影响要素范畴达到了理论饱和。

① 郑素侠. 反贫困语境下农村地区的信息贫困：致贫机理与信息援助对策［J］. 郑州大学学报（哲学社会科学版），2018，51（2）：154-157.

表6-7　理论饱和度检验示例

原始采访	概念化	选择范畴	主轴范畴	核心范畴
我没有去过（图书馆），我们那里没有图书馆，有的话我应该会去	信息设备简单或没有设备，使用信息设备的技能不足	A3 信息设施设备配置	B8 资源支撑	社会文化环境
还是有啊（学习新技术的需求），但是没有行动尝试过，我在家干话的嘛，没时间去的嘛，我也不知道哪里可以学习	信息需求得不到满足	A15 信息需求满足		
我们生活在山里，也想买网上的东西，但是，第一，（担心产品质量），第二，是交通不方便，我时候要拿回来很麻烦，寄到县上，没有通车，住在山里，还是去店里买好	基础设施建设不到位	A5 基础设施建设		
我们有那个人一卡，我们有个农村书屋的，但是没有开放，也没人看。图书馆我们门没怎么公布，一方面是我们很少待在布拖，另一方面，它平时都是不开放的。有时候老师会组织学生去看，年轻人回去也进不去，没看到它开门，还有那个新华书店，也是这样，也没怎么开门，只有寒假假的时候会开	政策落实不到位	A18 政策落实	B4 社会支持	
我们一般都是自己解决了，我有个专门解决的人，除非打出人命才会去公安局，我们一般离婚什么的就自己解决，法院我也不了解，听说我们离婚案子怎么解决，我们都是自己解决的	易受传统观念、风俗习惯影响	A10 风俗习惯	B5 社群规范	
（请毕摩）有时候还是可以相信的，我小时候生病，饭都吃不了，请毕摩就好了。严重的话就去医院，不严重的话就自己在家治。有时候先去医院，回来再听父母的话的时候请先毕摩	毕摩治病、祈福的影响	A28 毕摩文化		

续表

原始采访	概念化	选择范畴	主轴范畴	核心范畴
对于我现在来说，我的情况要比村上其他的贫困户条件好一点，我就不关心这些贫困户问题，如果说我家条件比较差，没有被评上（贫困户）的话，我会去问家里面的人，问上面的人	家支影响，消息主要来自熟人、朋友	A23 人际依赖	B6 个人心理	个体心理情境
医疗保险，村民不会主动来办的，他们没有那个想法，到时候，日期到了，你要去收过来，要给他们办就行了，他们不会管的	对信息重要性认知不足	A13 信息重要性认知	B7 信息意识	
不需要（电脑），我觉得手机跟电脑差不多，手机就够了	对自己的信息需求认识不足，误认为自己不需要信息	A20 信息需求认识		
（补助申请表）不会填，老师帮填，吉联校长也帮填	文化程度、受教育水平低	A2 受教育水平	B2 文化素养	自然物质环境
我们家有电视，一般看电影频道吧，我父母他们有时候看，他们只是看图像（他们不懂普通话）	语言障碍影响沟通	A12 双语言能力		
这个政策的问题就给他们讲，要和他们经常沟通，但毕竟能理解的是少数	个人认知水平不足	A34 个人认知水平		
看视频很高兴，学起来比较麻烦，另外智能手机太贵了，感觉很神奇	个人经济条件不足	A4 经济条件	B3 物质条件	
种的东西主要是赶集的时候卖，我们没有去外面卖，每个月的10/15/20/25/30号是赶集的时间，大家就带自己的东西来卖，也从集市里面买，卖了就有钱可以买其他的了	商业信息流通数量少	A26 信息流量	B9 信息流通	

资料来源：本书研究团队实地调研。

五、理论模型构建

本章采用扎根理论方法对彝族村落信息贫困的小世界生活情境影响要素进行了研究，过程经历了三个阶段：第一阶段发现初步概念和范畴；第二阶段对范畴进行进一步的归纳和合并，厘清各范畴之间的关系，一共分析得出了 10 个主范畴；第三阶段，将这 10 个主范畴根据本书研究主题并结合调研中收集到的案例资料进行进一步的深化和论证，得到彝族村落信息贫困影响因素的三个核心范畴，即自然物质环境、社会文化环境、个体心理情境，且三个核心范畴之间存在相互影响、相互作用。扎根于采访数据与案例资料所得到的小世界生活情境影响要素理论模型体现了信息贫困形成与发展过程的多路径，并阐释了各因素之间相互影响、相互作用所形成的彝族村落独特的小世界生活环境。最后经过理论饱和度检验，没有发现新的范畴，证明本章进行的研究已达到理论饱和，通过扎根理论分析得到的彝族村落信息贫困影响要素理论模型见图 6 - 2。

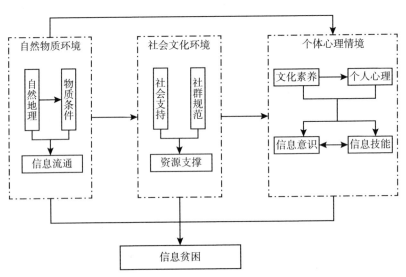

图 6 - 2 彝族村落信息贫困影响要素理论模型

资料来源：作者自制。

第四节 研究结论

一、自然物质环境阐释

影响彝族村落信息贫困的自然物质环境要素（见图6-3），主要是指自然地理、物质条件和信息流通因素。当地的自然环境、交通条件等自然地理因素影响了彝族村落经济条件、生产力水平等物质条件，上述两种因素还共同影响了村落内部信息传递的效率、信息获取的渠道、信息流量、信息交流活动、信息源接触等方面的信息流通情况。

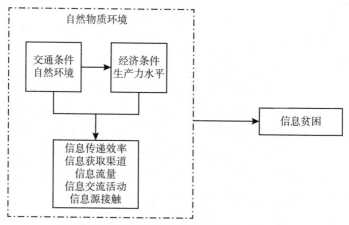

图6-3　影响信息贫困的自然物质环境要素

资料来源：作者自制。

信息贫困群体的形成与他们所处的地理位置、自然环境等因素息息相关。特殊的自然环境、地理条件是造成地区信息贫困的客观因素。[1] 这些自然地理要素为生活于其中的信息主体提供原始生活空间的同时也制约和影响着当地社会族群的信息活动。本章调研的布拖县、昭觉县位于凉山腹

---

[1] 何隽，张津，吴卫兵. 贵州农村信息贫困调查研究与成因分析 [J]. 贵州广播电视大学学报，2015（2）：47-52.

地，其周边都是深度贫困的彝族聚居区且与较为发达的区县相距甚远。地理位置的隔断导致彝族村落受外界影响较小，保持着原有的生产生活状态。受此影响，当地信息氛围不足、信息环境贫弱，整个地区的信息生态较为贫困。由于当地独特的地形地势，当地村民多选择居住在半山区，孤立分散的居住状况并不利于他们彼此间的联系沟通，阻碍了村落内部的信息交流。当地交通环境闭塞，联通外界的交通线路有限，绝大部分人活动的最远范围就是当地县城，与外面世界的交流受限。在这种生活情境下，生活于其中的信息主体可接触的信息源有限、信息传播方式传统、信息流动不畅，尤其是信息在层层传递过程中其时效性和真实性也会逐渐减弱，造成了信息价值的贬损。信息价值贬损影响了人们对信息的理解、吸收、利用、使用效果反馈及后续信息需求的表达，这在一定程度上加剧了信息贫困。①

凉山地区大多数彝族村民的生产生活模式几乎处于小农生产经营模式，难以适应信息化社会发展的要求。一方面，自然地理、交通条件的限制导致地区产业以农业为主，农业人口占全州总人口数的88%，农业在当地的产业结构中占有绝对比重。在田野调查中发现当地农牧业以生产科技含量较低的自给自足的小农模式为主，现代化的农业生产加工和工艺制造技术还未完全渗透到这些彝族村落。在自给自足的农业生产方式影响下，生活在封闭村落中的人群对先进的生产技术信息和商业贸易信息的需求较小，新的信息和知识难以引起他们的兴趣，从而无法被有效接受和利用。正如查特曼所描述的：生活在这种特定小世界里的人群，他们生活期望值较低，对外部信息的获取漠不关心。② 另一方面，简单原始的物质资料生产方式直接导致当地社会经济发展水平滞后，而经济水平是影响信息贫困的重要结构性因素之一。③ 村民的个人经济条件无法支撑其购买有效的信息服务，造成了当地的信息贫困。

综上，自然地理及交通条件不仅限制了彝族村落群体可及的信息流量和质量，还一定程度上造就了当地村民较为保守的观念，不利于他们接受

① 丁建军，赵奇钊. 农村信息贫困的成因与减贫对策——以武陵山片区为例 [J]. 图书情报工作，2014，58（2）：75-78.

② 肖永英. 日常生活信息查询行为的理论研究——埃尔弗瑞达·查特曼 [J]. 情报理论与实践，2011（1）：13-17.

③ 闫慧. 农民数字化贫困的结构性成因分析 [J]. 中国图书馆学报，2017，43（2）：24-39.

新的信息传播方式。最后，经济条件与生产力条件又导致村民无法为高价值信息买单，较低的文化水平和信息需求也使得他们难以有效认知信息资源的价值。[①] 在自然地理与物质条件等因素的综合作用下，彝族村落村民无法跟上现代化的步伐，最终产生并固化了村落的信息贫困。

二、社会文化环境阐释

影响彝族村落信息贫困的社会文化环境要素（见图6-4），主要是指社会支持、社群规范和资源支撑因素。信息基础设施建设、政策落实、资金支持等社会支持因素和风俗习惯、价值观等社群规范因素共同影响了当地信息设施设备的配置、资源效用、村民信息需求的满足、信息化人才与服务配备、可用信息资源数量与质量等村落内资源支撑情况。

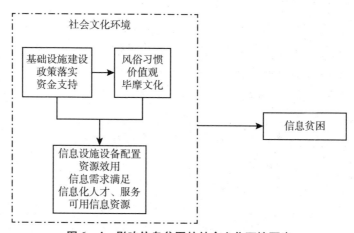

图6-4　影响信息贫困的社会文化环境要素

资料来源：作者自制。

首先，当地的社会支持力度不容乐观。上级政府的相关政策在村落内落实不够到位，信息化建设资金缺乏，通信网络建设不够完善，部分村落网络信号极不稳定。在调研中了解到，即便在当地公共图书馆、文化馆、上网工程、农家书屋等配套设施建设相对改观的情况下，其利用率也较

---

① 孙红蕾，钱鹏，郑建明. 信息生态视域下新市民信息贫困成因及应对策略［J］. 图书与情报，2016（1）：23-28.

低，基本处于闲置或"有资源不去用"的状态。以布拖县例，虽然每个村落都设立了农村书屋，但往往是一个面子工程，部分资源处于不可及或不可用的状态。农村书屋利用效果及效率极其低下，资源类型以汉语图书为主，且图书内容与日常生活关系较小。信息内容资源的文化单一性以及缺少与信息贫困人群的需求相关的地域性或本土信息，导致村民们陷入了信息贫困。①

其次，从信息社会发展的一般规律看，信息主体的信息实践往往受价值观、风俗习惯、宗教文化等社群规范要素的影响。奉行集体意识、注重团结和睦、服从长辈等本是优良传统，但与相对封闭的生活情境相叠加，客观上往往会削弱村民们进行信息活动的自主性和积极性，相应地，其个人信息能力也无法得到充分发展。还有，当地重男轻女观念盛行，女性经常被排除在一些社会活动之外，女性的受教育水平和社会参与度较低，也导致了女性的信息素养不足，信息活动较少。

再次，作为社群规范的重要组成部分，风俗习惯在无形中规范和影响着信息主体的信息行为。例如政府组织村民进行文化学习，但他们更喜欢自己传统的娱乐消遣方式，即晚上围坐一团，点起火把聊天。在村民看来自己不需要额外的外部信息，因为这种意识的存在，"局内人"没有寻求信息的动力。②

最后，相对闭塞环境下的村民往往出于自我保护、不信任等原因，对外源信息存在一定的排斥心理，这在一定程度上会削弱村民对外界科学信息的关注度。传统习惯、价值观、文化习俗各方面的影响渗透于彝族村民生产生活的许多方面，形成了一个"小世界"，使得那些来自大众媒介或外部信息媒介输入的外源信息很难被村民们主动接受和认可。

当地政府信息化政策落实与资金支持不够到位，也会导致村落内信息化基础设施的建设、信息设施设备的配置与信息化人才服务的配备情况不容乐观，并且彝族村民一直以来受到传统风俗习惯、价值观的影响，对接受和利用外界信息资源的积极性不高，进行信息活动的意愿不足。这种社会文化环境对村落的信息贫困产生了深远而持久的影响。

---

① 闫慧. 农民数字化贫困的结构性成因分析 [J]. 中国图书馆学报, 2017, 43 (2): 24-39.
② 李菲, 夏南强. 艾尔弗瑞达·查特曼的情报学研究 [J]. 情报资料工作, 2014, 35 (6): 35-38.

三、个体心理情境阐释

影响彝族村落信息贫困的个体心理情境要素（见图6-5），主要是指个人文化素养、个人心理、信息意识和信息技能因素。村民在受教育水平、汉语言能力和个人认知水平等个人文化素养的影响下导致了其对外界的不信任和排斥外来信息的心理，强化了其人际依赖、情感归属等个人心理。同时个人文化素养和心理因素又影响到村民对信息重要性的认知、进行信息活动的动机、对自我信息需求的认知和利用信息资源进行自我发展方面的信息意识，甚至影响了村民使用信息设施设备、信息沟通表达、信息吸收理解和信息甄别判断等信息技能的获得和运用。

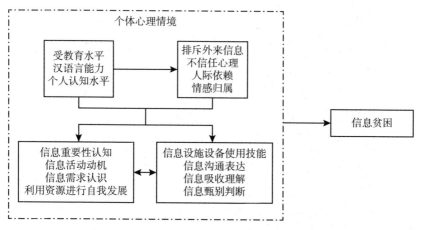

图6-5　影响信息贫困的个体心理情境要素

资料来源：作者自制。

第一，彝族村落的村民世代以来都生活在凉山州彝族聚居区，受教育水平偏低，有些中老年人没有接受过小学教育甚至不认识字。因为文化教育的缺失和生活经历的限制，村民的个人认知水平有限。同时，在彝族村落，大部分村民从小说彝语，不懂汉语，在接收汉语相关信息时需要进行翻译、解释，才能理解。这样复杂的信息传递过程和较低的认知水平导致了信息传递效率低下，村民信息沟通理解能力得不到提升，一定程度上还会导致其排斥外界的汉语信息。

第二，受到家支文化等的影响，彝族村民依赖于彝族内部交流，更愿意相信家支权威说的话，对外界不信任。同时由于对本民族的情感归属较强，在遇到问题时，认为自己作为彝族人采用本民族的传统做法才是最合理的处理方式。这样的想法也使得他们处于一种相对封闭的心理状态，对现代信息表现出一种漠视和抗拒。基于语言障碍与心理依赖，彝族村民依赖于听从彝族亲戚朋友说的话，很少主动去获取和甄别信息，过度的人际依赖心理使得他们获得信息的主观能动性较差，信息甄别判断能力有限。

第三，固有的知识结构导致村民在现代信息意识的养成上存在一定的障碍。信息觅食理论认为觅食者的信息觅食行为主要受知识结构、搜寻经验和信息意识的影响，信息觅食者基于自己已有的经验和认知对信息进行判断和分析。[①] 这种知识结构和信息意识对信息行为的影响在彝族村落村民的信息活动中亦有所体现，首先表现为彝族村民认识不到自己的信息需求，处于盲目的信息满足状态。因为传统的生产生活方式已成为一种习惯，并且村民认知水平有限，所以他们不了解现代信息所能带来的便利，产生一种误解，即目前的生活状态良好，不需要额外的更多的信息进行改变，意识不到自身潜在的信息需求，也不会主动尝试获取和利用信息。其次表现为村民对信息的认知模糊，对信息的重要性认识不足。他们不理解所谓的信息，不能清楚地分析自己需要什么信息、如何获取和利用信息，甚至在一定程度上对外来信息存在排斥。他们在某种程度上持有"局内人"的世界观，认为外部世界充满着敌意，具有不可测见性。最后，生活在小世界中的群体容易只局限于考虑眼前的问题，[②] 表现为彝族村民进行信息活动的动机不足，重视直接实际的经济收益，不理解信息活动能够给自己带来的隐形收益。

第四，信息环境和个人心理因素也对彝族村民的信息技能造成了一定影响。有限的受教育水平和知识储备，导致村民对一些现代化的、脱离自己生产生活经验的信息无法进行有效判断和理解。出于对外界的不信任和排斥心理，村民们很多时候认为外界是危险的，对外界信息和网络信息普遍存在一种怀疑态度和抗拒态度。他们依赖于信任的人提供的信息，无法

① 付文姝. 基于信息觅食理论的高校图书馆用户信息获取行为研究 [D]. 黑龙江大学. 2015.
② 肖永英. 日常生活信息查询行为的理论研究——埃尔弗瑞达·查特曼 [J]. 情报理论与实践, 2011（1）: 13 - 17.

对外界信息做出正确的判断，因此也无法有效利用这些外部信息，参与外部信息活动等。同时，有限的认知水平导致受众在信息吸收和理解方面存在障碍，由于理解能力的缺乏，学习新知识和新技术，以及在学习使用一些现代化信息设备方面都表现得尤为困难。村落中的村民更无法实现对信息的进一步加工、转化和利用等。由于汉语言能力不足，语言障碍的存在，彝族村民信息沟通和准确表达也存在障碍，一定程度上更加剧了信息理解吸收的难度。

长期处于这种封闭狭隘的信息环境中，所需的必要信息无法获得，自身能力和经济状况得不到有效改善，就无法获得自我发展所需的信息、思维、能力等。

四、研究总结

本章选取的四川省凉山彝族自治州村落，是一个地理位置偏远、居民信息素养较低、经济发展较为落后的少数民族聚居地，长期以来受到自然环境、历史文化、传统习俗等因素影响，是一个理想的考察对象。通过扎根理论研究方法对收集的田野调查资料进行分析，可以识别出彝族村落信息贫困受到自然物质环境、社会文化环境和个体心理情境的要素影响。

该彝族村落较为闭塞的地理环境和落后的生产力水平，当地的经济建设没有得到良好发展，社会现代化、信息化水平不足，也使得村民缺乏与外界进行信息联系与交流的机会和渠道，信息流通存在一定不畅。在这种信息交流环境的长期作用下，加上政策、资金等支持力度的不足，彝族村民所能获得的信息资源数量和信息服务质量无法保证，使他们在较为封闭的社会文化环境中生活发展，外界资源在村落内部的利用效用较低。村民局限于自己的"圆周生活"圈子，一般情况下不会越过他们认知范围内的"信息边界"去主动获取外源信息，只有在某些特殊情况下，他们才会越过这个"信息边界"去寻求外源信息和解决策略。同时村民自身文化素养和个人心理也局限了他们的信息世界，使得他们的信息能力、信息意识得不到发展，对信息重要性和自身信息需求的认知严重不足。小世界生活情境里的人们有他们所认同和形成的规范和行为边界，这些规范不仅决定了小世界成员的信息需求、信息获取行为和信息价值判断，而且规定着正常行为（包括信息行为）的标准与范围、局内人和局外人的界限，从而影响

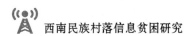

了其对信息的理解、吸收和利用，导致其信息体验与发展机会贫乏。

　　"与传统贫困有显著差异的是，数字贫困外延除了考虑个体，还需要考虑区域空间群体的数字贫困"。① 在实地调研中也发现，彝族村落的信息贫困不仅仅是个体的信息贫困，也是发展到了一定程度的所处小世界空间族群的信息贫困。以贫困户补贴政策信息的传递与实施为例，村民之间存在"比穷"心理，"等、靠、要"现象十分突出，在他们狭小的信息世界里，他们的信息经历和信息体验极度匮乏，外源信息的输入主要是靠其信息边界外部的人主动输入，其信息实践没有一个特定和有效的传导机制和完成途径。显然，凉山州彝族村落在自然物质环境、社会文化环境和个体心理情境各要素的综合影响下，当地村民信息需求逐渐减少或不明确，信息活动也趋向于原始简单。经年累月，当地人与外界的隔阂越来越大，更容易固化彝族村落已有的小世界生活情境。这样的小世界生活情境成为他们与外界交流联系的障碍，限制了他们参与外界信息活动、利用外界资源、共享信息成果，最终造成了当地的信息贫困现象，反过来这种信息贫困状态又使得当地的小世界生活情境更加封闭隔绝，最后容易形成一种"小世界——信息贫困——小世界"的循环。

---

① 周向红. 从数字鸿沟到数字贫困：基本概念和研究框架 [J]. 学海，2016 (4)：154 - 157.

第七章

政策建议

　　根据本书前文研究结果，结合已有理论和文献，可见从小世界生活情境的视角来考察西南民族村落的信息贫困是可行的，无论是西南三省一市一自治区的面上调查，还是基于四川省凉山彝族自治州村落的个案分析，都表明一些具体的小世界生活情境要素对信息贫困是存在影响的，是导致西南民族村落信息贫困产生和发展的要素。针对前文提到的小世界生活情境下的信息贫困相关影响因素，本章从宏观政策、公共文化机构、社会第三部门、村落内部等四个层面对改善西南民族村落信息贫困状况提出建议，旨在尽可能减少自然条件带来的不利影响，消除当地居民的信息接收、理解、表达、利用障碍，多管齐下改善西南民族村落信息贫困现状。

第一节　宏观政策层面

一、完善相关政策法规支撑

　　西南民族地区信息贫困状况的改善，离不开政府相关政策的支持、引导和规范。因此，针对当地自然地理环境恶劣、社会经济发展落后、村民文化素质较低的情况，需要有一套完备、科学、接地气的信息政策法规，并且政策需有一定的针对性和倾向性。例如，西南民族地区因其山高谷深、沟壑纵横的地形特点以及灾害频繁的气候特点，信息化建设尤其信息基础设施建设面临很多困难，呈现信息基础设施建设投资大、建设周期长、施工技术要求高、盈利回收周期长等问题。在这种情况下，企业的投资热情必然受到极大的影响，就需要政府提供更多政策支持，加大政策支持强度，实施特殊的财政、税收、投资、金融等政策，以政府为主导，发挥政府提供公共产品的职能，建立起一整套中央与地方、财政与金融、西南民族地区内部与西南民族地区外部联合的政策支持体制，追求社会效益和社会福利的最大化，提高西南民族地区村落的信息化水平和村民的生活水平。再如，为了促进西南民族地区信息产业的发展，政府应该通过特殊的税收政策及财政政策以吸引企业的入住，如税收退税、低税收政策、财政优惠等。形成一套"外来带动，内部增长，企业联动"的西南民族地区信息产业的发展模式，在外来信息产业的刺激以及带领下，引导西南民族地区内部信息产业的形成与发展，进而内外联动，推动当地整个信息产业的发展，促进信息化水平的提高，有效摆脱信息贫困。

二、加强信息基础设施建设

信息基础设施是一切信息活动开展的基础，对于西南民族地区群体的信息获取、信息流通和信息利用等至关重要。2016 年中共中央办公厅、国务院办公厅印发的《国家信息化发展战略纲要》指出，到 2020 年，我国固定宽带家庭普及率要达到中等发达国家水平，到 2025 年，新一代信息通信技术得到及时应用，固定宽带家庭普及率要接近国际先进水平，建成国际领先的移动通信网络，实现宽带网络无缝覆盖。《"十三五"促进民族地区和人口较少民族发展规划》中针对民族地区的信息化建设提出了以下要求：加快信息基础设施建设，继续推进广播电视户户通，实施"宽带中国"战略，重点支持光纤网络、移动通信网络、宽带基础设施升级改造、综合通信网络和少数民族语言网站建设。[①] 而到目前为止，部分西南民族村落地区广播电视尚未实现全覆盖，互联网普及率也远落后于其他地区，尚未达到国家相关标准，如 2019 年甘孜州地区移动电话普及率 77.39

---

① 中华人民共和国中央人民政府. 国务院关于印发"十三五"促进民族地区和人口较少民族发展规划的通知 [EB/OL]. http://www.gov.cn/zhengce/content/2017 - 01/24/content_5162950. htm.

部/百人，① 远低于全国水平 112.23 部/百人。② 四川藏区的互联网接入率也仅为全国的 1/4，远远落后于全国平均水平。居民无法通过广播、电视、互联网获取足够的信息，绝大部分信息依靠小世界内部成员获得，信息获取的不充分很大程度上导致了当地的信息贫困。

　　信息基础设施的建设离不开通畅的道路环境和完善的电力网络，因而必须首先解决西南民族地区道路设施问题，加快公路、铁路等交通干线建设，提升西南民族地区交通道路的运载能力，并加快实现西南民族地区电力网络全覆盖，为信息基础设施建设提供基础。在通电实施过程中可以结合地方实际规划建设风力发电、太阳能发电、水力发电项目。加强信息基础设施建设，可以打破西南民族村落与外界信息隔绝的屏障，打通西南民族村落与外界信息互联的渠道，从技术层面改善信息贫困问题。地方政府因为其财政资金的有限性、战略规划的延迟性，发展区域的选择性等特点，在信息基础设施的建设过程中存在着一定的局限性，可以通过与电信企业合作，建立更多信号塔，扩大通信信号覆盖范围，健全广播电视网络、移动通信网络、互联网的配备，使广播、电视、互联网在西南民族村落地区得到广泛应用。对于人口密集的少数民族村落，要积极推动光纤等有线设施的覆盖，而对于人口较为稀少、分散的村落则需要采用各种无线技术实现网络连接。特别是在重要公共区域、交通干线、民族旅游区等地，应加快无线局域网的覆盖，提高这些地区大流量移动数据业务的承载能力。同时需要贯彻落实电信普遍服务补偿机制，建立网络发展长效机制，推进网络提速降费，提高网络质量的同时降低村民使用信息基础设施的经济负担，解决居民的通信需求，加强居民与外界的联系，改善地区的信息封闭状态。最后，在电力、广播、电视、网络得以普及的情况下，还可利用微信、微博等社交媒体促进民族村落与外界的信息交流，并在可能情况下建设村落内部邮局、邮政站点，保证村落与外界的物流联通。

　　为有效解决信息基础设施建设落后问题，一些民族贫困地区也陆续进行了相关信息基础设施建设实践，云南西双版纳傣族自治州通过实施贫困村光纤宽带网络覆盖项目、农村电网改造提升项目等，使得基诺族、布朗

---

① 甘孜藏族自治州人民政府.甘孜藏族自治州 2018 年国民经济和社会发展统计公报［EB/OL］. http：//www.gzz.gov.cn/gzzrmzf/c100046/201903/48e0762523fb4b51b4d56d9604a6a6b8.shtml.

② 国家统计局.中国统计年鉴 2019［EB/OL］. http：//www.stats.gov.cn/tjsj/ndsj/2019/indexch.htm.

族等民族贫困地区群众出行难、用电难、通信难等问题得到根本解决。四
川省也开展了三区三州（甘孜、阿坝、凉山）农网改造升级三年行动计
划，目前，凉山、甘孜、阿坝已实现供电全覆盖，"三区三州"深度贫困
地区行政村通光纤比例从 25%与全国同步提升至 98%以上。[①] 民族贫困地
区信息化基础设施建设项目的实施，极大地改善了民族地区的信息基础设
施现状，提升了信息设施保障能力，为村民们接收信息、利用信息设施设
备、开展信息活动等提供了基础物质保障，使村民参与现代化的信息生活
成为可能。

三、实施整体搬迁集中安置

西南民族村落所处地区多为山地，地势险峻，自然灾害种类众多且灾
害频发，生态环境脆弱。特殊的地理位置和气候环境所造成的阻隔性和分
散性，为信息基础设施建设带来不便。设备材料的运输、长途光缆的铺设
以及设备投入运用、文化服务的开展等等都会比一般城市或地貌较为平缓
的地区困难，[②] 基础设施建设成本高、风险大。此外，由于山地地形的特
殊性，西南民族村落村民居住地多呈分散状态，信息传递分散，有效传递
难度大、效率低，也不利于公共文化机构开展信息服务活动。

为解决以上问题，有效开展信息服务。首先，应通过政府牵头，根据
实际情况，在充分尊重少数民族的意愿、风俗、文化、心理认同和省级政
府批准的年度搬迁进度安排的前提下，尽量将民族村落整体搬迁到地势平
缓地带，从而降低信息基础设施建设难度，加快信息基础设施建设进程，
改善民族村落信息基础设施建设落后的现状。其次，在整体搬迁的基础
上，对民族村落居民实施集中安置，使原本分散的居民聚集在一起，方便
信息的传播以及信息服务活动的开展，从加强服务角度改善当地的信息贫
困状况。在进行整体搬迁、集中安置的过程中需要有充足的资金支撑，需
要扩展资金筹措渠道，保证相关工作的顺利进行。在搬迁完成后还需确保

---

① 四川省扶贫开发局.四川省"三区三州"农网改造升级三年行动计划攻坚工程全面完工
［EB/OL］. http://fpkfj. sc. gov. cn/scfpkfj/inportantnews/2020/7/15/08e35c3d502c4ad7962dfed8095
6496b. shtml.

② 赵珊，张永辰，杨峰.我国藏区信息化发展水平测度——以四川甘孜藏族自治州为例
［J］.图书馆论坛，2018（8）：33-39.

这些少数民族在安置地的生活、生产发展有可持续性，完善安置地区的公共服务设施，为搬迁者创造就业机会，确保其有稳定的后续收入来源，支持搬迁贫困人口后续产业发展，因地制宜合理制定建房补助标准和相关扶持政策。

部分西南民族地区因地制宜地贯彻执行了搬迁安置相关政策，例如，四川省阿坝藏族羌族自治州的汶川县草坡乡是藏族、羌族、回族等少数民族的聚居地，当地生态环境脆弱，自然灾害频发，先后经历了 2008 年汶川大地震、2013 年特大泥石流灾害等。自 2013 年后半年草坡乡群众整体迁建的灾后恢复重建工程启动以来，大部分群众目前已经搬迁到临近的水磨古镇郭家坝村内，依托周围水磨古镇、汶川映秀遗址等景区，安置地的村民们对外界信息也有了更多的了解，信息贫困状况相比从前得到了有效改善。再如，云南省高黎贡山地区聚居着傈僳族、怒族、白族等少数民族群体，在 2018 年政府组织的移民安置中他们搬迁到了隆阳等交通便利、就医就学方便、更利于发展的地区，并在安置点设立了村民小组，制定了村规民约，同时还以个人行为习惯培养、用电常识科普、礼仪教育、国家政策、普通话学习、家用电器设备了解认识等为学习重点，开展移民的文化补习培训。① 在搬迁后，村民所面临的交通环境和居住环境有了很大改观，生活便利性大大提高，村民的生活观念、生活方式、文化水平得到了很大的改善，相应的个人信息素养和当地信息化水平也逐步得到提高。

四、推进生活生产方式改善

随着数字信息时代的到来，改善信息贫困必须抓住"互联网＋"的历史机遇，在落实网络基础设施的基础上，充分发挥互联网在资源配置方面的优势，借助互联网平台改善当地生产方式。为贯彻落实习总书记关于网络扶贫的重要精神，国家网信办、工业和信息化部联合建立了"一省一中心、一县一平台、一乡（镇）一节点、一村一带头人、一户一终端、一人一档案、一支网络扶贫队伍"的"七个一"信息服务体系。致力于提高贫困人口信息技能、帮助农民获取信息和服务、掌握贫困动态等，整合信

---

① 李建国. 冲出高黎贡"移"跃跨千年——高黎贡山保山跨州市移民易地扶贫搬迁工作纪实 [EB/OL]. http://ynfp.yn.gov.cn/f/view-9-72fde80b3c8f458fad3ff666efcaa672.html.

息资源、助力脱贫。对于民族地区的贫困现状，可从以下几个方面着手进行信息扶贫。

第一，推进农业信息化平台建设，可以和大型电商企业建立合作，设立扶贫专卖店、电商扶贫馆和扶贫频道，并给予流量等支持，① 拓展当地居民农产品销售渠道，改变自给自足的生产方式，让居民从电商销售中尝到甜头，从而增强信息意识，主动接触外界信息。

第二，可建立与大中城市的农产品产销对接，将当地特色产品进行稳定输出，增加与外界的联系，扩展当地居民的信息渠道，方便他们更多地获取外部信息，改善信息贫困状态。

第三，应重视对当地丰富旅游资源的开发，利用互联网开发"互联网 + 旅游"模式，打造当地特色精品旅游线路，形成具有地方特色的旅游品牌，吸引更多的游客，并将景区与特色产品销售相结合，形成"农业 + 旅游经济""文化 + 旅游经济"的联合发展模式。在合理利用现有资源，宣传当地民族文化的同时促进当地经济发展，刺激当地信息基础设施的建设，进而促进信息的传播和利用。

在脱贫过程中很多民族贫困地区也进行了积极的"互联网 +"探索，作为羌族戏曲、医药、民歌的发源地的四川省阿坝藏族羌族自治州的汶川县雁门镇索桥村近些年来积极发展汶川三宝（甜樱桃、脆李子、香杏子），通过对果园精细化管理来发展采摘经济和羌家乐经济。在农旅经济的带动下，当地已成为脱贫攻坚战的示范区。为了进一步促进自身经济发展，当地村民信息意识有了很大提升，开始利用微信、微博、各类门户网站来进行农旅宣传。依托互联网开展的各种电商项目在民族地区逐渐铺开，2020年5月，国务院扶贫办联手拼多多推出"消费扶贫直播行动"项目，通过"云游中国"的旅游直播项目，九寨沟、松潘黄龙、达古冰川、四姑娘山等民族地区丰富的自然风光和人文景观资源也让外地网友心驰神往。② 依托互联网和现代商业平台，成功地把产地和市场对接起来、把生产者和消费者链接起来，互联网直播的方式使得贫困村落与外界的信息交流更加频

---

① 中华人民共和国中央人民政府. 国务院办公厅关于深入开展消费扶贫助力打赢脱贫攻坚战的指导意见 [EB/OL]. http://www.gov.cn/zhengce/content/2019－01/14/content_5357723.htm.

② 四川省扶贫开发局. 四川决战决胜脱贫攻坚：新电商直播助力农货文旅破圈出川 [EB/OL]. http://fpkfj.sc.gov.cn/scfpkfj/inportantnews/2020/11/9/9c4a2bb1897042a48f08e7ada942dadf.shtml.

繁。互联网的广泛介入，推进了贫困地区信息平台的建设，促进了村民信息能力的提高。如今伴随互联网进行的新型生产、消费方式在民族地区逐渐普及，带来了非常可观的社会效益。

五、增强当代语言文化教育

西南民族村落村民整体受教育水平偏低，由于语言限制，对广播、电视、互联网的利用率也处于较低水平，因此，加强汉语教育，削弱语言不通带来的与外界信息获取和信息交流的壁垒是解决信息贫困问题的有效途径。政府首先应加大对汉语教育的重视程度。其次，加大西南民族地区教育人才建设力度，培养能熟练掌握少数民族语言与汉语的"双语"人才，融合民族语言进行教学，借助语言沟通便利更好地展开精准摆脱信息贫困的一系列工作。最后，由于西南民族地区开展教育工作的特殊性，其困难程度远远高于其他地区，政府应重视教育人才的挽留，对该地教育工作者给予适当的资金补助，在工资待遇方面给予优待，为民族地区的教育工作者在职称评定和自身提升方面给予更多的空间，减少教育人才流失。

在具体开展文化教育时，应注意因材施教，针对不同的年龄层，开展有区别的文化教育形式。

（1）针对适龄儿童，一方面政府部门需要从政策及资金上给予大力支持，通过在民族村落内部建立幼儿园、小学等确保当地儿童有学可上。另一方面，需要加大对义务教育的宣传和落实，确保适龄儿童全部上学。但政府部门还需意识到这些政策在民族地区落实的复杂性，出台相应配套举措。例如考虑到民族村落地理位置偏远使得儿童上学困难，四川省出台了"一村一幼"项目，但项目初期效果并不尽如人意。四川省凉山彝族自治州布拖县部分村民不愿意送孩子上学，在他们眼里孩子也是家庭劳动力，与其送孩子上学不如让他们帮家里拾柴。针对这些现象，州政府在国务院出台的《关于进一步加强控辍保学提高义务教育巩固水平的通知》指导下，在当地大力落实"控辍保学"机制，对经教育仍不愿意送子女入学的少数民族家长及监护人，提请司法部门依法强制其履行义务，督促家长送因贫困而辍学的儿童入学。

（2）针对青少年阶层，应开展教育扶贫，对青少年及其家长进行思想教育，确保青少年应读尽读。由于青少年对新事物接受快，学习能力强，适当的教育即可有效提高这一群体接受、学习、使用信息技术的能力，摆脱信息贫困。此外，还需意识到青少年群体的带动性作用，利用青少年这一中介，将信息传播到更多家庭之中，做到"教育一个学生、带动一个家庭，影响整个社会"。

（3）针对青少年中的辍学者、中年人和老年人，则需要开展技能培训以及文化普及活动。因为很多民族村落在经济上同样处于贫困之态，这就要求在政府支持下临近区县的职业院校可以免费为他们提供技能培训，尤其是使用互联网的技能。此外，还可以通过在村落内部举办农民夜校来提高当地人的技能，推动少数民族素质教育工作的常态化和制度化。农民夜校的开课时间需安排在农闲时间，开课地点可以是村民活动室等公共场合。课堂内容以脱贫致富技能教学为主，可以包含惠农政策宣传、精准扶贫政策解读、家禽养殖技术、农作物种植技术、移风易俗知识等。当然，在农民夜校开展过程中要积极进行夜校的反馈调查，根据村民的反馈来调整教学知识，做到寓教于乐。通过一些实际例子让少数民族村民看到学习的好处，提高其参与度。此外，还需改变教学方式，以实践性、参与性教学为主，真正发挥这些夜校扎根基层的优势。

第二节　公共文化机构层面

一、明确公共文化机构定位

公共文化机构承担着为广大人民群众提供公共文化服务，满足人民精神文化需求，提升人民群众文化素养的重要社会责任。提升公共文化服务能力，尤其是民族地区的公共文化机构服务能力对于民族贫困地区的社会文化发展和人民文化素养的提高至关重要。国务院在《"十三五"促进民族地区和人口较少民族发展规划》中针对民族地区的公共文化服务提出了以下要求：完善州、县两级博物馆、图书馆、文化馆、科技馆、足球场、体育场等公共服务设施，继续推进人口较少民族标志性文化设施建设，包括民族博物馆、生态博物馆、民俗馆、民俗文化传习所、民族文化广场等。鼓励社会力量兴办各类民族博物馆，在公共博物馆内可结合当地实际适当设立人口较少民族文物展览室、陈列室或文化展厅。加快文化资源数字化建设，推动建设人口较少民族网上博物馆、数字展厅。在西南民族村落信息化发展过程中，公共文化机构因其职能的多样性、地位的权威性、作用的基础性、传播范围的广泛性、传播人群的全面性，在帮助西南民族村落摆脱信息贫困中起着必不可少的作用。

第一，当地公共文化机构要积极参与文化信息服务，履行好公共文化服务职能，相关机构可以利用自身地位和资源，改变当地人的信息观念，引导他们主动接触信息、寻求信息和利用信息，只有这样才能从根本上缓解当地的信息贫困状态。公共文化馆、图书馆、科技馆等机构可以牵头构建和推广具备行政管理、信息采集发布、便民利民服务等功能的社区综合信息公共服务网络平台，以引导和加强村民对信息的知晓和利用。在进行信息宣传时可以利用村落内部公共场所、公告栏、各级群众大会、农户院墙等地，最好同时使用汉语和当地少数民族语言进行宣传以扩大信息的知晓率。

第二，在当今数字化信息时代，公共文化服务机构的服务应与时俱进，加大数字化建设与服务力度，如此才能让村民紧跟时代步伐，缩小城乡数字鸿沟。可以配备现代化的多媒体设备，借助多媒体内容丰富、展示形式多样、灵活易懂等特点进行文化服务。还可以针对地方已配备的馆藏资源、多媒体设备等进行使用指导。例如通过图书下乡、多媒体下乡等活动，提高现有资源的使用效率，同时使当地居民了解到文化机构存在的真正价值，提高他们的信息意识以及依靠自身获取信息的能力。

第三，除指导村落居民对现有资源的使用外，还必须考虑到西南民族村落整体受教育水平偏低，且对教育的重视程度不够的情况，公共文化机构除做好基础的资源提供、指导利用工作之外，必须重视自身的社会教育属性，重视科学知识的教育，大力普及先进的科学文化知识，提升群众的受教育意识，使得群众重视教育、尊重教育最终接受教育，从而在一定程度上提升当地人的知识水平，方便他们更好地获取信息、理解信息、利用信息。

第四，由于西南民族地区部分习俗影响着他们对信息的接收和信息交流的态度，公共文化机构应充分发挥其文化服务的作用，按照习近平同志"要坚持不懈开展马克思主义祖国观、民族观、宗教观、文化观等宣传教育活动，凝聚中国特色社会主义思想共识"的指示，使得科学观念发挥对社会风气的引领作用，使西南村落居民积极发现自身信息需求并设法解决。

二、精准识别信息扶贫对象

公共文化机构在文化精准扶贫方案制订之前，有必要对帮扶对象进行精准识别，从中筛选出真正应当帮扶和能够接受帮扶的人群，即文化水平低、经济条件差、发展能力弱、发展欲望强烈的人群，^① 有选择、有针对性地开展信息扶贫，拒绝"一刀切"。

对信息扶贫对象的确定从以下几个方面进行。一是优先选择对参与文化扶贫有较强意愿的人群。扶贫工作开展的效果良好与否，与参与者的意愿强度有高度相关性，意愿强烈的人群在参与积极性、内容接受度、学习反馈方面会优于低意愿人群，优先选择这类人群也是合理利用资源的体现。二是重点关注文化水平低、学习能力弱的群体。这类群体因文化水平和自身学习能力限制难以仅仅依靠自身努力在信息获取和利用方面取得进步，需要依靠公共文化机构提供的培训来获取更多的文化知识，提升自身的信息能力。三是关注经济条件弱、发展条件差的群体。进行文化扶贫目的不仅是提升西南民族村落村民的信息能力，还要借助文化上的脱贫帮助村民改善经济上的贫困。对于经济困难且发展条件差的群体，公共文化机构应通过相关信息帮扶使村民了解更多的市场相关信息，帮助他们尽快摆脱经济上的贫困，借此也能激发其信息需求，提高其信息化水平。

三、多方协同推进脱贫工作

目前各级各类的大、中型公共文化机构直接服务于贫困地区的贫困户信息需求还不普遍，毕竟城乡之间的信息鸿沟还无法逾越，公共文化机构与贫困户之间关联度不高、信息也不对称，因此，必须建立图书馆、文化馆、美术馆、科技馆等文化机构与信息贫困户之间的桥梁，借此加强公共文化机构与信息贫困户的连接，更直观地了解信息贫困户的信息需求，更直接地进行信息服务，进而更好地发挥公共文化机构在文化扶贫中的作用。

---

① 詹景海. 精准扶贫视角下图书馆文化扶贫路径研究 [J]. 图书馆学刊，2017，39（1）：33–37.

第一，公共文化机构要联系民族村落中信息化水平较高的人士，他们相比其他人有更多的信息需求，也有更好的信息需求表达能力。他们的信息需求在一定程度上能够代表所处区域的信息需求，并且由于当地人在语言沟通与居民信赖感方面的优势，通过他们也能获得更直接、真实的当地信息贫困群体的信息需求，所以村落中的这些人群是一个很好的承接纽带。

第二，设立农村信息员，深入民族村落，实地提供服务。调查显示，民族村落对于农村书屋、文化馆、科技馆等的资源利用处于十分浅层的状态，许多人仅将这些场所作为学习的空间，馆内资源、展览、多媒体设备并未发挥其应有的作用。公共文化机构可通过鼓励具有专业知识的馆员申请农村信息员，让馆员面向民族村落居民对馆藏资源的利用予以具体指导，提高当地居民信息资源利用的能力，提高馆藏资源的利用效率。同时，农村信息员也能带去较为先进的理念和现代化技术，帮助村民了解更多现代化信息，建立现代化的生产观，帮助他们认识到自身的信息需求，引导他们主动获取信息。除此之外，信息员在收集社情民意、排查治安隐患、调解纠纷、宣传方针政策、普及法律法规、公共服务代办等方面也能起到重要作用。

第三，与高校、各类民间组织进行合作，合作制订科学、合理、有效的扶贫方案，保证扶贫效果，并招募志愿者辅助公共文化机构开展信息服务工作。联合专业化的信息服务企业，引进专门的信息服务机构，特别是在健康、农业、创收、环境、法律等方面，适当扩大信息服务的范围，增强信息服务的针对性和供需匹配性，使当地村民能够享受更丰富更专业的信息服务。志愿者的招募一方面可以解决公共文化机构人员进行深入服务人员不足的问题，另一方面，招募大学生、企业家、种植能手等不同类型的志愿者，可以从不同方面有针对性地对民族村落地区实施信息服务，更好地解决村民切实关心的问题，也能从不同层面向公共文化机构反馈收集到并解决的信息需求，为公共文化机构接下来的文化扶贫工作提供指导。

第四，发挥"党员包户""结对帮扶"等一对一帮扶政策的作用，让党员、干部成为改变少数民族传统心理的关键者，成为少数民族了解外部信息的引路人。要明确党员、干部的工作职能和内容，既要为少数民族调处矛盾纠纷、解决民生实事、宣传法律法规，又要对他们进行心理、思想、政治的教育，从而让少数民族对外部世界更加包容、开放。在帮扶过程中还可以利用激励机制，及时发布党员干部以及村民光荣榜、形成以好为荣，积极创好、争好的浓厚氛围。开展星级文明户、道德模范的评选，培养一批勤劳致富、诚实守信、孝老爱亲等的先进典范，利用这些典范带动整个民族村落良好风气的形成。

四、根据实际需求调整服务

公共文化服务机构作为提供公共信息服务的重要阵地，在西南民族村落摆脱信息贫困的过程中必须积极承担其自身的责任，在提供信息时需要考虑到当地人的信息需求，应切实调查当地人密切关注什么样的信息，进而有针对性地提供。比如图书馆、文化馆馆藏资源方面应增加居民关心的相关主题馆藏，优先解决居民已有的信息需求，再考虑对居民潜在信息需求的开发，解决潜在信息需求。也可以定期派人"下乡、下村"进行定点信息宣传、政策服务解读、技能实地培训，向农民广泛宣传惠农政策、就业、医疗保健、法律服务、农产品的市场需求、产品供应等村民真正需求、渴望并与他们利益实际相关的信息。

除了重视提供的信息内容之外，公共文化机构还需根据实际情况对传统的服务模式进行相应改变，基于西南民族村落普遍贫困的特点，应因地制宜开展信息服务，比如探索开展"农家书屋+电商"的服务模式，对原有的农家书屋增加电子商务、信息服务等内容，建设集图书借阅、电子商务、信息服务、生活服务等为一体的"农家书屋+电商"服务站，[①] 搭建起村民进行文化活动和致富的学习平台，实现文化教育与经济发展的共同进步。同时信息提供的形式也是文化机构应重点关注的问题。就文化机构供给信息的利用现状来看，尽管不少民族地区的信息工程已经建成，但当地人主动使用这些设施的积极性不高。例如，对于藏区游牧民来说，他们看不懂汉字，自然不会去看农家书屋中的汉文书籍。这就要求公共文化服务机构要关注到少数民族使用语言的障碍，提高自身在民族地方的适应性，打造具有民族特色的农村书屋、文化馆等。在提供资源方面，应重视对西南民族文字撰写的书籍的收集，也可适当增加音频、影像类馆藏，帮

---

① 刘玉婷，姚慧君. 基于文化精准扶贫的"农家书屋+电商"模式研究 [J]. 老区建设，2018（8）：68-71.

助文化水平较低的村民理解信息，在保留西南民族传统文化的同时减少信息使用的障碍。

为提高居民获取信息的积极性，公共文化服务机构还应开展类型丰富的信息服务，保障村民的信息参与。如开展针对儿童的亲子活动，针对村民的科普类信息活动等，医院、文化馆、美术馆等公共服务机构相互联合，一起开展相关活动，为村民提供形式丰富、内容实用、喜闻乐见的知识学习活动，提供综合的信息推广和信息培训服务。增强与村民的信息互动与交流，促进村民的信息参与，培育他们的信息主体意识和参与感，促进村民自我信息素养和信息能力的提升。值得注意的是，信息服务的开展应是连续的、常态化的，信息活动的组织和进行也应注意其连续性和长效性，只有坚持提供连续、完整的信息服务才能使村民的信息贫困状况有所改变。

第三节　社会第三部门层面

一、完善第三部门参与机制

随着我国扶贫事业的发展，越来越多的社会第三部门参与了扶贫工作，信息扶贫方面也不例外，但要发挥好社会组织等第三方部门在信息扶贫中的作用仍然需要多方面的努力，只有完善社会组织等第三方部门扶贫参与的体制机制，保障他们扶贫参与的合法性，才能保证其扶贫参与的持久、稳定、高效。我国在 2017 年发布的《关于广泛引导和动员社会组织参与脱贫攻坚的通知》（以下简称《通知》）中就提出了"参与脱贫攻坚是社会组织的重要责任"，强调社会组织要在承担公共服务、提供智力支持、实施帮扶项目、协助科学决策等方面主动作为。[①] 在参与产业扶贫、教育扶贫、健康扶贫、异地搬迁扶贫、志愿扶贫及其他扶贫等方面发力。《通知》明确了社会组织扶贫参与的内容和方式，但对于社会组织扶贫参与过程中方方面面的问题仍有待规范，所以需要进一步完善。

---

① 国务院扶贫办. 国务院扶贫开发领导小组关于广泛引导和动员社会组织参与脱贫攻坚的通知［EB/OL］. http：//www.cpad.gov.cn/art/2017/12/5/art_50_74541.html.

首先，中央政府及各级地方政府层面，要出台专门的法律法规，使得社会第三方部门在扶贫过程中的权利和义务得到清晰的界定，维护社会组织的合法权益，保证其扶贫参与的合法性，从而使社会组织的扶贫参与更加顺畅。其次，需要进一步细化对于第三部门的管理制度，尤其是民政部门和各行业管理部门都应制定相对完善的规章制度，完善核查抽检机制，备案监督机制，确定社会第三部门扶贫参与的目标任务、基本原则、推进方式和工作要求等，建立与社会组织顺畅的沟通渠道等，使得社会第三部门和相关组织本身得到规范的运作与管理，更好地参与到扶贫事业中。最后，各级扶贫领导小组和扶贫部门等具体业务主管部门对于社会第三部门的扶贫参与应有相对完善的具体政策作为支撑，对社会组织的扶贫参与进行必要的政策与资金及项目支持，各级政府、扶贫领导小组、扶贫部门要有效连接社会组织与其他业务单位，做好社会组织扶贫参与的支持工作。

二、增强第三部门扶贫参与

社会第三部门参与信息扶贫具有其独特的优势，首先是社会组织等社会第三部门具有专业性、社会性、服务性等特征，社会组织等多是相关的专业组织及协会、研究会、基金会，其成员相较于其他的扶贫力量具有较强的专业性。专业的信息类社会组织在信息扶贫方面能够有效地传播信息、利用信息产品，以增强信息扶贫的专业性和科学性。此外，社会第三部门相比于政府组织具有一定的灵活性和及时性，可以有针对性地开展扶贫工作，尤其是一些特殊化、个性化问题，同时社会组织等第三部门具有一定的号召力和感染力，能够有效动员社会力量参与信息扶贫工作，具有"集中力量办大事"的优势。鉴于此，在信息扶贫过程中要积极推广与加强社会第三部门的扶贫参与，充分发挥第三部门的信息扶贫作用。

积极营造社会第三部门参与信息扶贫的良好社会氛围，吸引和促进社会第三部门的扶贫参与。在扶贫中增加科技类、行业协会类、教育培训类社会第三部门的信息扶贫比例，大力推广社会组织参与信息扶贫的先进经验和创新做法、营造社会组织参与信息扶贫的良好氛围。加强慈善领域宣传展示，号召公益慈善组织聚焦信息扶贫问题，尤其是"三区三州"等贫困地区的信息扶贫问题。

加大专业化信息组织的扶贫参与力度。在西南民族贫困地区，村民面临的信息贫困问题往往更严峻，相比于其他的扶贫主体，专业的信息服务类组织具备更高的专业水平，能够提供更全面、更专业、更深层次的信息服务，而这些也是信息贫困群体所急需的。村民面临的往往不是单一方面的信息贫困，村民在面临信息产品缺乏的同时，也面临信息意识、信息技能不足的问题，专业化的信息服务组织能够有效解读村民的信息贫困问题，给予村民更有效的信息扶贫服务。

拓宽社会第三部门信息扶贫参与渠道，倡导多种形式参与信息扶贫。社会第三部门的灵活性和较强的社会感染力等都是其他的扶贫部门和扶贫力量所不具备的，在信息扶贫中应充分发挥其扶贫优势，社会组织参与信息扶贫可以是直接的服务提供者，也可以是协调信息产品和用户的中间人。社会组织可以作为政府和信息贫困村民的沟通桥梁，将基层最真实的情况及时反馈给政府，使政府对信息扶贫政策和措施及时做出调整，有效协调资源配置，开展精准有效的信息扶贫。同时社会组织还可以作为信息企业与村民的连接者，将相关的信息服务企业引进贫困地区，实现信息企业与村民的供需对接，提高信息贫困群体的信息产品和信息服务供给的稳定性和持续性。例如，四川省搭建的"四川科技扶贫在线"平台，该平台包括了专家服务、技术供给、产业信息、供销对接等栏目，为贫困村民提供了种植养殖以及产品销售等全产业链的信息服务，并建立了专家库，专家库中的相关行业专家免费为村民提供在线的专业信息咨询服务。[①] 许多的公益组织和社会第三部门都积极承担起了链接村民与企业的中间人，使企业能够更精准地服务于村民，村民也能在经济条件有限的情况下享受更多的信息产品与服务，进一步缩小了与城市的信息鸿沟。

三、多措并举开展信息扶贫

社会第三部门作为政府组织与企业组织的补充，具有良好的社会适应性和灵活性，在信息扶贫中有更大的发挥空间。要鼓励社会第三部门深入贫困地区，实地了解信息贫困之所在，比如可以通过相关组织与村落一对一的结对帮扶来深入贫困地区进行信息扶贫等。

---

① 甘孜藏族自治州人民政府. 甘孜州科技扶贫硕果累累 [EB/OL]. http：//www.gzz.gov.cn/gzzrmzf/c100044/202012/2e6e05bffb69462cb9c8c0aab4a48ed0.shtml.

一方面，要积极推进第三部门做好信息及信息产品的引入工作。鼓励第三部门做好信息传播者，加强对当地信息服务、信息传媒等产业的参与，将外界信息引入西南民族村落，进一步以村民喜闻乐见的方式进行文化信息传播，引导村民接纳和使用外面世界的信息，丰富西南民族地区村民的文化生活和信息世界，从而改善他们信息落后的现状。同时，鼓励社会第三部门响应国家号召，开展网络扶贫，有效对接政府、信息企业与信息贫困人群，针对信息基础设施建设、网络技术培训、网络运用渠道等方面，提供信息产品的引入，使村民能够享受到更丰富多样的信息服务。针对西南民族村落的信息贫困现状，许多社会第三部门也积极开展了一系列活动，进行了许多有益尝试，并取得了一定的成效。比如58公益以信息扶贫助力喜德县的脱贫攻坚，依托三农信息服务平台，为喜德县提供农特产品产销信息实现农产品销售，提供人力资源信息解决村民就业问题，提供信息服务激活各种小微经济，实实在在改善了当地村落的信息贫困状况。

另一方面，推动社会第三部门注重文化教育扶贫，通过对村民开展文化素质教育、科学普及教育、信息素养教育和技能培训等实现信息扶贫。因为西南民族村落信息贫困的一个重要根源在于村民素质和能力的贫困，"信息效益不是永恒的，观念的变革才具有长效性"，[①] 只有教育带来的观念变革才能彻底改变西南民族村落的信息落后状况。社会第三部门就可以有针对性地开展文化素质、信息素养教育活动，培养村民的信息意识，让村民认识到信息对于个人生活发展的重要性。通过社会第三部门培养村民基本信息技能，让生活信息、就业信息、教育信息等充分渗透到村民的生活中，促进西南民族贫困地区信息服务的普及。

第四节　贫困村落内部层面

一、发挥权威人士带头作用

由于西南民族地区深受传统文化影响，村落居民对于家族权威人士较

---

① 方晓红. 大众传媒与农村［M］. 北京. 中华书局，2002：28.

为信任，比起外界传入的信息，当地人更倾向于接受家族权威人士传递的信息。因此，在推进民族村落信息化的进程中，可以优先动员家族权威人士，发挥其带头作用。

首先，在开展信息能力培训、信息服务工作时，可优先动员家族权威人士参与，让这类影响力较高的人带动其他居民，动员尽可能多的人员前去参加，提高村民参与培训、接受服务的积极性，从而促进当地摆脱信息贫困能力的提高。

其次，在进行扶贫工作等相关的政策宣传时，加强与家族权威人士的联系，尽量鼓励这类人士一起参与宣传，从而减轻当地人对外界信息的排斥，增强对相关政策的接受度，提高信息传播的效率，也方便政府等公共机构开展工作，落实相关政策，进而改善当地信息贫困状态。

最后，建立以家族权威人士为主导的信息扶贫小组，以小组为单位收集居民信息需求以及信息培训反馈，使相关机构面对收集结果有针对性地调整信息扶贫方案，使信息扶贫能落到实处，取得较好效果。

二、加强领导干部示范作用

对于部分信息化水平稍高的地区，村干部传递的信息也是他们接收信息的主要信息源。因此，需要充分发挥这类人群在民族村落信息化发展过程中的重要作用。

第一，村干部必须以身作则，提高自身信息意识和信息能力。在日常工作中，村干部必须时刻学习新的理念和信息技术，保持自身信息化水平不落后。对于相关信息培训要积极参与，给村民做好带头示范的作用，并利用自身的信息能力帮助村民解决部分在信息获取和利用方面的问题。

第二，积极配合文化馆、图书馆等公共文化机构开展的信息扶贫工作。处于信息贫困地区的村干部要积极联系公共文化机构到当地进行信息服务和相关信息能力培训，在进行信息扶贫工作时，村干部要发挥作用，帮助聚集村民，协助安排好相关工作人员的交通、食宿问题，使公共文化机构的信息扶贫工作能够顺利开展，减少后顾之忧。

第三，村干部要时刻关注信息扶贫相关政策，做好村落政策宣传人的角色。在相关的扶贫政策出台后，村干部要第一时间将相关政策向村民普及，使村民尽可能多地了解外界实时信息，改善村民由于信息能力差而导致的信息闭塞状态，进而在一定程度上改善村民的信息贫困。

因为民族村落处于经济文化的全面贫困中，由于观念和能力因素，许多扶贫措施的实施需要村干部等基层领导干部带头，尤其是进行信息扶贫等不能直接产生经济效益的事物，只有村干部以身作则、带头示范、积极宣传，才能提高和保证信息产品及信息服务等在民族村落被有效接纳，信息才能逐渐走进村民的世界，也才能逐步实现信息脱贫。

三、鼓励村民个人积极参与

村民是摆脱信息贫困的实施对象，要想使摆脱信息贫困工作落到实处，必须充分发挥村民的能动作用，使村民自觉改变信息贫困现状。

首先，对于村民个人，可以在进行信息素养、信息能力培训的基础上，不定期开展知识竞赛等活动，对于成绩优秀者予以一定的奖励，激发他们的参与积极性，提高他们参加培训的热情，进而尽可能地发挥信息素养、信息技能培训的作用。

其次，对于依靠信息化能力提升而获得生活改善的个人事迹多加宣传，使村民意识到信息脱贫对于改善现有生活的重要性，依靠先进事迹激发起村民对于获取信息的热情，引导村民主动进行自我学习和提升。

再次，可以发动村民对摆脱信息贫困工作进行监督，并鼓励村民对脱贫工作提出相关意见，使村民对信息实践有更真切的参与感，既能调动其积极性，又能得到真实的扶贫脱贫反馈结果，监督扶贫相关单位的工作落实情况，督促廉政勤政的施行，保证开展工作的效果。

最后，引导村民形成良好的努力摆脱信息贫困风气。通过鼓励村民参与合作制定村规村约，举办家风建设活动等确保村民养成好习惯、形成好风气，促进精神文化现代化。例如，四川省凉山彝族自治州布拖县特木里镇勒吉村在发布的《特木里镇勒吉村"形成好风气"举措》以及《勒吉村村规民约》中强调树立人人平等、男女平等的现代思想；树立"有法可依、有法必依"的思想；处理问题解决纠纷，不能靠歪门邪道、家支势力来以势压人、无理取闹来解决，要自觉依靠法律、政府、民间调解组织公平公正、有理有节地解决；不搞封建迷信活动，生病要就医等。四川省阿坝藏族羌族自治州汶川县索桥村在《索桥村村规民约》中倡导"人畜同院需分离，优化环境好身体""品牌保护靠大家，诚信经营人人夸""民族文化传至今，家规家训记在心"等。在这些村规村约、家风建设的影响下，民族村落中的人在遇到困难时便知道去哪里寻求帮助，也会逐渐接受来自外部世界的信息。

四、进行文化引导融合

在民族地区往往存在着其独特的民族文化与传统习俗，这些传统文化在一定程度上影响了当地人的思维方式和行为方式。例如彝族村落居民对于家支权威等存在一定的依赖心理，相较于外部信息他们更相信家支权威传递的信息。同时，村民们文化水平较低，对于一些传统文化存在盲目尊崇。鉴于此，需要积极进行民族文化的引导与融合。

政府应在尊重西南民族传统文化、保留民族文化精髓的基础上进行现代知识的传播，进行必要的社会主义文化教育与培训，使村民了解新时代社会主义思想、学习先进理念，具备信息化社会的思维方式等。从观念上改变对外界信息的看法，培养村民的信息化意识，积极接受外界信息的传递，将信息建设与民族传统文化进行有效结合。可以通过开展社会教育，引导村民学习先进文化，改变其文化传统中落后的部分，接受社会主义先进文化教育，传播社会主义先进文化等。比如结合实际，创新采用彝汉、藏汉双语教学模式开展普通话听说、健康文明习惯、感恩奋进思想、进城务工常识、基础法律法规、禁毒防艾知识等内容的学习。如四川省开展了"培育一人、致富一家、带动一片"结对共建行动，该项目是专门针对民族村落的成年人开展的文化素质提升项目。在凉山彝族自治州喜德县小山村率先试点，当地的农民夜校为农民提供了一个学知识、学技术的好场所。农民"点菜"出题，夜校接单"下厨"，围绕着移风易俗、科学文化知识、普通话学习、就业技能等进行培训。从 2014 年开始，共建单位每年还分批组织村民到成都、雅安等地去参观学习，"让他们开阔眼界、转变思想、建立产业、经营意识等"。通过这样的方式带动一批村民增长了见识、拓展了视野，使他们的生活观念、卫生习惯、子女教育观都得到了极大的改变，少数民族村民在保留自身文化特色的同时更好地接受了现代生活方式与先进文化理念。

第八章

总结与展望

第一节 研究总结

世界正在成为一个"平"的世界，社会分工协作一体化的同时信息也在一体化，也正是如此，人们越来越重视信息不平等问题。可以说，信息贫困问题是不平衡与不充分发展在信息社会的突出体现，也是我国全面建成小康社会取得历史性成就之后不容忽视的一个重大社会问题，尤其需要对信息化过程中面临各种贫困状况的社会群体所处的信息状态进行批判性剖析，是亟待破解的不平衡不充分发展难题之一。

本书认为西南民族地区作为一个集革命老区、边疆山区、民族聚居区、生态脆弱区、相对贫困区为一体的典型区域，其内部的小世界生活情境是导致西南民族村落信息贫困产生和发展的要素。因此，研究以小世界生活情境视角，考察具有典型代表性的西南民族村落的信息贫困问题，努力为有效解决当前信息不平等现象、助力公共文化机构保障信息公平和村民个人发展提供相关依据。本书的主要工作体现在以下几个方面。

（1）提出从小世界生活情境出发研究信息贫困，有别于以往技术导向与经济性归因色彩浓重的大多数经验性研究。本书通过学习小世界理论、信息世界理论、个人信息世界理论等理论基础，发现这些理论都承认个人所生活的地理、文化、习俗等多维情境对群体信息实践具有塑造功能。因此，提出小世界生活情境下的信息贫困研究应通过获取西南民族村落村民的生活情境变量，形成对特殊的西南民族村落信息世界的认识。

（2）检视西南民族地区信息化发展水平在宏观层面上的状况。本书按照"总目标→分类评价指标→具体评价指标"的思路，尝试建立西南民族地区信息化发展水平评价指标体系，包含信息基础设施、信息产业发展、信息资源状况与信息人才现状等 4 个大类共 15 个二级指标。同时，选取西南民族地区中少数民族人口众多且相对集中的四川藏区为例来呈现当地的信息化发展水平，形成对西南民族地区这一对象展开研究的迫切性和现实性的认知。

（3）展开小世界生活情境对西南民族村落信息贫困影响的量化研究。本书通过云南、贵州、四川、重庆、西藏三省一市一自治区民族村落的调查问卷数据，利用偏最小二乘法结构方程模型进行分析，得到小世界生活情境下的西南民族村落信息贫困的影响因素主要为自然地理位置、社会信息资产、个体知识水平和个体社会心理，其中个体社会交往模式在个体知识水平对信息贫困的影响中起着部分中介作用。

（4）展开小世界生活情境对西南民族村落信息贫困影响的质性研究。本书选取四川省凉山彝族自治州民族村落作为典型的"小世界"考察对象，应用扎根理论研究方法对收集的田野调查资料进行分析，识别出凉山彝族村落信息贫困受到自然物质环境、社会文化环境和个体心理情境的要素影响。凉山彝族村落的信息贫困不仅仅是个体的信息贫困，也是发展到了一定程度的小世界空间族群的信息贫困。

（5）提出小世界生活情境视角下的西南民族村落摆脱信息贫困建议。本书的量化研究和质性研究都表明具体的小世界生活情境要素影响了西南民族村落的信息贫困，由此有必要针对性提出相关建议。本书认为：宏观政策层面可以从政策法规完善、信息基础设施建设、整体搬迁集中安置、生产方式改善、文化教育加强等方面入手；公共文化机构层面可以从明确公共文化机构地位、识别扶贫对象、加强多方合作、调整公共文化机构服务等方面入手；社会第三部门层面可以从完善第三部门参与的体制机制、增强第三部门的信息扶贫参与、多措并举开展信息扶贫等方面入手；村落内部层面可以从发挥家族权威人士带头作用、发挥村干部示范作用、鼓励村民积极参与、进行民族文化融合等方面入手。

第二节　研究展望

随着社会经济的发展，人们在对社会贫富差距和不平等的讨论过程中自然而然关注到了信息社会中的信息不平等或信息鸿沟中处于劣势一端的群体，信息贫困的研究成为社会科学领域的一个重要研究内容。本书以西南民族村落为研究对象，将信息贫困置于小世界生活情境下的经验研究，既能有助于丰富与完善现有信息社会理论，又能为公共文化机构在消除信息不平等中承担社会责任、促进信息公平提供更可靠的应对策略，体现了专业研究参与实际应用的实践价值。但由于时间、人力、物力的限制，仍有许多工作需要加以完善和扩展，这也是本书当前存在的不足之处。

（1）本书针对的是整个西南民族村落，尽管研究已尽可能覆盖多数当地的少数民族，并对代表性少数民族进行了分析，但西南民族村落包含的少数民族过多，加之现实因素的影响，难以穷尽考察当地所有少数民族，因而只能在一定程度上寻求西南少数民族的共同之处，无法详细分析各个少数民族的不同特色和差异。针对以上考量，未来研究可针对单个少数民族，植根于其小世界生活情境，深入探究信息贫困问题，特别是需要重点关注少数民族中人口较少的民族，例如珞巴族、独龙族、门巴族、德昂族等。

（2）未来还可以更加详细考察云南、贵州、四川、重庆、西藏三省一市一自治区之间在信息贫困表现方面的差异，尽管本书已经做了一些分析。基于宏观面上的调查数据在分析过程中，已经发现小世界生活情境对于汉化程度不同的民族群体的影响是有明显差异的，例如重庆市和西藏自治区之间就存在较大差异，也即意味着小世界生活情境对于某些西南少数民族村落信息贫困的影响并非很显著。本书并未对这种差异进行分析和讨论，这些问题的进一步展开应是非常有意思的。

（3）本书虽然尽可能综合考虑信息贫困的小世界生活情境影响要素，但这种探索性研究终究受到收集数据和访谈记录有限的影响，以及研究者本身语言、文化等方面的限制，加之西南少数民族的社会观念和社会习俗（例如等级观念、丧葬婚嫁、民族禁忌）的复杂性和难以量化的特征，所以研究存在不够全面和不够细致的情况。此外，本书研究还应该在理论认知和方法上有所加强，进一步收集田野调查资料进行相应补充和广泛咨询专家完善相关影响因素范畴，这些都是后续研究需要加以考虑的。

参考文献

[1] 毕天云. 论社会冲突的根源 [J]. 云南师范大学学报（哲学社会科学版），2000（5）.

[2] 曹扶生. 上海城市贫困问题与反贫困对策研究 [D]. 上海：华东师范大学，2009.

[3] 曹玉平，黄萍莉，刘淑琼. 信息贫困视野下的武陵山片区信息减贫对策研究 [J]. 农业图书情报学刊，2018，30（3）.

[4] 陈思祁. 数字鸿沟形成机制研究 [D]. 北京：北京邮电大学，2012.

[5] 陈响坤，曾强，周雪华. 贫困农村信息贫困的原因及对策——以清新县石潭镇格水村为例 [J]. 农业图书情报学刊，2010，22（7）.

[6] 程秀芳. 虚拟社区网络口碑对消费者决策行为影响研究 [D]. 北京：中国矿业大学，2011.

[7] 崔卓兰，陈瑜. 构建行政规章自我评价的法律机制 [J]. 社会科学战线，2014（6）.

[8] 迪莉娅. 西方信息行为认知方法研究 [J]. 中国图书馆学报，2011，37（2）.

[9] 翟姗姗，孙雪莹，李进华. 基于社交体验的移动 App 持续使用意愿研究——以网易云音乐为例 [J]. 现代情报，2019，39（2）.

[10] 丁建军，赵奇钊. 农村信息贫困的成因与减贫对策——以武陵山片区为例 [J]. 图书情报工作，2014，58（2）.

[11] 杜元清. 信息环境与信息传递样式 [J]. 情报理论与实践，2009，32（8）.

[12] 段华琼，黎富兵. 乡村振兴背景下四川省民族地区信息化建设现状及对策 [J]. 乡村科技，2020（8）.

[13] 方艺文. 企业家内外控人格特质对创新行为的影响机理研究 [D]. 长春：吉林大学，2016.

［14］方志，黄荔．西部地区农村居民数字化贫困归因分析——基于陕西省农村地区调查以及相关数据［J］.图书馆理论与实践，2019（9）.

［15］冯剑侠，李兴睿．数字鸿沟：我国少数民族妇女与汉族妇女互联网使用的差异分析［J］.民族学刊，2017（4）.

［16］冯仰存，任友群．教育信息化2.0时代的教育扶智：消除三层鸿沟，阻断贫困传递——《教育信息化2.0行动计划》解读之三［J］.远程教育杂志，2018，36（4）.

［17］付文姝．基于信息觅食理论的高校图书馆用户信息获取行为研究［D］.哈尔滨：黑龙江大学，2015.

［18］高娟．从内蒙古地区少数民族受众媒介接触行为看数字鸿沟［J］.网络财富，2010（24）.

［19］耿瑞利，申静．社交网络群组用户知识共享行为动机研究：以Facebook Group和微信群为例［J］.情报学报，2018，37（10）.

［20］耿新．精准扶贫的差别化政策研究——以扶持人口较少民族发展为例［J］.中国农业大学学报（社会科学版），2017（5）.

［21］桂秀梅．基于农村"信息贫困"的因素与个性化服务研究［J］.黑龙江畜牧兽医，2013（4）.

［22］郭蕾，余波，易淑琼，张妍妍，温亮明．扶贫信息流的双向机制：现状、问题及对策［J］.图书馆论坛，2019，39（1）.

［23］郭爽．我国图书馆参与文化精准扶贫服务研究述评［J］.科技文汇，2018（30）.

［24］韩圣龙，魏琴，张艺山，李梅．贵州省城乡数字鸿沟及其对城市化进程影响研究［J］.图书情报工作，2017，61（16）.

［25］韩翼．工作绩效与工作满意度、组织承诺和目标定向的关系［J］.心理学报，2008（1）.

［26］何隽，张津，吴卫兵．贵州农村信息贫困调查研究与成因分析［J］.贵州广播电视大学学报，2015（2）.

［27］贺茂斌，刘小童．信息贫困与区域全要素生产率［J］.商业研究，2019（5）.

［28］胡鞍钢，王蔚，周绍杰，鲁钰锋．中国开创"新经济"——从缩小"数字鸿沟"到收获"数字红利"［J］.国家行政学院学报，2016（3）.

［29］胡鞍钢，周绍杰．新的全球贫富差距：日益扩大的"数字鸿沟"［J］．中国社会科学，2002（3）．

［30］胡鞍钢，周绍杰．中国的信息化战略：缩小信息差距［J］．中国工业经济，2001（1）．

［31］胡军，王继新．有效需求视角下的农民"信息贫困"问题［J］．甘肃社会科学，2014（5）．

［32］黄辉．精准脱贫战略下的图书馆文化扶贫精准识别、帮扶与机制创新研究［J］．图书情报知识，2017（1）．

［33］纪秋发．中国数字鸿沟——基于互联网接入、普及与使用的分析［M］．北京：社会科学文献出版社，2010．

［34］金春枝，李伦．我国互联网数字鸿沟空间分异格局研究［J］．经济地理，2016，36（8）．

［35］金莉．加快西南少数民族地区经济发展的有效途径［J］．长春教育学院学报，2012，28（8）．

［36］赖茂生，闫慧．关于中国公益信息制度的战略思考［J］．图书情报工作，2011，55（8）．

［37］兰晓霞．基于SWOT定量分析方法的城乡数字鸿沟弥合战略研究［J］．情报科学，2016，34（2）．

［38］黎春兰，邓仲华，李玉洁．图书馆云服务质量的影响因素研究［J］．情报理论与实践，2016，39（10）．

［39］李柏年．模糊数学及其应用［M］．合肥：合肥工业大学出版社，2007．

［40］李波，祁浩宇．基于主成分分析的自助式劳务众包任务定价研究［J］．齐齐哈尔大学学报（哲学社会科学版），2018（6）．

［41］李博．基于用户满意度的高校网站信息公开绩效评价研究［D］．哈尔滨：黑龙江大学，2013．

［42］李春，曾桢，朱梦娴．精准扶贫下的国内农村信息贫困研究综述［J］．农业图书情报，2019，31（2）．

［43］李菲，夏南强．艾尔弗瑞达·查特曼的情报学研究［J］．情报资料工作，2014，35（6）．

［44］李钢，乔海程．扶贫背景下农村贫困地区信息贫困度测评指标体系研究［J］．农业技术经济，2017（5）．

[45] 李红林, 赵东宏, 刘守义. 关于农村信息贫困问题的对策研究 [J]. 河北北方学院学报 (自然科学版), 2013, 29 (1).

[46] 李怀祖. 管理研究方法论 [M]. 西安: 西安交通大学出版社, 2004.

[47] 李健, 范凤霞. 城乡信息鸿沟测度指标体系研究 [J]. 现代情报, 2014, 34 (8).

[48] 李良栋. 坚持法律的规范作用与道德的教化作用相结合 [J]. 社会科学研究, 2015 (2).

[49] 李娜. 守法社会的建设: 内涵、机理与路径探讨 [J]. 法学家, 2018 (5).

[50] 李晓静. 数字鸿沟的新变: 多元使用、内在动机与数字技能——基于豫沪学龄儿童的田野调查 [J]. 现代传播 (中国传媒大学学报), 2019, 41 (8).

[51] 李玉华. 吉林省农村信息贫困因素分析 [J]. 现代商贸工业, 2015, 36 (18).

[52] 李月琳, 胡玲玲. 基于环境与情境的信息搜寻与搜索 [J]. 情报科学, 2012, 30 (1).

[53] 李章程. 迎接消除信息贫困的挑战——英国直面 "数字鸿沟" 的努力 [J]. 办公自动化: 综合版, 2008 (9).

[54] 廖桂蓉. 四川藏区贫困状况及脱贫障碍分析 [J]. 农村经济, 2014 (1).

[55] 林海英. 少数民族地区贫困评价指标体系的构建 [J]. 物流科技, 2015 (11).

[56] 刘斌. 论我国农村信息贫困的原因及其对策 [J]. 井冈山大学学报 (社会科学版), 2006, 27 (5).

[57] 刘博. 农民信息贫困的 "脆弱性" 研究——黑龙江农村地区信息需求与消费状态调查 [J]. 图书馆理论与实践, 2017 (2).

[58] 刘灿. 农村留守儿童信息贫困问题研究 [J]. 农业图书情报学刊, 2011, 23 (12).

[59] 刘和发. 我国农民信息分化影响因素研究 [D]. 天津: 南开大学, 2014.

[60] 刘济群, 闫慧. 农村女性居民信息搜寻行为研究——甘皖津三

地的田野发现［J］. 图书情报知识，2015（1）.

［61］刘济群. 数字鸿沟与社会不平等的再生产——读《渐深的鸿沟：信息社会中的不平等》［J］. 图书馆论坛，2016，36（1）.

［62］刘健，毕强，晃亚男. 用户情境与数字图书馆情境关系模型构建与实证研究［J］. 情报理论与实践，2015，38（9）.

［63］刘婧娇. 脱贫、发展、关联——中国农村贫困治理的反思与展望［J］. 云南社会科学，2018（4）.

［64］刘亚. 将青少年纳入信息贫困研究视野：来自青少年信息行为研究的证据［J］. 中国图书馆学报，2012，38（4）.

［65］刘雁，张春玲. 对农村信息贫困若干问题的思考［J］. 河北大学学报，2014（2）.

［66］刘玉婷，姚慧君. 基于文化精准扶贫的"农家书屋＋电商"模式研究［J］. 老区建设，2018（8）.

［67］刘正发. 凉山彝族家支文化传承的教育人类学研究——以云南省宁蒗彝族自治县金古忍石家支为个案［D］. 北京：中央民族大学，2007.

［68］卢燕艳. 信息化发展视角下农村信息贫困的治理策略研究［D］. 沈阳：东北财经大学，2013.

［69］罗廷锦，茶洪旺. "数字鸿沟"与反贫困研究——基于全国31个省市面板数据的实证分析［J］. 经济问题探索，2018（2）.

［70］罗阳富，崔庆鹤. 农村信息贫困成因及对策研究［J］. 人民论坛，2013（32）.

［71］罗裕梅，凌鸿. 我国网络信息消费中信息鸿沟的数字化解读［J］. 社会科学，2014（1）.

［72］吕惠云. 西部民族地区新农村建设中的数字鸿沟问题探析［J］. 楚雄师范学院学报，2006（12）.

［73］吕惠云. 信息贫困——师范教育过程中值得警惕的现象［J］. 图书情报导刊，2006，16（17）.

［74］闵阳. 陕南农村的信息化差距与信息贫困［J］. 西安邮电大学学报，2006，11（6）.

［75］牛婧. 基于小世界行为理论的青少年数字化贫困成因分析［J］. 农业图书情报学刊，2018，30（4）.

[76] 牛勇平，肖红.信息鸿沟实证评价、逻辑推演与对策研究 [J].图书馆建设，2018（2）.

[77] 祁晨露.县级融媒体：迈向信息共同繁荣的最后一公里 [J].西部广播电视，2019（4）.

[78] 曲慧，喻国明.信息"新穷人"与媒介产业结构的公共危机——基于阿玛蒂亚·森"权利理论"视角的分析 [J].东岳论丛，2019，40（8）.

[79] 沙志军.美姑彝族毕摩文化社会功能及其变迁 [D].北京：中央民族大学，2006.

[80] 沈鸿，赵永乐.西南少数民族地区农村人力资源开发影响因素研究——基于西南四省少数民族农村地区 963 份调查数据 [J].经济问题探索，2011（9）.

[81] 石映辉，韦怡彤，杨浩.教师数字鸿沟的发展与弥合——基于从信息鸿沟到素养鸿沟的视角 [J].现代教育技术，2018，28（3）.

[82] 史安斌，胡宇.消除"信息贫困"：挑战与应对 [J].青年记者，2018（31）.

[83] 斯丽娟.数字经济时代农村信息扶贫生态系统的构建与路径优化 [J].图书与情报，2019（2）.

[84] 隋冬.信息精准扶贫视域下图书馆情报服务保障机制创新研究 [J].图书馆学刊，2018，40（3）.

[85] 孙贵珍，王栓军，李亚青.基于农村信息贫困的农民信息购买力研究 [J].中国农学通报，2010，26（6）.

[86] 孙贵珍，王栓军.从农村信息传播层面解决河北农村信息贫困的对策研究 [J].学理论，2011（8）.

[87] 孙贵珍.河北省农村信息贫困问题研究 [D].石家庄：河北农业大学，2010.

[88] 孙红蕾，钱鹏，郑建明.信息生态视域下新市民信息贫困成因及应对策略 [J].图书与情报，2016（1）.

[89] 王东菊，赵凯威.关于提高我国信息化水平，消除信息贫困的思考 [J].河北科技图苑，2006，19（4）.

[90] 王冬放.我国中西部地区信息贫困现状与对策 [J].工业经济论坛，2015，2（2）.

[91] 王福. 移动图书馆信息接受情境对用户信息行为的作用机理研究 [J]. 国家图书馆学刊, 2018, 27 (1).

[92] 王桂敏. 发展中国家面临的新挑战——信息贫困 [J]. 工业技术经济, 2006, 25 (5).

[93] 王红, 邬志辉. 新时代乡村教育扶贫的价值定位与分类治理 [J]. 教育与经济, 2018 (6).

[94] 王建, 赵静, 王玉平. 西部农村的信息贫困及农民信息权利维护 [J]. 图书情报工作, 2007, 51 (10).

[95] 王洁瑾. 基于信息贫困视野的青少年信息行为研究 [D]. 长春: 东北师范大学, 2015.

[96] 王瑞军. 民间信仰的社会功能及作用机制研究 [D]. 南京: 南京航空航天大学, 2012.

[97] 王胜, 丁忠兵, 吕指臣. 我国集中连片特困地区信息贫困的机理与路径 [J]. 开发研究, 2017 (6).

[98] 王素芳. 信息与贫困: 埃尔夫瑞德·查特曼的小世界信息行为理论述评 [J]. 图书情报知识, 2015 (6).

[99] 王晓芳. 苏北信息贫困地区高校图书馆信息扶贫工程建设 [J]. 图书馆学研究, 2008 (2).

[100] 王尧. 基于精准扶贫视角的图书馆文化扶贫精准识别研究 [J]. 图书馆工作与研究, 2016 (5).

[101] 王营盈, 单承伟. 农民信息贫困的"脆弱性"调查研究 [J]. 图书馆研究与工作, 2016 (6).

[102] 文晓国, 李忠斌. 抹平数字鸿沟: 民族地区农业未来发展之路 [J]. 农村经济与科技, 2010 (7).

[103] 邬晓鸥, 李健, 韩毅, 代洪波. 我国城乡数字鸿沟测度指标的构建 [J]. 图书情报工作, 2014, 58 (19).

[104] 吴丹. 农村居民跨越信息贫困的方式方法探讨 [J]. 世纪桥, 2014 (7).

[105] 吴炯丽, 张磊磊, 王新哲. 基于农村信息贫困的反贫困难点与对策研究 [J]. 农业网络信息, 2015 (5).

[106] 吴品才. 档案信息风险评估若干问题研究 [J]. 浙江档案, 2013 (11).

［107］武松，潘发明．SPSS 统计分析大全［M］．北京：清华大学出版社，2014.

［108］相丽玲，牛丽慧．信息贫困形成的经济学机理［J］．图书馆理论与实践，2015（10）．

［109］肖永英．日常生活信息查询行为的理论研究——埃尔弗瑞达·查特曼［J］．情报理论与实践，2011（1）．

［110］谢红勇．西南民族地区旅游经济初探［J］．黑龙江民族丛刊，2009（5）．

［111］谢新栋．农村信息贫困问题与对策思考［J］．农村经济与科技，2019，30（18）．

［112］邢昭．发展中国家在网络环境下的信息贫困［J］．图书与情报，2002（4）．

［113］熊敏，孙艳玲，谢宇，陈翔宇，姚明青．农村信息贫困现状及对策研究——基于达州市通川区安云乡的调查［J］．农业图书情报学刊，2018，30（12）．

［114］徐爱燕，蒙媛．西藏产业扶贫案例分析及启示［J］．西藏大学学报（社会科学版），2019，34（1）．

［115］徐秋艳，西力艾里·要勒巴司，谭斌．边疆少数民族连片特困地区多维贫困测度及空间分异——以新疆和田地区为例［J］．湖北民族学院学报（哲学社会科学版），2017（3）．

［116］闫慧，洪萍嶂．社会资本对少数民族地区农村居民数字化脱贫的影响——湘西土家族苗族自治州里耶镇的田野研究报告［J］．情报资料工作，2014（3）．

［117］闫慧，刘济群．农村数字化贫困群体的ICT接受行为研究——中国六省市田野调查报告［J］．中国图书馆学报，2016，42（3）．

［118］闫慧，孙立立．1989年以来国内外数字鸿沟研究回顾：内涵、表现维度及影响因素综述［J］．中国图书馆学报，2012，38（5）．

［119］闫慧，闫希敏．农民数字化贫困自我归因分析及启示——来自皖甘津的田野调查［J］．中国图书馆学报，2014，40（5）．

［120］闫慧．农民数字化贫困的结构性成因分析［J］．中国图书馆学报，2017，43（2）．

［121］闫慧．数字鸿沟研究的未来：国外数字不平等研究进展［J］．

中国图书馆学报，2011，37（4）.

[122] 杨栋会. 西南少数民族地区农村收入差距和贫困研究 [D]. 北京：中国农业科学院，2009.

[123] 杨峰，赵珊. 西南民族村落信息贫困：一个小世界生活情境的分析框架 [J]. 图书馆论坛，2018，38（8）.

[124] 杨剑. 新兴大国与国际数字鸿沟的消弭——以中非信息技术合作为例 [J]. 世界经济研究，2013（4）.

[125] 杨竞业. 文化心理视角下的制度自信 [J]. 广东行政学院学报，2015，27（3）.

[126] 于良芝，刘亚. 结构与主体能动性：信息不平等研究的理论分野及整体性研究的必要 [J]. 中国图书馆学报，2010（1）.

[127] 于良芝，周文杰. 信息穷人与信息富人：个人层次的信息不平等测度述评 [J]. 图书与情报，2015（1）.

[128] 于良芝. "个人信息世界"——一个信息不平等概念的发现及阐释 [J]. 中国图书馆学报，2013，39（1）.

[129] 于良芝. 理解信息资源的贫富分化：国外"信息分化"与"数字鸿沟"研究综述 [J]. 图书馆杂志，2005，24（12）.

[130] 余吉玲. 甘肃藏区构建内生力反贫困模式 [J]. 天水行政学院学报，2017（4）.

[131] 臧为. 消除数字鸿沟，加快民族地区新农村建设 [J]. 科技创业月刊，2007（3）.

[132] 詹景海. 精准扶贫视角下图书馆文化扶贫路径研究 [J]. 图书馆学刊，2017，39（1）.

[133] 张爱霞，张新民，罗卫东. 信息查寻与信息检索的整合研究——对 IS&R 集成研究框架的评述 [J]. 图书情报工作，2007（10）.

[134] 张翠华. 民族地区与东部信息差距的成因分析 [J]. 山东图书馆季刊，2005（2）.

[135] 张萌萌，蔚东英. 认识"地理位置"——基于多尺度、多视角和多时段的方法 [J]. 地理教育，2014（11）.

[136] 张孟嘉，基于农村信息贫困的安徽农村信息环境调研及分析 [J]. 农业网络信息，2016（3）.

[137] 张文彤. SPSS 统计分析高级教程 [M]. 北京：高等教育出版

社，2004.

[138] 张月琴，张小倩，杨峰. 民族村落信息贫困形成机理研究——以四川凉山州彝族村落为例 [J]. 图书馆论坛，2018，38 (8).

[139] 章建方，彭珊梅，邱月明，柳增寿，冀瑜，程越，孙广芝. 电子文件及相关概念研究 [J]. 信息技术与标准化，2015 (9).

[140] 章小童，李月琳. 大学生学习型团队信息搜寻行为影响因素探究——以大学生数学建模团队为例 [J]. 图书情报工作，2018，62 (5).

[141] 赵安琪，付少雄. 欧盟数字化贫困治理战略、实践及启示 [J]. 图书与情报，2019 (2).

[142] 赵本平. 基于信息贫困视角的县市级公共图书馆精准扶贫研究 [J]. 图书馆学刊，2018，40 (5).

[143] 赵海平，邓胜利. 不同情境下的信息行为研究——从 ISIC2016、ASIS&T2016、iConference 2017 会议看信息行为研究前沿 [J]. 情报资料工作，2018 (6).

[144] 赵奇钊，董坚峰，周彤. 信息贫困视野下的偏远山区农业信息平台搭建研究 [J]. 图书情报工作，2009，53 (23).

[145] 赵奇钊，彭耿. 武陵山片区信息化发展水平评价与信息贫困研究 [J]. 图书馆，2016 (1).

[146] 赵琪凤. 效度研究领域中的争议 [J]. 中国考试，2014 (6).

[147] 赵青. 跨越数字鸿沟：构建西部少数民族地区的图书馆 2.0 [J]. 情报杂志，2008 (2).

[148] 赵珊，张永辰，杨峰. 我国藏区信息化发展水平测度——以四川甘孜藏族自治州为例 [J]. 图书馆论坛，2018 (8).

[149] 郑素侠，宋杨. 空间视野下我国信息贫困的分布特征与政策启示 [J]. 现代传播（中国传媒大学学报），2019，41 (7).

[150] 郑素侠，张天娇. "小世界"中的信息贫困与信息扶贫策略——基于国家级贫困县民权县的田野调查 [J]. 当代传播，2019 (4).

[151] 郑素侠. 反贫困语境下农村地区的信息贫困：致贫机理与信息援助对策 [J]. 郑州大学学报（哲学社会科学版），2018，51 (2).

[152] 植凤英. 西南少数民族心理压力与应对：结构、特征及形成研究 [D]. 重庆：西南大学，2009.

[153] 钟华丽，李宁馨. 信息扶贫语境下少数民族贫困地区居民媒介

接触调查——以凉山州喜德县为例 ［J］. 西昌学院学报（社会科学版），2019，31（4）.

［154］周向红. 从数字鸿沟到数字贫困：基本概念和研究框架 ［J］. 学海，2016（4）.

［155］朱明. 国外少数族裔信息贫困成因及对策研究述评 ［J］. 图书馆学研究，2017（10）.

［156］朱鑫伟，朱国宾，Broucke S V. 地理空间约束的业务流程建模方法 ［J］. 软件学报，2015，26（3）.

［157］庄稼茵. 听障群体信息贫困的成因与减贫对策 ［J］. 科技创新与生产力，2018（3）.

［158］邹平，武友德，周智生等. 西南民族区域特色经济发展与产业结构调整化研究 ［J］. 经济问题探索，2009（3）.

［159］Aker J C, Isaac M M. Mobile phones and economic development in Africa ［J］. Journal of Economic Perspectives, 2010, 24 （3）.

［160］Akhtar S, Melesse M. Africa, information and development: IDRC's experience ［J］. Journal of Information Science, 1994, 20 （5）.

［161］Allport G, Ross J. Personal religious orientation and prejudice ［J］. Journal of Personality and Social Psychology, 1967 （2）.

［162］Andersen K N, Nielsen J A, Kim S. Use, cost, and digital divide in online public health care: Lessons from Denmark ［J］. People Process and Policy, 2019, 13 （2）.

［163］Ashraf M M, Malik B T. Gonokendra model: A response to "information poverty" in rural areas of Bangladesh ［J］. Information Technology for Development, 2011, 17 （2）.

［164］Barja C, Gigler B. Digital poverty: Latin American and Caribbean perspectives ［M］. Rugby: Practical Action Publishing, 2007.

［165］Barnidge M, Diehl T, Rojas H. Second screening for news and digital divides ［J］. Social Science Computer Review, 2019, 37 （1）.

［166］Baron R, Kenny D. The moderator-mediator variable distinction in social psychological research: Conceptual, strategic, and statistical considerations ［J］. Journal of Personality and Social Psychology, 1986, 51 （6）.

［167］Beckjord E B, Finney Rutten L J, Squiers L et al. Use of the internet to communicate with health care providers in the United States: Estimates from the 2003 and 2005 health information national trends surveys (hints) [J]. Journal of Medical Internet Research, 2007, 9 (3).

[168] Bolt D B, Crawford R A K. Digital divide: Computers and our children's future [M]. New York: Bantam, 2000.

[169] Bowden R. The information rich and IFLA's information poor [J]. Ifla Journal, 2000, 26.

[170] Bradley L, Soldo B. The new information poor: How limited access to digital scholarly resources impacts higher education [J]. Serials Librarian, 2011, 61 (3 –4).

[171] Britz J J. A critical analysis of information poverty from a social justice perspective [D]. University of Pretoria, 2007.

[172] Britz J J. To know or not to know: A moral reflection on information poverty [J]. Journal of Information Science, 2004, 30 (3).

[173] Bronstein J. Information grounds as a vehicle for social inclusion of domestic migrant workers in Israel [J]. Journal of Documentation, 2017, 73 (5).

[174] Bronstein J. Is this OCD? Exploring conditions of information poverty in online support groups dealing with obsessive compulsive disorder [J]. Information Research, 2014, 19 (4).

[175] Brooks S, Donovan P, Rumble C. Developing nations, the digital divide and research databases [J]. Serials Review, 2005, 31 (4).

[176] Burnett G, Besant M, Chatman E A. Small worlds: normative behavior in virtual communities and feminist bookselling [J]. Journal of the Association for Information Science & Technology, 2001, 52 (7).

[177] Burnett G, Jaeger P T. Small worlds, life worlds, and information: The ramifications of the information behaviours of social groups in public policy and the public sphere [J]. Information Research, 2008, 13 (2).

[178] Burnett G, Lee J, Hollister J M, Skinner J. Information worlds: Boundaries and intersections in three online settings [J]. AoIR Selected Papers of Internet Research, 2014.

[179] Burnett G. Information worlds and interpretive practices: Toward an

integration of domains [J]. Journal of Information Science Theory and Practice, 2015, 3 (3).

[180] Caidi N, Allard D. Social inclusion of newcomers to Canada: An information problem [J]. Library Information Science Research, 2005 (27).

[181] Cecchini S, Scott C. Can information and communications technology applications contribute to poverty reduction? Lessons from rural India [J]. Information Technology for Development, 2003, 10 (2).

[182] Cenfetelli R T, Bassellier G. Interpretation of formative measurement in information systems research [J]. MIS Quarterly, 2009, 33 (4).

[183] Chakraborty J, Martin B. Measuring the digital divide in the United States: Race, income, and personal computer ownership [J]. The Professional Geographer, 2005, 57 (3).

[184] Chatman E A. A theory of life in the round [J]. Journal of the Association for Information Science and Technology, 1999, 50 (3).

[185] Chatman E A. Alienation theory: Application of a conceptual framework to a study of information among janitors [J]. Reference Quarterly, 1990, 29 (3).

[186] Chatman E A. Life in a small world: Applicability of gratification theory to information-seeking behavior [J]. Journal of the American society for information science, 1991, 42 (6).

[187] Chatman E A. The impoverished lifeworld of outsiders [J]. Journal of the American Society for Information Science, 1996, 47 (3).

[188] Chatman E A. The information world of low-skilled workers [J]. Library and Information Science Research, 1987, 9 (4).

[189] Chatman E A. The information world of retired women [M]. Westport, CT: Greenwood Press, 1992.

[190] Chen R S, Liu I F. Research on the effectiveness of information technology in reducing the Rural-Urban knowledge divide [J]. Computers & Education, 2013 (63).

[191] Childers T, Post J A. The information-poor in America [M]. Scarecrow Press, 1975.

[192] Chipeva P, Cruz-Jesus F, Oliveira T et al. Digital divide at indi-

vidual level: Evidence for eastern and western european countries [J]. Government Information Quarterly 2018, 35 (3).

[193] Clark C, Gorski P. Multicultural education and the digital divide: Focus on race, language, socioeconomic class, sex, and disability [J]. Multicultural Perspectives. 2001 (3).

[194] Coser R L. The complexity of roles as a seedbed of individual autonomy [M]. New York: Harcourt, Brace, Jovanovich, 1975.

[195] Crump B, McIlroy A. The digital divide: Why the "don't-want-tos" won't compute: Lessons from a New Zealand ICT project [J]. First Monday, 2003 (8).

[196] Dawson E, Chatman E. Reference group theory with implications for information studies: A theoretical essay [J]. Information Research, 2001, 6 (3).

[197] Diamantopoulos A, Sarstedt M, Fuchs C et al. Guidelines for choosing between multi-item and single-item scales for construct measurement: Apredictive validity perspective [J]. Journal of the Academy of Marketing Science, 2012, 40 (3).

[198] DiMaggio P, Hargittai E, Celeste C et al. From unequal access to differentiated use: A literature review and agenda for research on digital inequality [J]. Social Inequality, 2004 (1).

[199] Drolet A L, Morrison D G. Do we really need multiple-item measures in service research? [J]. Journal of Service Research, 2001, 3 (3).

[200] Duermaier A T M C. On concept and measurement of poverty, information and communication [J]. Informação & Sociedade Estudos, 2009, 19 (3).

[201] Duff A S. Needing NoDI (normal democratic information)? The problem of information poverty in post-industrial society [J]. Information, Communication & Society, 2015, 18 (1).

[202] Espinoza D, Reed D. Wireless technologies and policies for connecting rural areas in emerging countries: A case study in rural Peru [J]. Digital Policy Regulation and Governance, 2018, 20 (5).

[203] Estrada E, Ramirez A S, Gamboa S et al. Development of a partic-

ipatory health communication intervention: An ecological approach to reducing rural information inequality and health disparities [J]. Journal of Health Communication, 2018, 23 (8).

[204] Ferro E, Helbig N C, Gil-Garcia J R. The role of IT literacy in defining digital divide policy needs [J]. Government Information Quarterly, 2011, 28 (1).

[205] Fisher K E, Naumer C M. Information grounds: Theoretical basis and empirical findings on information flow in social settings [M]. The Netherlands: Springer: In A. Spink, & C. Cole (Eds.), 2006.

[206] Forenbacher I, Husnjak S, Cvitic I et al. Determinants of mobile phone ownership in Nigeria [J]. Telecommunications Policy, 2019, 43 (7).

[207] Fornell C, Larcker D. Evaluating structural equation models with unobservable variables and measurement error [J]. Journal of Marketing Research, 1981, 18 (1).

[208] Fox G, Connolly R. Mobile health technology adoption across generations: narrowing the digital divide [J]. Information System Journal, 2018, 28 (6).

[209] Friemel T N. The digital divide has grown old: Determinants of a digital divide among seniors [J]. New Media & Society, 2016, 18 (2).

[210] Fuchs C, Horak E. Africa and the digital divide [J]. Telematics and Informatics, 2008, 25 (2).

[211] Gabe T M, Abel J R. Deployment of advanced telecommunications infrastructure in rural America: Measuring the digital divide [J]. American Journal of Agricultural Economics, 2002, 84 (5).

[212] Gajdosikienë I. Oscar Lewis' culture of poverty: Critique and further development [J]. Sociologija. MintisirVeiksmas, 2004 (1).

[213] Gaziano E, Gaziano C. Social control, social change and the knowledge gap hypothesis [C]. Demers D, Viswanath K et al. Mass media, social control, and social change: A macrosocial perspective. [M]. Ames: Iowa State University Press, 1998.

[214] Gebremichael M D, Jackson J W. Bridging the gap in Sub-Saharan Africa: A holistic look at information poverty and the region's digital divide [J].

Government Information Quarterly, 2006, 23 (2).

[215] Gorsuch R L. Factor Analysis [M]. Hillsdale, NJ: Erlbaum, 1983.

[216] Granovetter M S. The strength of weak ties [J]. American Journal of Sociology, 1973, 78 (6).

[217] Granovetter M. The strength of weak ties: A network theory revisited [J]. Sociological Theory, 1983 (1).

[218] Greenberg B S, Dervin B. Use of mass-media by the urban poor: Findings of three research projects, with an annotated bibliography [M]. New York: Praeger, 1970.

[219] Greyson D, Knight R, Shoveller J A. Ethics, effectiveness and population health information interventions: A Canadian analysis [J]. Health Promotion International, 2018, 34 (3).

[220] Greyson D, O'Brien H, Shoveller J. Constructing knowledge and ignorance in the social information worlds of young mothers [J]. Proceedings of the Association for Information Science and Technology, 2017, 54 (3).

[221] Guadagnoli E, Velicer W. Relation of sample size to the stability of component patterns [J]. Psychological bulletin, 1988, 103 (2).

[222] Haider J, Bawden D. Conceptions of "information poverty" in LIS: A discourse analysis [J]. Journal of Documentation, 2007, 63 (4).

[223] Haight M, Quanhaase A, Corbett B A. Revisiting the digital divide in Canada: The impact of demographic factors on access to the internet, level of online activity, and social networking site usage [J]. Information Communication & Society, 2014, 17 (4).

[224] Hair J F, Ringle C M, Sarstedt M. PLS-SEM: Indeed a silver bullet [J]. Journal of Marketing Theory and Practice, 2011, 19 (2).

[225] Hair J F, Risher J J, Sarstedt M, et al. When to use and how to report the results of PLS-SEM [J]. European Business Review, 2019, 31 (1).

[226] Hair J F, Black W C, Babin B J. Multivariate data analysis (7th Edition) [M]. New York: Pearson, 2009.

[227] Hair J F. Multivariate data analysis [M]. NJ: Prentice Hall, 1998.

[228] Hambidge S J, Phibbs S, Beck A et al. Internet-based develop-

mental screening: A digital divide between Englishand spanish-speaking parents [J]. Pediatrics, 2011, 128 (4).

[229] Hargittai E, Hinnant A. Digital inequality differences in young adults' use of the internet [J]. Communication Research, 2008, 35 (5).

[230] Hargittai E. Second-level digital divide: differences in people's online skills [J]. First Monday, 2002, 7 (4).

[231] Hasler L, Ruthven I, Buchanan S. Using internet groups in situations of information poverty: Topics and information needs [J]. Journal of the Association for Information Science & Technology, 2014, 65 (1).

[232] He J, Li O, Cai M. The research and analysis of rural information poverty in Guizhou [C]. International Conference on Social Science and Higher Education. ICSSHE, 2015.

[233] Hendry J D. Social inclusion and the information poor [J]. Library Review, 2000, 49 (7).

[234] Henseler J, Ringle C M, Sinkovics R R. The use of partial least squares path modeling in international marketing [A]. Zou S. Advances in international marketing [M]. Bingley: Emerald JAI Press, 2009.

[235] Hersberger J A. A qualitative approach to examining information transfer via social networks among homeless populations [J]. New Review of Information Behaviour Research, 2003, 4 (1).

[236] Hersberger J. Are the economically poor information poor? Does the digital divide affect the homeless and access to information? [J]. Canadian Journal of Information & Library Science, 2013, 27 (3).

[237] Hersberger J. Everyday information needs and information sources of homeless parents [J]. New Review of Information Behaviour Research, 2001 (2).

[238] Hersberger J A. Qualitative approach to examining information transfer via social networks among homeless populations [J]. The New Review of Information Behaviour Research, 2003, 4 (1).

[239] Himma K, Bottis M. The digital divide: Information technologies and the obligation to alleviate poverty [M]. London: Palgrave Macmillan, 2014.

［240］Horn C, Rennie E. Digital access, choice and agency in remote Sarawak ［J］. Telematics and Informatics, 2018, 35 (7).

［241］Huang Y, Luo Y, Liu Y et al. An investigation of interpersonal ties in inter-organizational exchanges in emerging markets: A boundary-spanning perspective ［J］. Journal of Management, 2013, 109 (4).

［242］Jaeger P T, Burnett G. Information worlds: Social context, technology & information behavior in the age of the internet ［M］. New York: Routledge, 2010.

［243］Jaeger P T, Thompson K M. Social information behavior and the democratic process: Information poverty, normative behavior, and electronic government in the United States ［J］. Library & Information Science Research, 2004, 26 (1).

［244］Jan A G M Van Dijk. The deepening divide: Inequality in the information society ［M］. Thousand Oaks, CA: SAGE Publications, 2005.

［245］Kagan A. The growing gap between the information rich and the information poor, both within countries and between countries: A composite policy paper ［J］. IFLA Journal, 2000, 26 (1).

［246］Kaiser H F. A second-generation little jiffy ［J］. Psychometrika, 1970, 35 (4).

［247］Känsäkoski H, Huotari M. Applying the theory of information worlds within a health care practise in Finland ［J］. Journal of Documentation, 2016, 72 (2).

［248］Kathuria V, Oh, K Y. ICT access: testing for convergence across countries ［J］. Information Society, 2018, 34 (3).

［249］Katz I R. Testing information literacy in digital environments: ETS's iSkills assessment ［J］. Information Technology & Libraries, 2007 (26).

［250］Katz J, Aspden P. Motivations for and barriers to internet usage: Results of a national public opinion survey ［J］. Internet Research, 1997, 7 (3).

［251］Lawrence G W. Information poor, information rich: Rural America and the internet ［J］. Journal of Agricultural & Food Information, 1994, 2 (3).

［252］ Lediga M M, Fombad M C. The use of information and communication technologies in public libraries in South Africa as tools for bridging the digital divide: The case of the Kempton Park public library ［J］. Public Library Quarterly, 2018, 37 (3).

［253］ Lee J B, Porumbescu G A. Engendering inclusive e-government use through citizen IT training programs ［J］. Government Information Quarterly, 2019, 36 (1).

［254］ Lingel J, Boyd D. "Keep it secret, keep it safe": Information poverty, information norms, and stigma ［J］. Journal of the American Society for Information Science & Technology, 2013, 64 (5).

［255］ Lloyd A, Kennan M A, Thompson K M, et al. Connecting with new information landscapes: Information literacy practices of refugees ［J］. Journal of Documentation, 2013, 69 (1).

［256］ Loh Y, Ai-Chi, Chib A. Tackling social inequality in development: Beyond access to appropriation of ICTs for employability ［J］. Information Technology for Development, 2019, 25 (3).

［257］ Lu L, Leung K, Koch P T. Managerial knowledge sharing: The role of individual, interpersonal, and organizational factors ［J］. Management and Organization Review, 2006, 2 (1).

［258］ Ma, R, Lam, T I P; Leung C K. Potential pitfalls of smart city development: A study on parking mobile applications (apps) in Hong Kong ［J］. Telematics and Informatics, 2018, 35 (6).

［259］ Macdonald J, Bath P, Booth A. Information overload and information poverty: Challenges for healthcare services managers? ［J］. Journal of Documentation, 2011, 67 (2).

［260］ Malecki E J. Digital development in rural areas: Potentials and pitfalls ［J］. Journal of Rural Studies, 2003, 19 (2).

［261］ Malone T, Jo P, Clifton S. Perceived ehealth literacy and information behavior of older adults enrolled in a health information outreach program ［J］. Journal of Consumer Health on the Internet, 2017, 21 (2).

［262］ Manlove J, Whitacre B. Understanding the trend to mobile-only internet connections: A decomposition analysis ［J］. Telecommunications Policy,

2019, 43 (1).

[263] May J D. Digital and other poverties: Exploring the connection in four East African countries [J]. Information Technologies & International Development, 2012, 8 (2).

[264] McDaniel S, Burnett J. Consumer religiosity and retail store evaluative criteria [J]. Journal of the Academy of Marketing Science, 1990, 18 (2).

[265] McKeown A. Overcoming information poverty: Investigating the role of public libraries in the twenty-first century [M]. Chandos Publishing, 2016.

[266] Middleton K, Chambers V. Approaching digital equity: Is WIFI the new leveler? [J]. Information Technology & People, 2010, 23 (1).

[267] Mihaly C. Are the poorest the information poor? The various forms of information poverty [J]. Informacios Tarsadalom, 2017, 17 (2).

[268] Mossberger K, Tolbert C J, Stansbury M. Virtual inequality: beyond the digital divide Georgetown [M]. Washington: University Press, 2003.

[269] Murdock G, Golding P. Information poverty and political inequality: Citizenship in the age of privatized communications [J]. Journal of Communication, 1989, 39 (3).

[270] Nawe J. Information technology for the Info-Poor: Experiences of the university of Dares Salaam Library [J]. Information Development, 1998, 14 (4).

[271] Norris P. Digital divide: Civic engagement, information poverty, and the internet worldwide [J]. Cambridge: Cambridge University Press, 2001.

[272] Nunnally J C. Psychometric theory [M]. New York: McGraw-Hill, 1978.

[273] Ojo A O, Arasanmi C N, Raman M, Tan C N L. Ability, motivation, opportunity and sociodemographic determinants of internet usage in Malaysia [J]. Information Development, 2019, 35 (5).

[274] Parasuraman A, Zeithaml V A, Malhotra A. E-S-QUAL: A multiple-item scale for assessing electronic service quality [J]. Journal of Service Research, 2005, 7 (3).

[275] Parker E, Cited in Swartz, Roderick G. The need for cooperation

among libraries in the United States [J]. Library Trends, 1975, 24 (2).

[276] Parra-Cardona J R, Deandrea D C. Latinos' access to online and formal mental health support [J]. Drug & Alcohol Dependence, 2016, 43 (2).

[277] Pendleton V E, Chatman E A. Small world lives: Implications for the public library [J]. Library Trends, 1998 (46).

[278] Pettigrew K E. Waiting for chiropody: Contextual results from an ethnographic study of the information behavior among attendees at community clinics [J]. Information Processing & Management, 1999, 35 (6).

[279] Prieger J E. The broadband digital divide and the benefits of mobile broadband for minorities [J]. Journal of Economic Inequality, 2015, 13 (3).

[280] Prins F J, Veenman M V J, Elshout J J. The impact of intellectual ability and metacognition on learning: New support for the threshold of problematicity theory [J]. Learning and Instruction, 2006, 16 (4).

[281] Reynolds F D, Darden W R. Mutually adaptive effects of interpersonal communication [J]. Journal of Marketing Research, 1971, 8 (4).

[282] Ronald S. The emerging network environment and the information poor [J]. Aplis, 1995, 8 (1).

[283] Sarstedt M, Cheah J H. Partial least squares structural equation modeling using Smart PLS: A software review [J]. Journal of Marketing Analytics, 2019, 7 (3).

[284] Sarstedt M, Ringle C M, Henseler J et al. On the emancipation of PLS-SEM: A commentary on Rigdon (2012) [J]. Long Range Planning, 2014, 47 (3).

[285] Savolainen R. Network competence and information seeking on the internet [J]. Journal of Documentation, 2002, 58 (2).

[286] Scheerder A J, van Deursen A J A M, van Dijk J A G M. Negative outcomes of internet use: a qualitative analysis in the homes of families with different educational backgrounds [J]. Information Society, 2019, 35 (5).

[287] Schwanen T, Dijst M, Kwan M. Introduction-the internet, changing mobilities, and urban dynamics [J]. Urban Geography, 2013, 27 (7).

[288] Seidman R. Information-rich, knowledge-poor: The challenge of

the information society [J]. Special Libraries, 1991, 82 (1).

[289] Selwyn N. Reconsidering political and popular understandings of the digital divide [J]. New Media & Society, 2004, 6 (3).

[290] Seong J M. From algorithmic disengagement to algorithmic activism: Charting social media users' responses to news filtering algorithms [J]. Telematics and Informatics, 2019.

[291] Shelton T, Zook M, Graham M. The technology of religion: Mapping religious cyberscapes [J]. The Professional Geographer, 2012, 64 (4).

[292] Shen L. Out of information poverty: Library services for urban marginalized immigrants [J]. Urban Library Journal, 2013, 19 (1).

[293] Shmueli G, Ray S, Velasquez Estrada J M et al. The elephant in the room: Evaluating the predictive performance of PLS models [J]. Journal of Business Research, 2016, 69 (10).

[294] Shmueli G, Sarstedt M, Hair J F et al. Predictive model assessment in PLS-SEM: Guidelines for using PLS predict [J]. European Journal of Marketing, 2019, 53 (11).

[295] Sicherl P. Different statistical measures create different perceptions of the digital divide [J]. Information Society, 2019, 35 (3).

[296] Somerville M M, Smith G W, Macklin A S. The ETS iSkills TM assessment: A digital age tool [J]. The Electronic Library, 2008, 26 (2).

[297] Spink A, Cole C. Information and poverty: Information-seeking channels used by African American low-income households [J]. Library & Information Science Research, 2001, 23 (1).

[298] Sweetland J H. Information poverty—let me count the ways [J]. Database, 1993, 16 (4).

[299] Szeles M R. New insights from a multilevel approach to the regional digital divide in the European Union [J]. Telecommunications Policy, 2018, 42 (6).

[300] Thomas C, Post J A. The information-poor in America [M]. Metuchen, NJ: Scarecrow Press, 1975.

[301] Thompson K M. Furthering understanding of information literacy through the social study of information poverty [J]. The Canadian Journal of In-

formation and Library Science, 2007, 31 (1).

[302] Van Deursen A J A M, Van Dijk J A G M. The digital divide shifts to differences in usage [J]. New Media & Society, 2013, 16 (3).

[303] Van Dijk J A G M. The evolution of the digital divide: The digital divide turns to inequality of skills and usage [A]. Bus J, Crompton M. & Hildebrandt M. (Eds.). Digital enlightenment yearbook [M]. Amsterdam, IOS press, 2012.

[304] Van Dijk K, Hacker K. The digital divide as a complex dynamic phenomenon [J]. International Journal of Information Society, 2003 (19).

[305] Velaga N R, Beecroft M, Nelson J D et al. Transport poverty meets the digital divide: Accessibility and connectivity in rural communities [J]. Journal of Transport Geography, 2012 (21).

[306] Venkatesh V, Shaw J D, Sykes T A et al. Networks, technology, and entrepreneurship: A field quasi-experiment among women in rural India [J]. Academy of Management, Journal, 2017, 60 (5).

[307] Viswanath K, Finnegan J R. The knowledge gap hypothesis: Twenty-five years later [J]. Communication Yearbook, 1996 (19).

[308] Wang X, Shi J, Chen L et al. An examination of users' influence in online HIV/AIDS communities [J]. Cyberpsychology Behavior & Social Networking, 2016, 19 (5).

[309] Wei K K, Teo H H, Chan H C et al. Conceptualizing and testing a social cognitive model of the digital divide [J]. Information Systems Research, 2011, 22 (1).

[310] Wei L, Hindman D B. Does the digital divide matter more? Comparing the effects of new media and old media use on the education-based knowledge gap [J]. Mass Communication & Society, 2011, 14 (2)

[311] Wilson A. The information rich and the information poor [J]. Aslib Proceedings, 1987, 39 (1).

[312] Worthington E L Jr, Wade N G, Hight T L et al. The religious commitment inventory – 10: development, refinement and validation of a brief scale for research and counselling [J]. Journal of Counselling Psychology, 2003, 50 (1).

[313] Yu B, Ndumu A, Liu J et al. E-inclusion or digital divide: an integrated model of digital inequality [J]. Proceedings of the Association for Information Science and Technology, 2016, 53 (1).

[314] Yu L, Zhou W, Yu B et al. Towards a comprehensive measurement of the information rich and poor: Based on the conceptualization of individuals as information agents [J]. Journal of Documentation, 2016, 72 (4).

[315] Yu L. How poor informationally are the information poor? Evidence from an empirical study of daily and regular information practices of individuals [J]. Journal of Documentation, 2010, 66 (6).

[316] Yu L. The information worlds of individuals: the discovery and exposition of a concept for information inequality [J]. Journal of Library Science in China, 2013, 39 (1).

[317] Yu L. Towards a reconceptualization of the "information worlds of individuals" [J]. Journal of Librarianship and Information Science, 2012, 44 (1).

[318] Zheng S. Virtual reference services in China: Helping the information-poor [J]. Electronic Library, 2006, 24 (6).

[319] Zimmerman M S. Information poverty and reproductive healthcare: Assessing the reasons for inequity between income groups [J]. Social Work in Public Health, 2017, 32 (3).